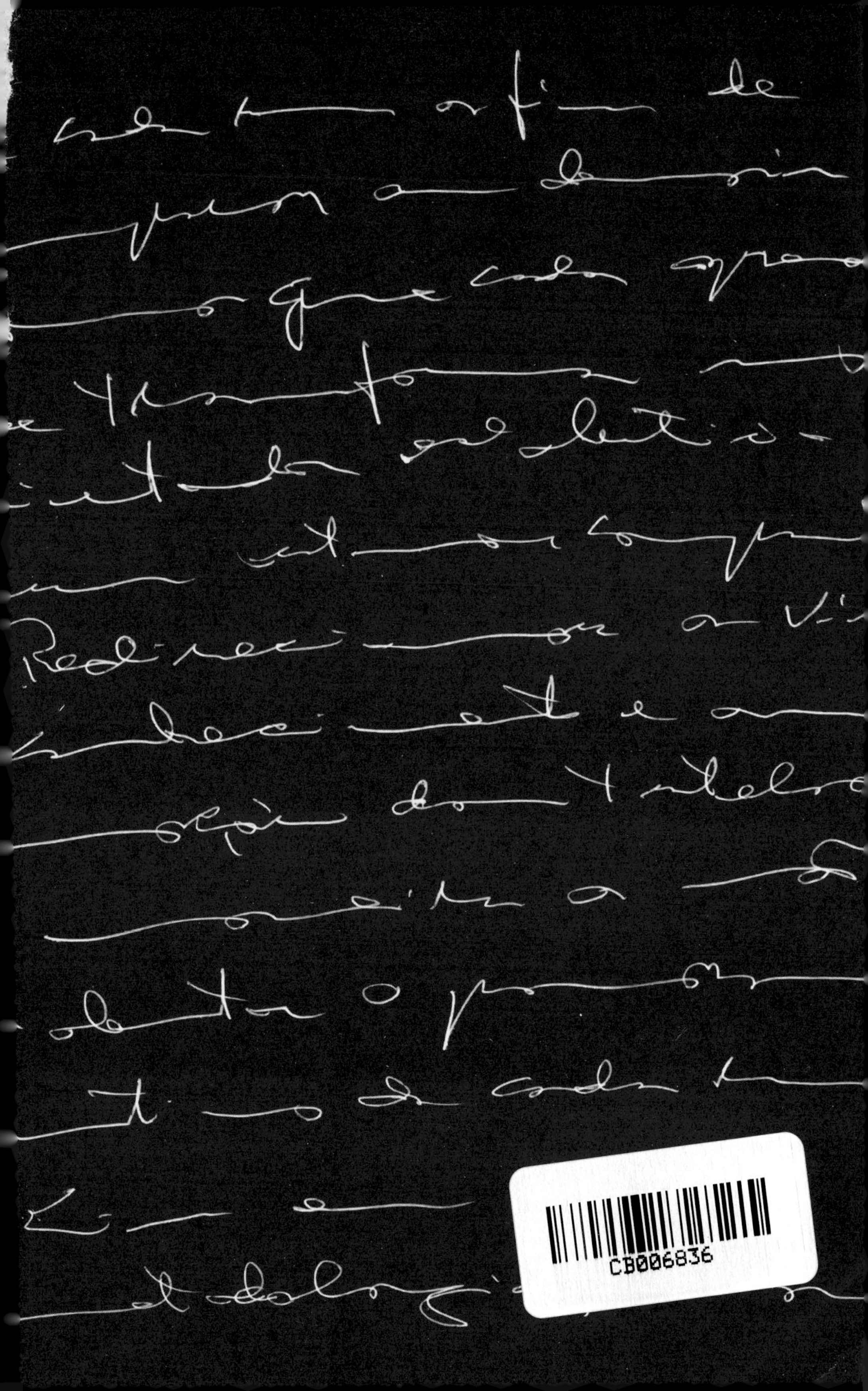
CB006836

TRILOGIA

OS FILHOS DA LUZ

VOLUME I

ROBSON PINHEIRO

CIDADE DOS ESPÍRITOS

1ª edição [março de 2013]
9 reimpressões [36.000 exemplares]
10ª reimpressão [maio de 2021] 1.000 exemplares
11ª reimpressão [abril de 2022] 1.000 exemplares

Casa dos Espíritos Editora
Rua dos Aimorés, 3018, sala 904
Belo Horizonte | MG | 30140-073 | Brasil
Tel.: +55 (31) 3304-8300
editora@casadosespiritos.com
www.casadosespiritos.com

EDIÇÃO, PREPARAÇÃO E NOTAS
Leonardo Möller

CAPA, PROJETO GRÁFICO
Andrei Polessi

DIAGRAMAÇÃO
Daniel Justi

REVISÃO
Laura Martins

IMPRESSÃO E ACABAMENTO
Lis Gráfica

Dados Internacionais de Catalogação na Publicação (CIP)
(Câmara Brasileira do Livro, SP, Brasil)

Inácio, Ângelo (Espírito).
Cidade dos espíritos / pelo espírito Ângelo Inácio; [psicografado por] Robson Pinheiro. – Contagem, MG : Casa dos Espíritos Editora, 2013.

ISBN 978-85-99818-26-8 (Obra completa)
ISBN 978-85-99818-25-1

1. Espiritismo 2. Psicografia 3. Romance espírita I. Pinheiro, Robson. II. Título.

13- 02375 CDD-133.9

Índices para catálogo sistemático:
1. Romance espírita : Espiritismo 133.9

ROMANCE MEDIÚNICO

PELO ESPÍRITO ÂNGELO INÁCIO

Da trilogia Os Filhos da Luz

Cidade dos espíritos, volume 1

Os guardiões, volume 2

Os imortais, volume 3

Nesta obra respeitou-se o Acordo Ortográfico da Língua Portuguesa (1990), ratificado em 2008.

Este livro é o resultado de uma inspiração, de uma transpiração, de uma parceria entre dois mundos. O mundo do médium e a mão do editor. Muitos autores dedicam seus livros a familiares, amigos ou pessoas ilustres que os inspiraram de alguma maneira. Quero dedicar este a alguém que por vezes é esquecido pelos autores e pelos leitores. Dedico-o a quem me inspira e me faz transpirar, a quem me impulsiona de perto, junto com o mentor e, algumas vezes, vestindo a máscara do obsessor.

A LEONARDO MÖLLER, MEU EDITOR.
Não sei se eu conseguiria dar uma roupagem tão digna e valorosa ao trabalho que os espíritos fazem através de mim sem sua participação, sem que fizesse seu papel. A você, editor, amigo e companheiro, meu muito obrigado, meu reconhecimento público e verdadeiro por tudo que representa em relação ao livro, ao livro espírita em particular.

SUMÁRIO

INTRODUÇÃO

pelo espírito
Ângelo Inácio

A VIDA NA erraticidade. Sem vagar entre nuvens de incertezas, todos nós vivemos e viveremos apesar da morte, da dor e do sofrimento. Sem nos perder no nada incompreensível ou diluir a consciência, fundindo-a ao todo inexplicável pelo vocabulário humano, seja religioso ou científico, sobrevivemos e sobreviveremos entre as estrelas.

O homem é produto das estrelas e para as estrelas retornará um dia, quando puder alçar voo rumo ao país da eternidade. Lá é onde moram os sonhos, onde vivem os Imortais, onde as luzes se fazem gente e onde os seres são feitos de pura luz. É onde fica a cidade habitada pelas consciências que despertaram para a vida além dos limites demarcados por fronteiras, estandartes ou bandeiras; onde cessam os partidarismos políticos, ideológicos ou religiosos. Esse é o mundo onde não há medo, nem culpa, nem cobrança. Essa é a Aruanda de todos os povos, de todas as gentes, a cidade dos espíritos.

O país das estrelas pode ser cantado em prosa, em verso, ao som de atabaques ou entre melodias refinadas de instrumentos mil. A cidade dos espíritos ou, simplesmente, Aruanda é o céu, o orum, o paraíso, para muitos. Pode ser também o fulgor das estrelas, o cantar dos pássaros ou, então, a habitação de pais-velhos, a terra de caboclos, de brancos e negros, asiáticos, índios, de peles vermelhas, pretas ou amarelas; afinal, essa metrópole é a pátria daqueles que não se sujeitam mais aos acanhados comportamentos exclusivistas e sectários das sociedades humanas. Ali, entre as estrelas, é onde o espírito se retempera, onde é capaz de haurir forças para as tarefas de redenção, auxílio ou intervenção no mundo dos homens.

Cidade dos agentes da justiça divina — essa é a realidade da Aruanda. Onde a justiça e a equidade se aliam para estabelecer o Reino nos corações humanos e na Terra, em todas as dimensões. Dela partem guardiões, caravanas que interferem no mundo em nome da divina justiça. É onde me encontrei, aonde fui conduzido pela espada flamejante de um guerreiro que descortinou, ante minha visão estreita, as luzes e os caminhos de Aruanda, também conhecida por alguns como Ilha Sagrada, por outros, como Shamballa; para mim, somente Aruanda, a cidade dos Imortais.

Um estilo de vida, um conceito de paz, uma filosofia, uma política divina — tudo isso faz da cidade dos espíritos um lugar mítico, uma escola onde se preparam espíritos, forjam-se heróis anônimos, que lutam pelo progresso da humanidade. Onde residem encantos e encantados, onde lendas encontram sua explicação e onde o tipo encontra o antítipo. Da Aruanda, onde me encontrei depois de abertos os portais da morte e onde até hoje me inspiro e respiro, quando posso, a fim de retornar à Terra dos meus encantos e dos meus antigos amores, é de onde trago, na bagagem da alma, a poesia da imensidade.

Ângelo Inácio
São Paulo, 3 de março de 2013.

1

O LADO AVESSO DA VIDA

O PRINCÍPIO ME deslumbrei com a possibilidade de estar fora do corpo, embora somente aos poucos me desse conta de que a situação era irreversível. Os pensamentos das pessoas no velório, familiares pensando em como ficariam os direitos intelectuais de minhas obras e outras situações que considerei insólitas naquele momento; tudo contribuiu para formar um quadro muito diferente daquilo que eu vira até então. Nunca havia pensado em como seria cômico, até, poder penetrar nas emoções das pessoas ou quanto seus pensamentos eram permeáveis. Mas aquilo tudo não era brincadeira. Aos poucos surgia um sentimento de saudade, um quê de gratidão pelo corpo que repousava no caixão. Enquanto isso, outra parte do meu cérebro, se é que eu ainda tivesse um cérebro depois de morto, parecia se divertir com a situação ou, se não isso, ao menos observava com certa curiosidade as pessoas, seus sentimentos e emoções, e a realidade por detrás da fantasia de sofrimento habilmente demonstrada por muitos ali presentes. Mas as emoções... essas eu não conseguiria disfarçar por muito tempo. Na verdade, disfarçava também por saber, no fundo, que não havia retorno. Deveria reaprender a viver como morto vivo e, quem sabe, até mesmo começar tudo de novo, soletrar o bê-á-bá outra vez, pois o mundo para o qual fora transferido de maneira definitiva era algo completamente distinto de tudo quanto conhecia ou a que me acostumara.

Comecei a pensar em como me comunicar com os possíveis habitantes deste lugar, deste universo onde agora me encontrava. E havia outros habitantes. Disso eu não poderia duvidar, pois a lógica do raciocínio me demonstrava isso. Se eu estava ali vivo, pensando, raciocinando, apesar do corpo estendido sobre o leito, naturalmente outros também haviam sobrevivido à morte. Aliás, se acontecia comigo, então toda a humanidade sobreviveria; não era eu nenhum privilegiado, nesse sentido.

Não sofri por estar morto. Senti, sim, uma espécie de nostalgia ao concluir que tudo o que construíra, todas as pessoas com quem convivera e a realidade com a qual me relacionava tinham ficado para trás — para sempre. Puxa! *Para sempre* é muito tempo. Muito mesmo! Porém, foi assim que pensei naquele momento, e esse pensamento foi suficiente para produzir certa melancolia em minha alma. Logo, logo me peguei pensando em escrever sobre o assunto... mas escrever para quem? Por quê? Quem leria minhas crônicas e poesias, minha produção literária de morto vivo?

Poderia eu continuar sendo um jornalista depois de morto?

Enquanto a multidão visitava o corpo cujo coração resolvera entrar em colapso, parar de vez, tive de enfrentar o avesso das coisas. O outro lado da realidade a que todos os humanos estavam habituados. E tive de me enfrentar. Mas Deus me livre de sofrer por isso. Escolhi jamais sofrer, mesmo depois de morto. Como? Não dei importância aos pensamentos de dor, tormento, revolta ou culpa. De modo algum poderia me permitir esse tipo de situação íntima quando a minha curiosidade por essa vida do Além superava qualquer possível tendência ao masoquismo. Que sofresse quem quisesse. Eu, decididamente, não tinha tempo para isso. E olhe que tempo, a partir de então, é o que não me faltava. Mas não queria nem poderia desperdiçá-lo com sofrimentos e lamúrias que a nada me conduziriam.

Notei certo quê de saudade ou de vontade de rever minha filha, que, quem sabe, estivesse em condições de vir me ver, já que eu chegava a este outro lado como morador definitivo. Mas... pensei: "Apesar da saudade dela, a mesma saudade que te levou à depressão há alguns dias, deixe--a seguir seu caminho". Outra hora eu voltaria ao assunto. Agora queria explorar tudo ao meu redor, a começar pelos pensamentos das pessoas ali presentes. E curtir a pantomima a que se entregavam, representando uns para os outros. Acreditavam piamente que o morto em nenhuma hipótese poderia conhecer o que pensavam. A maioria nem sequer cogitava que o morto não estivesse tão morto assim. E a saudade de minha filha parecia competir infinitamente com minha curiosidade, sobremaneira exacerbada naqueles primeiros momentos de vida de morto. Senti vontade de tomar um vinho. Hummm! Como seria o meu predileto vinho madeira? Como seria o original dele neste outro lado do véu de Ísis? Mas tive de deixar para depois os martínis, os vinhos, fossem da Madeira, do Porto ou qualquer outro, entre tantas coisinhas preciosas, sem falar no reencontro com minha filha. Afinal, ela também era recém-chegada a esta vidona de meu Deus e, como viria a confirmar mais tarde, suspeitei que talvez estivesse se recuperando, digamos, do cansaço da grande viagem.

Logo, logo me acostumei com a ideia de que as coisas aqui não seriam exatamente o prosseguimento das que deixara – ao contrário, pareciam-me bem melhores! Nossos amores e afetos, embora continuassem amores e afetos, passavam a ser tão somente outras almas, marujos no mesmo mar, a singrar o oceano desconhecido da imortalidade. Nossas emoções, caso nos entregássemos a elas, constituiriam o passaporte perfeito para a infelicidade e o inferno, que trazemos todos dentro de nós. Por isso, ao me ver de pé ao lado do antigo corpo, tomei a decisão acertada, segundo avalio até hoje. Nada de sentimentalismo. Se na clínica, quando dos últimos momentos, hora ou outra a tristeza havia me visitado, aqui a curiosidade substituíra por completo a tristeza. Havia a saudade, mas já que dispunha da eternidade pela frente e já que o nada inexistia, então, que esperassem os reencontros, que aguardassem as saudades, pois eu ainda teria muita coisa a fazer pelo resto de minha vida eterna.

Não escolhi sofrer. E, ao pensar assim, descobri que neste lado da existência pensava de maneira absolutamente diferente do que nos derradeiros minutos da antiga existência. A consciência da morte e, paradoxalmente, do fato de que continuávamos vivos parecia modificar por completo a realidade interna, íntima. O pensamento voava; não encontrava apenas pedras no caminho. Havia muito mais do que simples pedras no caminho... Havia construções, muito mais do que areia; havia uma civilização invisível, em tudo presente, viva, ativa, pululante de vida. E eu agora era parte desta civilização extracerebral, extrafísica, extracorpórea. Isso era incrível e merecia ser celebrado. Mas eu ainda não tinha acesso a meu saboroso vinho madeira, nem tampouco ao martíni. Assim, eu comemorava internamente, com mil pensamentos, com sentimentos novos, com uma euforia na alma, que dificilmente eu poderia expressar em palavras. Celebrava o fato de ser um vivo imortal. Não um imortal vivo, como aqueles da velha Academia de Letras. Não. Era um vivo imortal. E sem precisar, para tanto, ter sorvido algum elixir milagroso que prolongasse a vidinha no corpo físico. Não; não dependia mais do limitado corpo envelhecido. E foi então que resolvi testar os poderes ocultos da minha imortalidade.

Concentrei-me por longo tempo. Na verdade, uns dez a quinze minutos – tempo demais para quem é imortal. Concentrei-me de tal maneira que revi o corpo que tivera mais de 20 anos antes. Pensei tão fortemente nele e com tal intensidade e riqueza de detalhes que, ao abrir os olhos, surpreendi-me ao constatar que meu corpo se tornara exatamente igual àquele que visualizei. E tamanha era a alegria ao descobrir o poder fantástico de minha condição de imortal que gritei:

— Viva!

Cerrei o punho direito e, como um adolescente, gritei a plenos pulmões e saí correndo em torno do caixão, zombando do povo que se contorcia para dar o último adeus ao morto que não estava tão morto como aparentava.

— Ah!! — pulei novamente de alegria... — Que venham a morte e seus desafios!

Sentia-me resoluto, agora. Desrespeitei meu próprio velório e gritei e pulei como nunca. A morte até que não é lá grande coisa, não. Ou melhor: a morte, ao menos para mim, era o elixir da vida eterna! Decidi naquele momento mesmo, diante do velho corpo que repousava frio no caixão: a partir dali não sofreria jamais. Resolvi que aproveitaria todo o tempo disponível para ser feliz à minha maneira, isto é, estudando, trabalhando, matando a curiosidade e escrevendo. Escreveria quanto pudesse para falar da vida nova da imortalidade, das descobertas e da realidade da vida além, sem fantasias, sem romantismos, mas da realidade da vida assim como ela é.

Algum momento, pensaria em como mandar minha produção para a imprensa do mundo antigo, dos que se consideram vivos. Mas, por ora, descobrira o poder do pensamento, da vontade, da imortalidade. E exploraria ao máximo a ocasião, aquele novo momento de minha vida, da existência. Perante o aparente milagre do rejuvenescimento da alma, esqueci-me inclusive das saudades da filha. E gritei novamente, como um jovem alegre, inebriado com a vida nova e com as possibilidades que se abriam diante de meu espírito ávido por novidades, por novos conhecimentos e, acima de tudo, por trabalho.

— Viva!!

— Alegre assim, Ângelo?

Virei-me rápido para o local de onde eu julgara ter vindo a voz. Ainda não vira nenhum defunto vivo, além de mim mesmo, nem ouvira nenhum pensamento, além daqueles provenientes das pessoas que se achavam vivas entre os chamados vivos. Mas ouvir a voz de outro imortal, era a primeira vez. Virei-me no mesmo instante e vi um homem diferente. Sorria, mas de alguma maneira ele era diferente.

— Seja bem-vindo ao novo mundo! — falou, sorrindo um sorriso disfarçado, discreto. Mirei bem aquele ser estranho. Um habitante do novo mundo, da nova vida e da nova civilização onde eu aportara. Era alto, cabelos cortados de tal maneira que me remetia aos militares. Roupas que eram estranhas para mim. As calças, semelhantes a bombachas, lembravam soldados do III Reich. Apenas lembravam, pois havia uma diferença marcante, que não consegui descobrir de imediato. A camisa, algo imponente, parecia um traje de gala ou algo assim: gola de padre, mangas longas, um distintivo ou símbolo no lado esquerdo do peito. Era diferente de tudo e de todos os militares que conhecera na Terra. Mas com certeza era alguém que ocupava um cargo importante neste mundão novo que eu começava a descobrir. Parecia alguém de uns 30 a 35 anos, no máximo. Eu analisava cada detalhe. E ele soube disso. Sorriu agora um sorriso largo, magnético, enigmático.

— Eu sou Jamar! Muito prazer.

— E eu me chamo Ângelo, Ângelo Inácio. Muito prazer, também.

Medindo-me, como a penetrar meus pensamentos, e eu incomodado com esse fato, acentuou bem as palavras:

— Ora, ora! Já que você conseguiu chegar aqui sem o peso da culpa que muitos forjam em suas mentes, parece claro que se liberou conscientemente de uma carga muito pesada. Não percamos tempo; você não pode mais continuar aqui. Vamos embora!

— Continuar aqui? Ir embora?

— Ou você pensa que continuará velando o próprio corpo como esse povo todo aí, ainda mais agora que já descobriu a inutilidade dessa despedida que fazem? E como já sabe dos pensamentos que passam pela cabeça daqueles que o homenageiam, então, por que ficar aqui? Perdendo tempo? Temos muita coisa pela frente! Há muito trabalho por fazer e você precisa começar logo. Tem de se preparar para voltar.

— Voltar para onde?

— Na hora certa, você saberá. Por hora, temos de sair daqui. Outros espíritos já estão a caminho para fazer o que tem de ser feito.

Hesitei por alguns momentos, até que o vi envolvido por uma luz quase mística. Ao redor, irradiações magnéticas desenhavam o que me pareciam asas, como se fossem de anjo ou algo do gênero. A visão foi muito rápida, porém o suficiente para saber que lidava com alguém especial ou, no mínimo, diferente de tudo e todos que conhecia. Desembainhou em seguida uma espada, até então não percebida, e brandiu-a no ar. À medida que intensificava aquelas energias em torno de si, na forma de asas, conforme interpretei na ocasião, suas roupas pareciam se diluir numa frequência diferente, numa luz também distinta, mas que lhe conferia a aparência de um anjo guerreiro, talvez meu anjo, o anjo de guarda. E minha mente de imediato fez as conexões necessárias, a fim de que eu não me demorasse mais ali. Não poderia recusar o convite de um ser desses. Eu era convidado para ir ao lado dele para sei lá onde, e soube que não havia como recusar.

— Vamos, Ângelo! — falou, com o sorriso enigmático. Enquanto falava, com uma mão estendida para mim e a outra segurando a espada, instrumento que naquele momento não tive condições de analisar, ele simplesmente abriu um rasgo no espaço à sua frente. Uma porta no espaço ou entre dimensões? Não saberia definir, ainda. Mas a espada de fato abriu uma brecha no universo, quem sabe, e pude vislumbrar, através daquela fenda, um mundo diferente, talvez uma cidade, muito distante. Estrelas que pareciam de outro mundo, estrelas que pareciam me fitar... e o homem, Jamar, estendia-me a mão, embora o convite se fizesse mesmo pelo pensamento, que também rasgava o meu, e penetrava-me internamente como se fosse o fio de sua espada.

Eu olhava fascinado pela abertura dimensional instaurada pela espada do guerreiro, do guardião, como ficaria sabendo mais tarde. E aquele mundo diferente, iridescente, cheio de estrelas; aquela cidade, cujo esboço eu via entre os sóis da amplidão, rebrilhando entre nuvens ou poeira de estrelas, parecia me magnetizar. E o fenômeno todo daquele instante parecia diluir minha alma, de tal modo que, ao tocar a mão estendida de Jamar, senti como se minha alma toda se abrandasse e engrandecesse; acalmavam-se meus pensamentos, tranquilizavam-se minhas emoções. A curiosidade inata repousou por um instante, pois me senti adormecer como num sono agradável, sereno e povoado de sonhos. Sonhei com um país diferente, sem ditadura nem ditadores, sem limites fixados por bandeiras ou fronteiras hostis. Um país para o qual eu era levado pelas mãos de Jamar, o anjo que me acompanhava em direção ao início de uma vida nova, uma aventura espiritual que jamais teria fim.

Quando abri os olhos, fui tomado de surpresa. Encontrava-me deitado numa espécie de barco, que deslizava suavemente sobre águas calmas. Seria um mar? Não saberia precisar, embora, para onde quer que olhasse, percebesse somente águas e mais águas. Esforcei-me e me pus de pé, devagar, sentando-me logo após. E Jamar estava lá, de pé, ereto, na proa da embarcação, ainda rebrilhando, porém discretamente, como se quisesse disfarçar sua aparência. De um lado e outro, dois outros homens remavam com notável tranquilidade, ambos em pé, e somente eu sentado. Brisa suave parecia vir de algum lugar; ao longe, à frente do barco, avistava-se um brilho, um tremeluzir de uma luz que, a mim, pareciam-me as luzes de uma cidade. Seria a cidade que eu percebera quando Jamar rasgara o espaço com sua espada? Seria a cidade das estrelas? Não saberia dizer. Aliás, eu não sabia sequer como adormecera e nem como fora parar ali.

— Este é o Mar da Serenidade! — falou Jamar, sem olhar para mim.

Deliciava-me ao contemplar a paisagem marítima, e agora tinha a confirmação de que estava diante de um mar. Águas extremamente claras e de tal maneira translúcidas que podia divisar golfinhos nos seguindo, pulando ora aqui, ora ali, ao lado da embarcação, além de diversos outros habitantes das águas. Ainda sem olhar para mim, mas fixando longe aquilo que devia ser uma cidade, mas cujos detalhes me escapavam, Jamar continuou:

— Estes são guardiões, que estão nos remos. São servidores como eu e meus outros irmãos.

Olhei para os dois homens que estavam de pé remando, cada qual de um lado do barco, e os vi sorrir. Um sorriso largo, aconchegante, espontâneo. Foi o suficiente para me sentir em casa; era como se conhecesse essa gente de longa data. Até mesmo Jamar, o anjo que nos conduzia. De repente, fui surpreendido por um enxame de seres que pareciam borboletas.

— Não são borboletas. Olhe bem, Ângelo!... — falou Jamar, sem se voltar para mim, ainda fitando ao longe.

Novamente observei e notei que o panapaná — ou seja lá como se classificasse essa comunidade de seres — parecia brincar sobre as águas, arrastando-se em grande velocidade. Eram fosforescentes, a meu ver, e irradiavam uma tonalidade azulada, quase como neon. Mas pareciam quase humanos, muito embora o tamanho menor que uma mão humana. Brincavam, sorriam e dançavam sobre as águas em bandos, enquanto alguns cavalgavam um ou outro golfinho, que pelo jeito se deliciavam com a presença daqueles seres pequeninos. Pensei que estava sonhando, ainda.

— Não está sonhando, Ângelo. São seres reais, são habitantes das águas e vêm nos recepcionar. Para onde iremos, você se acostumará com a presença deles. São os chamados elementais.[1]

Minha mente pareceu um turbilhão. Minhas emoções arrebentavam de dentro de mim ao perceber a vida abundante naquele novo ambiente. E minha reação foi a mais humana possível: comecei a chorar. Só então Jamar voltou-se para mim.

— Não há como não se emocionar com a riqueza da vida ao nosso redor. Sinta-se à vontade, amigo. Também choro muitas vezes diante da manifestação da natureza sideral.

Olhei ao redor e vi os golfinhos levando vários seres na garupa, os quais se divertiam visivelmente. Eram habitantes daquele mundo diferente, novo, estuante de vida. E eu exultava ao presenciar tudo aquilo.

[1] Para maiores esclarecimentos sobre os elementais naturais, agrupados sob a denominação *espíritos da natureza* na codificação espírita (cf. KARDEC. *O livro dos espíritos*. 1ª ed. esp. Rio de Janeiro: FEB, 2005. p. 337-340, itens 536-540), consulte o volume 2 da série Segredos de Aruanda (PINHEIRO. Pelo espírito Ângelo Inácio. *Aruanda*. 13ª ed. rev. ampl. Contagem: Casa dos Espíritos, 2011. p. 86-98, cap. 7). Há esclarecimentos importantes nesse trecho, inclusive sobre a opção por adotar a nomenclatura do esoterismo clássico, *elementais*.

— Estamos chegando — informou um dos guardiões que remavam. Deixaram os remos de lado, e o barco deslizava sozinho, pelo menos deduzi assim. Mas não! Eram os golfinhos e os seres pequeninos que conduziam a embarcação no trecho próximo à hora de atracar. Chegamos deslizando, lentamente, sobre as águas calmas daquele mar sereno, em tudo diferente do que eu conhecia. Mais e mais seres das águas se mostravam às dezenas, às centenas. E o mar parecia ganhar vida, uma vida nunca antes percebida por mim ou, quem sabe, ainda desconhecida de todos na face da Terra. Desembarcamos devagar e meus pés se molharam naquela água ligeiramente fresca, agradável. Comovia-me com cada detalhe do mundo novo. Foi quando notei que havia gente nos recepcionando.

Logo ao pisarmos o solo, um grupo de crianças, adolescentes e outros personagens diferentes, exibindo trajes de diversas épocas e estilos, vinham em nossa direção. Alguns correndo, brincando, soltando gritos de felicidade. No meio deles, para minha surpresa, Maria, a minha Maria vinha me receber. Além, um pouco mais vagaroso, como dando tempo para os demais se apresentarem, notei um homem elegante, um senhor já de idade, terno branco, alvíssimo, de linho puro. Sorriso largo nos lábios, olhava-nos, enquanto eu recebia das mãos de uma criança um colar semelhante a um colar havaiano, porém feito de flores reais, naturais, perfumosas.

Chorei ao rever Maria, minha adorada filha. E a saudade arrebentou dentro de mim, disputando espaço com emoções novas. Sem sofrimento, porém. Senti-me renovado ao abraçá-la.

— Estou aqui apenas esperando a sua chegada, meu pai. Apenas por um pouco de tempo, para que saiba que estou bem e viva — disse ela. Abraçamo-nos ali mesmo, e me senti aconchegado em seus braços por um tempo muito longo. Ou seria impressão minha? Sei que, quando nos soltamos um dos braços do outro, sentia-me ainda mais jovem do que quando mentalizei o corpo de alguns anos antes. E Maria olhava-me, e falava mais com o olhar do que com palavras.

Logo veio o ancião vestido de terno branco, enquanto algumas crianças me conduziam pelas mãos. Maria ficou a certa distância, olhando-me e sorrindo:

— Não se preocupe, meu pai. Você está em casa. Estaremos juntos, a partir de agora — e senti que isso era verdade.

— Seja bem-vindo ao lar, Ângelo Inácio! — saudou-me com largo sorriso o ancião que me recebera, acompanhado por Jamar, que curvava levemente a cabeça, como se o reverenciasse.

— Obrigado pela acolhida generosa! Mas sabe o meu nome, e eu não o conheço ainda...

— Chame-me de João! Apenas João. Isso é o bastante por enquanto, meu filho.

— Este é um dos anciãos que compõem o colegiado de nossa cidade — explicou Jamar.

— Colegiado?

— Mais tarde será devidamente informado.

Olhei ao redor e vi campos, florestas, montanhas. Ao longe, talvez a alguns quilômetros, ainda, a cidade que se erguia majestosa, entre bosques, trepadeiras, jardins e rios, que pareciam escorrer de montanhas; havia também prédios e outras construções. Era uma paisagem diferente, exótica, maravilhosa, deslumbrante, em tudo diferente das cidades que eu conhecera e da própria cidade maravilhosa de onde viera. Tudo parecia repleto de vida, de cor e de aromas únicos e inebriantes.

O ancião negro à minha frente segurava uma espécie de cajado ou bengala, embora não precisasse de nada para apoiar-se, afigurando-se mais como acessório a compor-

-lhe o visual do que auxílio à locomoção, de modo a torná-lo ainda mais elegante. Entre as crianças e adolescentes que me recepcionaram, pude notar algo curioso: a grande variedade de etnias ali representadas, num amálgama bonito de se ver. Negros, mulatos, brancos e ruivos dos traços os mais diversos, além de indígenas de toda parte, dos peles-vermelhas aos aborígenes e outros mais, sem falar nos representantes de povos asiáticos, em toda sua riqueza; enfim, um mosaico de etnias, povos e culturas que me impressionou. Ao que me parecia, conviviam todos de maneira harmoniosa. Seria ali o Céu? A antecâmara do paraíso? Sorrindo sempre de modo sincero e generoso, João olhou para mim e, colocando a mão sobre meu ombro direito, apontou para a cidade ao longe.

— Não é o Céu ainda, Ângelo. Ainda, não! — disse rindo com um sorriso farto, espontâneo. — Aqui não tem anjos nem santos — falava pausadamente —, apenas seres humanos como você, eu e Jamar ou como os bilhões na superfície do planeta. Aqui também estudamos, aprendemos, erramos muito, mas muito mesmo, e tentamos acertar ao máximo. Aqui é simplesmente a Aruanda de todos os povos, de todas as gentes. Apenas a Aruanda.

Não saberia dizer o porquê, mas esse nome me tocou profundamente o coração desde o instante em que o ouvi ser pronunciado pela primeira vez. Seu eco em minha mente parecia mexer fundo com meus sentimentos e emoções, e ainda não havia penetrado os limites da cidade, em si. Estava na periferia, digamos assim. Enquanto mirava a cidade, que para mim se afigurava deveras distante, fui insistentemente chamado por um jovem adolescente, que apontava em determinada direção, tentando me mostrar ao longe, do lado oposto àquele onde se via o mar por onde chegáramos. Apontava as montanhas no horizonte. E me encantei com o que vi.

Choupanas, bangalôs de traçado incrivelmente elegante, contrastando com a simplicidade de sua estrutura. Eram casas que, a meus olhos, pareciam feitas de madeira, mas conviviam tão harmoniosamente com a paisagem natural que formavam um quadro encantador, em meio a riachos, cachoeiras e vegetação de tons variados, além de pássaros e outros animais que jamais imaginava poder encontrar após a morte, ou após a vida, em outra vida, em qualquer lugar do universo. Havia também outras construções, que pareciam feitas de concreto ou alguma substância similar, mas na ocasião desconhecia pormenores para descrevê-las melhor. Do mesmo modo, exibiam beleza e conviviam pacificamente com a natureza, denotando que o paisagismo fora detalhadamente planejado, de forma a preservar tanto a elegância das construções quanto o relevo e a vegetação exuberante no entorno de cada uma delas. E me encantei, e chorei novamente de emoção, de alegria por me sentir vivo e por saber que faria parte de tudo aquilo, daquela paisagem extraordinária, diante da qual as belezas naturais da cidade de onde vinha eram apenas uma amostra, um esboço, talvez. Nada se comparava àquilo que meus olhos enxergavam. Nada. Enfim, aquela era a Aruanda da qual João me falava e que as crianças e jovens me mostravam. Eu respirava fundo o ar fresco e o frescor que parecia me trazer, impregnado do aroma de flores de laranjeira.

— As construções que lembram algumas que você já viu na Terra, Ângelo, feitas de concreto, são museus, onde os artistas da nossa cidade e de outras expõem suas obras, produto de criações mentais. No total, são 1,2 mil museus dispostos em meio às montanhas, vales e planícies. As choupanas, casas simples e bangalôs são habitações de espíritos, daqueles que preferem viver em meio à natureza, de maneira mais direta e intensa, e que não apreciam tanto a vida urbana, isto é, na cidade, propriamente. Adiante — continuou Jamar, aproximando-se de mim e de João, que ainda repousava o braço sobre meus ombros — há outras habitações, laboratórios de experimentos com a natureza, entre outros departamentos, que você terá bastante tempo para explorar.

Tudo aquilo era muito novo para mim. Embora me sentisse à vontade diante das pessoas que me recebiam, àquela altura percebi-me ainda um pouco fraco. Não sei se devido ao fato de ter morrido para o mundo, ou *desencarnado*, conforme algumas correntes espiritualistas diziam, certo é que a transição parecia ter afetado de alguma maneira minha vitalidade. Não era um cansaço profundo ou pesado, como quando se está esgotado, após uma jornada de trabalho intensa. Não! Era algo mais ameno, mas que me deixava claro ser necessário repousar. Repousar? Ali mesmo veio à tona o questionamento cruel: onde poderia eu descansar? De que forma encontrar um local para me hospedar ou morar? Acabara de chegar a este *mundo espiritual*, conforme chamavam a vastidão daquele universo de almas e homens. Não me senti confortável para falar a respeito e logo pensei em minha filha. Ela chegara poucos dias antes de mim, portanto talvez pudesse ficar com ela; assim, teríamos tempo para conversar. Mal formulei o problema e João dava mostras de conhecer profundamente meus pensamentos e questionamentos:

— Não se preocupe, Ângelo. Você será encaminhado a um dos nossos hotéis na cidade. Lá se sentirá tão à vontade que talvez seja difícil convencê-lo a sair de lá, depois. Mas tudo a seu tempo. Maria o acompanhará, junto com Jamar.

— Hotel? Como assim? Há hotéis por aqui?

— E como não? — falou Maria ao aproximar-se de mim, tomando o lugar de João e abraçando-me. — Aprenda de vez, meu pai: o mundo aqui é o mundo original, primordial; lá, na Terra que eu e você deixamos há pouco, está apenas a cópia.

Lembrei-me de alguns hotéis onde havia me hospedado, em cidades do Brasil e do mundo. E vários deles foram bons hotéis.

— Então, se na Terra muita coisa é de boa qualidade, imagino o original, do lado de cá...

— Pois é, meu querido — retornou Maria, dando-me maior atenção ainda. — Em pouco tempo me surpreendi com muita coisa, mas creio que para você, com sua curiosidade inata, o campo de pesquisa seja muito mais vasto.

— Por acaso posso continuar escrevendo aqui? Posso ser jornalista, também?

Antes que Maria me respondesse, Jamar assumiu a dianteira e falou:

— Claro, Ângelo. Você verá em breve que terá muito trabalho a fazer nessa sua área. Terá muitos elementos a pesquisar e um campo bem amplo a ser explorado e comentado num outro tipo de jornalismo. Poderá, inclusive, conhecer a redação do nosso jornal e, quem sabe, queira ser um dos escritores do *Correio dos Imortais*.

— Então terei como fazer o que mais gosto, escrever...

— Sim! Para os vivos do nosso lado e para os que continuam na carne — completou ele.

— Não entendi. Quer dizer que não se fecharam para sempre as portas de comunicação com o mundo dos vivos? — impressionei-me.

— E você, eu e sua filha, por exemplo, não estamos vivos, também?

— Eu sei, eu sei, mas falo dos que vivem no mundo, no mundo que deixei...

— Ah! Sei do que está falando — Jamar se fazia de bobo de propósito. — Basta por ora saber que você poderá voltar, sim. E muito mais breve do que poderia imaginar!... Mas vamos ao hotel.

Fiquei duplamente intrigado, curioso ao extremo. Ir a um hotel numa cidade feita por espíritos e para espíritos. De outro lado, a possibilidade de retornar ao mundo, de trabalhar como repórter, escritor, jornalista. Como poderia ser isso? Minha mente estava febril; antes mesmo das outras surpresas que viria a ter, parece que meu cansaço havia passado. Não conseguia pensar em nada mais, a não ser o que eu escreveria sobre o mundo novo que começava a conhecer. Mas aquilo era apenas a ponta do *iceberg*; jamais imaginaria quais experiências me aguardavam. Mesmo assim, fui descobrindo pouco a pouco que este mundo novo talvez fosse mais desafiador, ao menos no que tange a ideias e descobertas, do que o mundo antigo, que deixei junto com o corpo físico.

Um veículo aproximou-se rapidamente de nós. E esse foi mais um desafio para o tipo de ideia que eu ameaçava fazer da vida de espírito. Era um veículo pequeno, bem ao estilo dos automóveis que desfilavam nas ruas da Cidade Maravilhosa e de outras tantas cidades do mundo... Não fosse o fato de que não precisava de rodas! Deslizava a alguns centímetros do chão daquele novo lar. Olhei para Jamar, que sorria discretamente — aliás, dificilmente o vi sorrir de maneira mais aberta, explícita, gargalhando, como se vê entre os chamados vivos. Abriu-se a porta do veículo e entramos, Maria, o próprio Jamar e eu. Não explicou, apenas acompanhou meus pensamentos. Naquele ponto, era claro para mim que ele conhecia os caminhos intricados que trilhavam meus pensamentos.

— São aeronaves, meu pai — socorreu-me Maria. — Aqui também existe muita tecnologia. Já vi muita coisa, em poucos dias.

— Mas não somos todos espíritos? Por que não saímos voando por aí?

— Não é simples assim. Você aprenderá logo, logo. Fique quieto que terá outras surpresas por aqui.

O veículo partiu numa velocidade altíssima para os padrões terrenos. Deslizava com tal facilidade que não percebi nenhum sinal de movimento semelhante ao que ocorre com os carros convencionais ao frear ou acelerar. Depois de algum tempo, elevou-se ao alto e saiu voando, embora parecesse planar enquanto adentrava a metrópole, propriamente dita. E fiquei deslumbrado. Seria Niemayer o arquiteto mágico de tudo isso? Mas não; ele permanecia encarnado quando abandonei o corpo físico. Ou teria ele estudado aqui antes de nascer no mundo? Quem sabe algum artista, esteta ou escultor entalhara ou projetara aquela maravilha da arquitetura, como se fosse uma obra-prima engastada na própria natureza desse mundo imponderável, invisível aos olhos humanos? Meu Deus!... Fui tomado de deslumbre ao pensar no autor de tudo o que via.

Edifícios que pareciam esculpidos em cristal ou substância similar; outros, em uma matéria tão sutil, etérea, quem sabe de determinada constituição nunca antes detectada, descoberta ou conhecida entre os mortais. Tudo brilhava, cintilava entre formas e cores que em nenhuma hipótese havia percebido ou vislumbrado. No meio da natureza preservada, cultivada, eis que trafegavam os veículos, uns imensos, outros menores e alguns outros, vistos ao longe, rompendo o horizonte, pareciam sair da atmosfera. Nunca me senti tão pequenino como naquele momento. E, na Terra, como a gente se gabava de ter construído uma civilização... Descerrava-se ali a verdadeira civilização do planeta Terra. Meu coração encheu-se de terna gratidão à vida, enquanto lágrimas desciam à minha face.

O veículo se dirigiu a determinado ponto da grande metrópole, que se assemelhava a bairros residenciais da paisagem urbana, de certa maneira. Pairamos no andar baixo de um edifício de linhas modernas, em local que parecia estar reservado ao veículo que nos conduzia. Jamar desceu primeiro, abrindo a porta para nós.

Encontramos uma mulher elegante, trajando uma roupa que lembrava a *belle époque* e os anos 1920 da antiga Paris, com um chapéu igualmente elegante emoldurando os cabelos. Maquiagem discreta, traços fisionômicos que inspiravam confiança e segurança, ao mesmo tempo.

— Seja bem-vindo, guardião da noite. Sejam todos bem-vindos. Já estamos esperando por vocês.

Olhei para Jamar como a pedir alguma explicação. Ele ignorou minha curiosidade.

— Fique quieto, meu pai — falou Maria. — Em breve você saberá quem é Jamar e por que está abonando nossa estadia aqui.

Adentramos o ambiente, que à primeira vista não se diferenciava de um dos ótimos hotéis, diria quase de luxo, de uma capital europeia. Porém, distinguia-se pela sobriedade, elegância e beleza incomuns, sem nada que remetesse a fausto e opulência. Havia uma recepção e um balcão, onde eram registrados os hóspedes, como de costume. Para lá nos dirigimos, na companhia da mulher que nos conduzia.

— Já o aguardávamos aqui, Sr. Ângelo! Meu nome é Dayane e pode ficar à vontade para perguntar o que lhe convier. Contudo, preciso que preste atenção a algumas informações que devo lhe passar.

Olhei para Maria e também para Jamar, mas eles pareciam mancomunados. Deixaram-me a sós com minha curiosidade quase mórbida, que aflorava a todo vapor.

— Não é necessário preencher qualquer ficha por aqui. Preciso apenas que o senhor seja submetido ao sensor de emoções. Mas não demora o procedimento; é algo simples, cujo funcionamento poderei lhe explicar, mais tarde.

Conduziu-me ao balcão e lá me orientou a colocar a mão espalmada sobre um aparelho, que tinha a superfície feita, ainda, de uma variação de um cristal cintilante. Assim que pus a mão ali, à minha frente se ergueu uma espécie de tela holográfica, com várias informações sobre minha vida, e algumas outras que não pude entender naquele momento. "Altíssima tecnologia", pensei.

— Com certeza — afirmou Jamar, rompendo o silêncio.

— Pois bem, senhor — falou Dayane, a dama que nos recebera, enquanto outras pessoas ou espíritos também eram atendidos por seres que ali trabalhavam. — Temos aqui uma espécie de hotel. Na verdade, assim o chamamos para melhor facilitar o entendimento das pessoas que chegam à nossa cidade diariamente, tanto advindos da Terra quanto de outras cidades do espaço. Existem apenas duas regras: convivência pacífica com a natureza e respeito aos limites. Não se paga nada; sua estadia é abonada por seres mais experientes que patrocinam sua vinda à nossa Aruanda. Ficará aqui temporariamente; mesmo assim, estruturamos um tipo de apartamento de acordo com suas necessidades particulares e alguns de seus hábitos na Terra, de tal maneira que não sofrerá grande impacto no novo ambiente. Fique à vontade para pedir qualquer coisa através do aparelho de comunicação que encontrará em seus aposentos.

A mulher saiu para logo começar o atendimento a outra pessoa que chegava ao local. Não imaginei que fosse simples assim o atendimento e tão rápido como se deu.

— Voltarei mais tarde, Ângelo. Devo comunicar a alguns amigos sua chegada. Daremos um tempo para que se recupere; porém, fique atento, pois daqui a exatamente 4 horas chegará um médico para ver seu estado energético e emocional. É alguém muito humano, como você e eu; não se preocupe. Aconselho que descanse, durma um pouco e deixe a curiosidade para depois. Terá muita coisa com que se ocupar breve, breve. Aproveite, pois espero que não fique tempo demais por aqui — Jamar saiu, despedindo-se de Maria e de mim e fazendo um aceno discreto para a mulher que nos recebeu naquele ambiente tão acolhedor.

Olhei mais detidamente em volta e comecei, então, a notar diferenças mais marcantes em relação às construções terrenas. Mas eram tantas, tanta tecnologia que eu nunca vira na Terra, que pensei estar inserido num sonho tridimensional de ficção. No entanto, a presença de minha filha me fez crer que aquilo tudo era realidade — era a nova realidade com a qual eu teria de conviver a partir dali. Respirei fundo. Abraçado com Maria, deixei-me conduzir por ela e por outro espírito que logo se apresentou, no novo ambiente onde eu repousaria por certo tempo. Iniciava-se ali minha descoberta daquela cidade espantosa, maravilhosa e sobretudo diferente de todas que conheci durante a existência física. Eis que agora eu morava na Aruanda; ao menos por enquanto era hóspede em uma metrópole espiritual que os humanos encarnados nem sonhavam existir. Era a cidade dos espíritos, a cidade das estrelas.

2

UMA NOVA CIVILIZAÇÃO

ESPERTEI EXATAMENTE QUATRO horas depois, ou melhor, dormi três horas apenas, pois durante uma das horas a mim concedidas fiquei bisbilhotando o hotel e tentando obter informações sobre seu funcionamento. Era tudo muito inusitado e extraordinário para mim, embora estivesse satisfeito com o fato de estar vivo, apesar da morte. Não obstante, encontrar uma estrutura tão complexa e ainda incompreensível para mim era algo que definitivamente me intrigava e me instigava o espírito aventureiro e a curiosidade inata, que fazia despertar em mim o interesse por tantas coisas.

Acordei me sentindo satisfeito, inspirado, quase em plena saúde. Assim que me levantei, descobri que o médico já me aguardava na antessala. Alto, claro, magro e vestido de maneira sóbria, impecável, parecia haver chegado ali há apenas um minuto. Mas esperava por mim. Mal havia me colocado de pé e ouvi tocar um instrumento, que soou para mim como uma campainha, emitindo um som suave. Apressei-me até a porta e vi o médico em pé diante de mim. Não demonstrou hesitação: entrou imediatamente no amplo quarto onde me encontrava e começou a conversa, quase sem se apresentar:

— Boa tarde, Ângelo! Não temos muito tempo, meu irmão. Sou um dos servidores da cidade e estou aqui para avaliar sua condição energética ou saúde espiritual. Sente-se, meu caro.

Fiquei um pouco perdido, confesso, mas obedeci quase cegamente, pois sentia uma ascendência moral naquele homem, como se fosse um carisma irradiante. Ia esboçar uma pergunta quando ele continuou por si mesmo:

— Durante o tempo em que dormia, dois de nossos magnetizadores ficaram a postos no quarto ao lado, manipulando suas energias, magnetizando-o, de maneira que pudesse se sentir melhor quando acordasse. Espero que tenha sentido os resultados.

Enquanto discorria, tirava de uma maleta alguns instrumentos e os colocava numa mesinha ao lado. Aliás, devo acrescentar, uma mesinha sem pés, que de alguma forma eu não havia reparado, flutuava no ambiente como um balão, a apenas alguns centímetros do chão. Colocou ali dois aparelhos muito pequenos, menores que uma mão humana, e, ao tocar-lhes a superfície, sem botões aparentes, foram acionados e começaram a funcionar. Enquanto isso, retirou uma espécie de tubo de uns 20cm do mesmo lugar de onde extraíra os instrumentos anteriores. Tocava em mim levemente, em alguns pontos que para mim não significavam grande coisa, ao menos naquele momento. Provavelmente, notando minha curiosidade sobre a forma como praticava sua medicina, achou por bem esclarecer:

— Nossa medicina aqui é bem mais avançada que a medicina terrena, isto é, dos encarnados. Do lado de cá da vida, contamos com especialistas na tecnologia sideral que desenvolvem instrumentos apropriados para devassar o corpo espiritual de meus irmãos. Estes dois instrumentos são usinas de energia que emitem radiação e eletricidade que seriam suficientes, comparativamente, para abastecer duas das grandes metrópoles da Terra por mais de 20 anos. Guardam um potencial que não pode ser mensurado apenas pelo seu tamanho. Quanto à nossa medicina, ela é energética, psicossomática. Avaliamos com instrumentos ultrassensíveis os campos de força, as correntes de energia e a condição das emoções de nossos pacientes. Não utilizamos em nossa cidade métodos tradicionais como cirurgias invasivas, injeções ou outros recursos usados na Terra e também em muitas cidades espirituais. Aqui nosso tratamento usa técnicas avançadas de magnetismo e alguns procedimentos mais intensos, em caso de necessidade, porém não invasivos. Isso também é possível porque nos hospitais da cidade não temos espíritos dementados ou em condições de significativo desajuste. Mais tarde, poderá visitar-nos as instalações médicas, caso queira.

O homem falava enquanto me analisava. Sentia que o aparelho produzia em mim uma sensação de formigamento, que até me parecia uma leve anestesia. Porém, o médico não entrava em detalhes. Mal eu esboçava uma pergunta ou pensava em falar e logo ele prosseguia:

— Como eu imaginava, algumas sessões de magnetismo e um acompanhamento detalhado de seu estado emocional serão suficientes para você se sentir mais pleno e em condições de trabalhar. Tenho lhe acompanhado desde algum tempo antes de realizar a grande viagem. O descarte biológico foi programado detalhadamente por nossa equipe e tivemos o cuidado de acompanhá-lo nos primeiros momentos pós-morte, dispersando os fluidos que poderiam ser mal utilizados por inteligências da oposição. Afinal, você era alvo dos opositores do Cordeiro. Tínhamos que cuidar bem de você devido ao potencial para o trabalho e também ao passado ligado a nós, de certa maneira.

— Posso perguntar alguma coisa?

— Mas você está perguntando, meu amigo, só que me adianto aos seus pensamentos apenas porque não disponho de muito tempo. Mas pode perguntar, sim. Sinta-se à vontade, ou melhor, nem tão à vontade assim, pois tenho compromissos urgentes em outro departamento.

— Qual... — comecei a selecionar bem as palavras, demorando um pouco a formular a frase. Mas parece que o espírito à minha frente era mais ágil ou não tinha tanta paciência assim.

— Joseph Gleber, à sua disposição, meu querido.

E voltando-se em direção à saída, caminhou, detendo-se mais um pouco somente para acrescentar:

— Existe um gravador ao lado de sua cama. Fique à vontade para formular perguntas no seu tempo e no seu ritmo. Quando terminar, basta encaminhar uma solicitação a Jamar e eu responderei com os devidos esclarecimentos. Estarei sempre ao seu dispor, mas não posso me deter por muito tempo. Espero que compreenda que nosso trabalho aqui é intenso e daqui a cinco minutos tenho de realizar uma conferência em outra cidade, o que requer minha dedicação imediata. Deus seja contigo, amigo.

E simplesmente saiu! E sumiu. E eu ali, boquiaberto, sozinho, me sentindo um lixo espiritual... nem tanto lixo assim – tudo bem, seria um exagero –, mas quem sabe solitário ou, ainda, melindrado com a situação.

"E esse cara entra aqui assim, apressado, sem me fazer nenhuma pergunta, com esse sotaque rude que me faz lembrar sei lá o quê... Parece um Sr. Spock do Além, cheio de parafernálias tecnológicas, quase mágicas, e nem me mandou respirar fundo, não mediu minha pressão. Afinal, morto também deve ter pressão arterial e, tendo ou não, a minha deve estar nas alturas, neste momento." Me senti desprezado. Não era somente na Terra que as consultas médicas duravam tão pouco. Parece que aqui, no tal mundo original e primitivo, as coisas também eram rápidas, muito rápidas. "Quero protestar. Aqui também deve existir um órgão de reclamações. Quem esse tal Dr. Joseph Gleber pensa que é para me tratar assim? Nem me deu chance de perguntar nada..."

– Eu lhe dei chance sim, meu irmão – ressoou uma voz em meus pensamentos, deixando-me arrepiado. Arrepiado mesmo! Descobri ali que espírito também arrepia de medo, de pavor. O homem já havia saído e demonstrava saber o que eu pensava. — Peço-lhe desculpas, amigo, mas passei apenas para uma visita rápida, uma vez que você será atendido por outro amigo de minha equipe. Quis apenas me certificar de que não precisaria ficar internado no hospital. Mas estou atento a você em todo momento.

— Então por que não retorna para conversarmos?...

— Sinto muito, já não me encontro na mesma cidade espiritual que você. Estou a mais de 5 mil quilômetros daí, se assim posso dizer.

Levei as mãos à cabeça e gritei:

— Meu Deus, que horrível é conviver com gente assim! Esse homem está falando dentro de mim, e está em outra cidade, a mais de 5 mil quilômetros!... Não posso entender.

— Deixe de dramas, meu irmão! Você não leva jeito para isso. Tem muito o que aprender e desaprender ainda. E muito desafio pela frente. Ah! O tal doutor não é nada mais do que um simples servidor. Não me chame de doutor, por favor. Fique bem!

E a voz silenciou por completo. Comecei a apalpar minha cabeça desencarnada, como tentando identificar se havia um implante de algum microfone ali, mas não identifiquei nada. Era somente eu, mesmo.

"Desisto, vou esperar Jamar chegar, pelo menos ele parece ter algum tempinho para mim..."

Um som de campainha se fez ouvir no quarto. "Também, parece que por aqui ninguém dá tempo de a gente descansar!" Atendi a porta, e era alguém ligado à recepção do chamado hotel.

— Desculpe, meu senhor, mas haverá uma reunião no salão de conferências, logo após sua primeira alimentação, que poderá ser servida aqui mesmo em seu quarto ou, se preferir, junto aos demais que chegaram da Terra, em nosso refeitório principal. Onde prefere, senhor?

— E espírito come também?

— Por acaso não sente vontade de se alimentar? — redarguiu o homem à minha frente.

— Talvez um pouquinho...

Sorrindo largamente ele se apresentou, desculpando-se:

— Queira me perdoar, Sr. Ângelo. Não me apresentei. Sou Bernardo e estagio aqui há bem pouco tempo, por isso a inexperiência. Desculpe-me a indelicadeza, senhor.

— Mas você não foi indelicado...

— Bem, senhor, notará que trouxe muita coisa de sua humanidade consigo. E alimentar-se é algo muitíssimo natural e prazeroso em nossa cidade. Que prefere: que sirvamos no quarto ou no refeitório?

Pensei um pouco, mas não tanto, com medo de o rapaz à minha frente ler meus pensamentos, igual ao médico apressadinho, e logo comuniquei minha decisão:

— Creio que prefiro ir ao refeitório. Quero conhecer outras pessoas.

— Pois não, senhor, assim será feito. Se precisar de algo mais, eu mesmo estou à disposição neste andar, com meus amigos estagiários, para servir no que for necessário.

— E em qual andar estamos? Onde fica o refeitório?

— Estamos no trigésimo sétimo andar, senhor. E o refeitório fica no quinquagésimo, o andar rotativo. Temos 10 refeitórios e mais 5 de apoio, caso seja necessário. Assim que entrar no elevador será informado como chegar lá. Eu mesmo esperarei pelo senhor.

— Chame-me de *você*, meu rapaz!

— Pois não, senhor! Quer dizer, você. Ou melhor...

— Vá, vá, meu caro! Eu entendi.

E ele se foi, deixando um ar de descontração, embora tenha ficado sem graça. E eu me esforcei muito para não corrigir o rapaz ali mesmo, no primeiro encontro. Parecia boa pessoa. Talvez eu pudesse falar com ele e sugerir que fizesse um curso de português, de comunicação e expressão... Quem sabe por aqui também encontre escolas, universidades ou coisas do gênero?

Entrei no quarto e respirei fundo. Quinquagésimo andar... Bom, para um mundo de mortos vivos, até que as coisas aqui eram bem marcantes.

Quando me dirigia à janela, pois ainda não tivera oportunidade de observar a paisagem no entorno, notei que havia algo pendurado num cabide, à minha frente. Um bilhete dizia:

"Meu pai, deixo este traje para que possa usá-lo nos próximos encontros. Parece que está ainda com um tipo de roupa igual a que usaram para abrigar o corpo que foi enterrado. Sei que aprecia algo mais elegante. Use-o, se gostar. Depois nos levarão às lojas para comprarmos trajes novos." Assinava Maria.

Minha filha fora cuidadosa, mas como ela deixou o traje ali? Teria sido levado pelo médico ou pelo Bernardo? Ou se materializara diante de mim e eu não percebera? E esse negócio de ir às lojas? Como assim? Naquela cidade havia lojas, comércio, o mesmo sistema de compra e venda, como na Terra? Em todo lugar do mundo espiritual as coisas eram semelhantes a esta cidade? Eram muitas perguntas e algumas delas não faziam sentido nem para mim. Mas... eu teria de aprender a esperar. Com certeza, as respostas viriam. E eu teria de me preparar para elas. Mas espíritos fazerem compras em lojas? Não soava fantasioso demais? Minha filha não estaria delirando? Era uma espécie de transe provocado pela morte? Preferi nem pensar, pois até meus pensamentos ainda pareciam os dos vivos incorporados, encorpados, encarnados ou sei lá o quê. E então? Teria eu que aprender uma nova linguagem? Haveria aqui também uma gramática diferente? Acordos gramaticais, sentidos diferentes para as palavras? Não, eu tinha de parar imediatamente, senão ficaria louco. Um morto vivo louco.

Preferi desligar esses pensamentos e fui trocar de roupa. Estava longe de ser o terno mais perfeito que já vestira, mas Maria nunca foi lá tão boa assim ao escolher roupas para mim; sempre era preciso fazer ajustes. Pelo jeito, aqui também deveriam ser feitos os devidos reajustes, mas por ora era o bastante.

Esqueci-me de olhar pela janela mais uma vez. Virei-me e fui em direção à porta. O corredor do hotel era extenso, largo e iluminado. Um tapete de extremo bom gosto cobria o pavimento, e os detalhes na decoração pelo menos fugiam à mesmice tão frequente nos hotéis em geral, mesmo os mais requintados. Bem, eu não conhecia os piores, os medianos. Mas ao menos ali havia, sem dúvida, um toque de arquiteto, uma estética delicada, sem exageros e luxo, de bom gosto. Em seguida, toquei num lugar mais sensível, apenas iluminado, próximo ao elevador. Na verdade, havia oito elevadores no corredor onde me encontrava, de modo que não esperei muito tempo. Logo que a porta se abriu notei a presença de Maria, que me recebeu com um abraço.

— Que bom que você está bem, papai!

Havia mais de 20 pessoas no elevador... Muita gente. "Mas, como espírito não deve pesar muito, acredito que não cairemos."

— Verá como a cidade é bonita e aconchegante. Logo após a reunião no salão de conferências, teremos a oportunidade de sair um pouco por aí.

— Pelo jeito, então, nem mesmo aqui a gente está livre de reuniões...

— É, mas aqui as coisas são um pouco diferentes da forma como ocorrem na Terra. Verá por si mesmo. Ainda não me acostumei, muito embora esteja meio eufórica, apesar da saudade de casa.

Notei um leve tom de melancolia nas palavras de Maria. Entrementes, o elevador chegou ao andar sem qualquer ruído, sem nem mesmo percebermos que se movera. Será mesmo que se movera? A porta se abriu e fomos recebidos por uma mulher que aparentava ser mais idosa, porém com uma vivacidade de dar inveja. Nobre, sobriamente vestida, trajava um uniforme que lembrava o usado por Bernardo, que, aliás, estava mais ao longe e fez um gesto com a cabeça em minha direção. Uma música irritante era ouvida no ambiente. O volume estava baixo, mas não me agradei da trilha sonora logo que a escutei. Mas tudo bem, pois ali ninguém era perfeito. Aliás, eram humanos demais para o meu gosto. Podia até aparecer alguém assim, mais perfeito, mais superpoderoso, mais...

— Pai, acorde! Vamos! Vamos para a mesa. Está na hora do desjejum.

“Essa menina me irrita!” — pensei, sabendo que ela não tinha superpoderes mentais ainda... ainda! Quase formal demais para a ocasião com meu costume, dirigi-me à mesa que apresentava uma placa com nosso nome. E dei aquela olhada pelo salão. Vi uma mesa de frutas e sucos e outra com petiscos; havia até mesmo frios fatiados, *jamón* e presunto de Parma, ao lado de queijos variados, mas não me pareceram bons como os de Minas.

— Que bom saber que há presuntos nobres por aqui! Então encontrarei também carnes, peixes e coisas comuns assim aos mortais... mesmo que agora sejam imortais. E sabe de uma coisa? Sabe o que mais gostei?

— De poder comer, diga logo, meu pai! — falou Maria, sorrindo.

— Não é nada disso. O que mais gostei é o fato dos espíritos que até agora conheci não se assemelharem nada com santos, nem religiosos extremistas, nem serem dados a crise de santidade. Ser humano e continuar sendo como eu era na Terra é a melhor coisa para mim... E quando vejo tudo isso a meu redor, os alimentos todos iguaizinhos aos que conheci, vejo que poderei ter o mesmo tipo de gosto e as preferências, o mesmo estilo de vida, sem precisar forçar para ser santo ou anjo. Ah! Como detesto anjos. Já lhe falei sobre isso?

— Sim, Seu Ângelo! Já me falou diversas vezes, mas ainda quando estávamos na Terra. Agora, veja se alimenta esse seu corpinho de espírito. Vá se servir, vá...

Surpreendi-me com o sabor dos alimentos. Os sucos, então, sabiam muito mais intensos ao paladar do que aqueles que experimentei quando no corpo físico. Indescritíveis eram os sabores. Ai, como eu queria experimentar meu vinho do Porto. Só para saber se era tão bom quanto... só para conferir!

Após o primeiro desjejum de desencarnado, sentia-me bem mais refeito. Foi quando a recepcionista do hotel pediu-nos, os recém-vindos da Terra, que nos reuníssemos no salão de conferências. Desta vez fui sem Maria, pois ela já havia passado pelo procedimento. Alguns esclarecimentos deveriam ser feitos, a fim de que soubéssemos sobre a cidade dos espíritos, a maneira de nos portarmos e, também, as condições sob as quais poderíamos ser admitidos como moradores do local. Para lá nos dirigimos, um grupo aproximadamente de 140 espíritos.

Era um anfiteatro que acomodava confortavelmente mais de 300 pessoas, embora naquele momento estivéssemos em menor número. À nossa frente, um palco com todos os recursos de iluminação comuns a um teatro moderno, além de aparelhos que irradiavam imagens tridimensionais, como numa projeção holográfica. Definitivamente, não era uma tecnologia trivial, nem mesmo para os países desenvolvidos da época.

Observava tudo nos mínimos detalhes. Dayane, a mesma senhorita elegante que nos recepcionara ao chegarmos ao hotel, foi quem primeiro subiu ao palco para dar as boas-vindas oficiais ao grupo de seres recém-chegados da experiência física.

— Quero dar as boas-vindas a todos vocês, que chegam à nossa cidade, e dizer que todos estamos aqui como estagiários a serviço da comunidade de espíritos. Por certo não ignoram que não mais pertencem ao chamado mundo dos vivos. De uma ou outra maneira, sabem que a morte visitou cada um, rompendo definitivamente os laços que os ligavam ao antigo corpo. Chegaram hoje à nossa cidade; dependerá de vocês se continuarão conosco ou partirão para outras estâncias, outras cidades ou mesmo postos de apoio nesta ou em outras dimensões, mais próximas à Crosta. Quero lhes apresentar alguém que dará as informações necessárias para entrarem em contato com o cotidiano de nossa metrópole espiritual.

Apontando a mão direita em determinada direção, percebemos um emissário de aspecto africano, um homem negro, sorridente, vestido em trajes típicos de algumas nações daquele continente. Dayane fez um gesto com a cabeça, reverenciando o homem que assumiu seu lugar, saindo por outro lado, naturalmente para se dedicar às atribuições comuns à vida de espírito *desencarnado*, vocábulo com o qual eu haveria de me acostumar, quem sabe.

— Pois bem, meus amigos! Sou conhecido como Nassor, o seu servidor, e venho apenas esclarecer. Não sou nenhum espírito iluminado, superior ou habitante de regiões sublimes; somente um companheiro que chegou aqui muito antes de vocês. Também estou aprendendo a viver na Aruanda, em harmonia com a natureza espiritual deste lugar. Como disse nossa amiga Dayane, sejam todos muito bem-vindos à nossa metrópole, à nossa querida Aruanda. Alguns que aqui se encontram tiveram uma formação cultural espiritualista, outros talvez nunca, durante a vida terrena, estabeleceram contato direto com alguma religião; outros, ainda, talvez nem entendam por que estão aqui.

"De qualquer forma, é bom começarmos a esclarecer que nossa metrópole não é a única em nossa dimensão; existem diversas outras cidades, redutos, comunidades de espíritos, colônias ou como queiram denominar a comunhão de seres com objetivos semelhantes, os quais se reúnem em coletividades como a nossa. Cada uma das cidades espirituais têm objetivos bem claros e definidos, por isso a característica predominante e o tipo espiritual que nelas habita divergem bastante. Em nosso caso, aqui, na Aruanda, temos uma especialidade. Recebemos aqueles que têm gosto e potencial para estudar e ajudar a humanidade, cuja mentalidade já tenha se elevado sobre as preferências e os debates, as disputas e os apadrinhamentos denominacionais, religiosos ou de cunho nacionalista. Ou seja, aqueles espíritos que, em suas vidas e reencarnações, aprenderam, de alguma maneira, a viver em comunidade, numa comunidade universal, sem fronteiras, sem barreiras, e não alimentam a necessidade de brigar por pontos de vista, tampouco intentam impor sua ótica sobre as demais, ignorando as verdades alheias. Nesse sentido, não somos uma comunidade de seres evoluídos, no sentido literal do termo. Somos humanos a serviço da humanidade; somente isso. Mas humanos cujas mentes estão, em alguma medida, mais abertas à procura da verdade no universo. Estamos conscientes de que não temos aqui verdades absolutas, inamovíveis ou inquestionáveis.

“A fim de que o espírito seja admitido aqui, obrigatoriamente terá sido avalizado pela confiança de alguém ou apontado como tendo forte potencial para ser um servidor da humanidade. Durante dois anos, cada um de vocês terá acesso a todas as dependências de nossa comunidade. Serão avaliados segundo os mesmos critérios usados com todos nós. Entretanto, somente permanecem como habitantes da Aruanda aqueles espíritos que observam três normas ou aspectos principais, a fim de serem admitidos em caráter permanente.

“A primeira delas é que se matriculem em nossas universidades e se dediquem ao aprimoramento contínuo, estudando sempre. Sem estudar, sem se aprimorar, não há como o espírito permanecer aqui conosco, devido à vocação ou especialidade da nossa Aruanda. Evidentemente, não ficam desamparados aqueles que não se adaptam ou não se sentem à vontade com uma das exigências de nossa comunidade. Temos vasta relação de cidades espirituais cujos métodos diferem dos nossos e podem muito bem abrigar qualquer um daqueles que não se sentirem à vontade em nosso meio.”

Enquanto Nassor falava, mostravam-se em projeção holográfica as universidades e escolas da metrópole. Imenso parque escolar, como eu jamais vira. Espíritos indo e vindo em diversas direções e veículos que desciam e subiam na atmosfera, transportando pessoas para aquilo que nos parecia ser um diversificado conjunto educacional. Nassor apontava para a projeção enquanto se dirigia à plateia. É lógico que adorei tanto a forma como falava quanto a possibilidade de estudar, de dar continuidade a muitos projetos e, quem sabe, aprender muito sobre a vida espiritual e as implicações de ser, dali em diante, um espírito.

— Temos, aqui na Aruanda, três universidades. Cada uma delas abrange muitos departamentos espalhados por toda a comunidade, a fim de que seja oferecida oportunidade tanto aos espíritos que aqui habitam quanto àqueles que nos visitam apenas para ensinar e aprender. Todos os estudos desenvolvidos no planeta podem ter sequência aqui, nos vários departamentos dessas universidades, sendo possível escolher entre ramos diversos, tais como: ciências do espírito, estudo informativo e comparado das religiões e sua influência no psiquismo e na cultura dos povos, conhecimento da vida no universo e a evolução entre mundos, no âmbito dos planetas. Aquele que se interessar pode estudar sobre as inúmeras possibilidades da reencarnação e especializar-se, a fim de desenvolver futuros trabalhos e projetos em sua próxima vida, começando desde já a estagiar, nos diversos setores da metrópole, na mesma profissão que desempenhará quando voltar à Terra, em novo corpo. Para aqueles que preferem aspectos ligados à saúde, temos amplos laboratórios que oferecem especialização tanto na medicina convencional, quanto na naturalista e na homeopática, entre outros segmentos, que poderão ser escolhidos conforme a área de interesse individual. Ainda há cursos ligados à natureza, às ervas, à fitoterapia e à botânica, assim como os que se dedicam a questões psíquicas, como mediunidade, paranormalidade, magnetismo, psicobioenergética. Essas são algumas entre tantas possibilidades oferecidas por nossas escolas, que, para atender ao número de habitantes permanentes e aos alunos itinerantes, funcionam 24 horas por dia. Aliás, todos os serviços de nossa Aruanda, devido à grande demanda e à diversidade imensa de seres e culturas, funcionam dia e noite, em tempo integral.

As cenas se sucediam à medida que Nassor discursava, e muitos pareciam encantados com a ideia de viver numa comunidade desse porte e com tais características. Após ligeira pausa para que pudéssemos absorver melhor e observar as imagens dinâmicas que eram exibidas, o espírito continuou:

— A segunda condição para que qualquer espírito continue vivendo conosco no período entre vidas é que ele contribua com a comunidade por meio do trabalho. Não usamos moeda de troca para conceder benefícios que qualquer espírito possa usufruir em nosso meio. Isto é, aqui não adotamos o sistema praticado, por exemplo, em colônias ou cidades como Nosso Lar, Vitória Régia ou Halo de Luz, as quais utilizam o chamado bônus-hora.[2] Na Aruanda, é preciso que todo espírito trabalhe pela comunidade em alguma atividade. Porém, não impomos como regra que deva trabalhar 8 horas ininterruptas, ou qualquer outro número de horas. Como todas as nossas atividades transcorrem 24 horas por dia, o espírito pode chegar ao seu ambiente de trabalho à hora que lhe for mais conveniente ou favorável, segundo o perfil individual, observando a necessidade de

[2] A célebre e pioneira descrição da realidade extrafísica que toma por base a colônia Nosso Lar, em livro homônimo, apresenta a moeda usada ali (cf. "Bônus-Hora". XAVIER, Francisco Cândido. Pelo espírito André Luiz. *Nosso lar*. 3ª ed. esp. Rio de Janeiro: FEB, 2010. p. 131-136. A vida no mundo espiritual, v. 1. (ed. inaugural de 1944).

conciliar o tempo com os estudos e o lazer. Assim, poderá trabalhar 1 hora, 10 horas ou dosar sua dedicação conforme o grau de responsabilidade assumido na tarefa abraçada. O próprio espírito pode determinar o tempo que empregará no trabalho. Mas, durante o período estipulado, ele deve estar 100% disponível para desempenhar a tarefa que lhe cabe e é intransferível.

"Se pudéssemos classificar nossa metodologia, de maneira a facilitar o entendimento, nos aventuraríamos a dizer que somos uma comunidade baseada em um ecumenismo respeitoso e um método de convivência similar ao que talvez denominássemos socialismo cristão. Claro, espero que me compreendam que são apenas termos de referência, mais a título de comparação; nossa metodologia nada tem a ver com correntes políticas defendidas na Terra."

Nassor respirou fundo, pois com certeza sabia que nem todos ali lhe compreenderiam a forma de expor ou o significado das palavras. Ele prosseguiu, sem esperar nossa aprovação:

— Por último, a terceira exigência para que qualquer espírito continue habitando entre nós, na Aruanda, durante a vida na erraticidade, é o convívio pacífico com a natureza, respeitando o ambiente onde vive e trabalhando para que tudo e todos continuem usufruindo de todas as possibilidades que nossa metrópole oferece, com o máximo de qualidade.

À medida que falava, as imagens mostravam a vida urbana da cidade, as pessoas indo e vindo e a natureza exuberante: árvores, parques, bosques e campos em meio a uma arquitetura cuidadosamente planejada em cada detalhe, de modo que as construções formassem uma só composição com a natureza.

– Temos à disposição dos cidadãos, operando em horário integral, exatos 128 teatros ou casas de espetáculo, que exibem uma programação artística bastante diversificada, dando mostras da pluralidade de culturas aqui representadas. Tais espaços oferecem uma variada e rica oferta cultural, revelando talentos de nossa cidade tanto quanto de outras mais, cujos artistas vêm apresentar repertórios de alta qualidade para todos os gostos.

"Há música típica dos estilos conhecidos na Terra, visando atender diversos gostos e afinidades, que vão desde *rock*, *blues* e *jazz* até os ritmos brasileiros, como samba de raiz, bossa nova, maracatu, baião e frevo, passando pela música latina — mambo, *guajira*, rumba, tango etc. —, isso pra ficar apenas no continente americano. Há ainda muitas outras tradições, acompanhadas de espetáculos típicos de dança, como flamenco, os diversos ritmos africanos, sem falar na música oriental, indiana... Todos têm livre acesso a essa ampla oferta artística e cultural, desde que estejam inseridos no contexto da vida em comunidade e de acordo com a política vigente aqui, conforme apresentei a vocês.

"Além de tudo isso que falei, antes de liberá-los é preciso esclarecer sobre o método de direção ou a coordenação da nossa Aruanda."

E as imagens foram então direcionadas a um imponente pavilhão, à primeira vista situado na periferia da cidade, que não devia em nada em beleza e elegância às regiões que pareciam centrais na projeção holográfica.

— Nosso governo é formado por um colegiado, com representantes de diversos povos e culturas, que aqui convivem pacificamente. Como poderão observar mais tarde, se ainda não o fizeram, a maioria dos habitantes da Aruanda é composta por espíritos procedentes de etnias africanas ou daquelas derivadas ou influenciadas pela cultura negra ou afro. O colegiado reflete essa realidade, mas é composto tanto de seres advindos de culturas africanas, como antigos pais-velhos, quanto de chefes indígenas, monges budistas e alguns mestres do antigo Oriente.

Dando uma pausa, Nassor fez com que a projeção parasse e nos surpreendeu, apresentando-nos seres que não fazíamos ideia estivessem ali ou fossem também nos receber no nosso primeiro encontro na metrópole espiritual.

— Quero apresentar-lhes alguns espíritos representantes do nosso conselho, que vêm lhes dar as boas-vindas.

Fiquei surpreso. Em que lugar do universo os próprios dirigentes de uma cidade como esta, deste porte, viriam pessoalmente receber novos candidatos a habitantes do local? Eu nem sabia como avaliar uma atitude assim tão delicada quanto inusitada.

Mas a minha maior surpresa, e creio que da maioria de nós ali presentes, foi perceber a singularidade da aproximação desses seres que compunham o colegiado. Quando vieram, quase levitando, inicialmente se mostraram a nós na forma espiritual que tiveram em suas culturas, muitos com feição oriental ou de antigos sacerdotes de culturas e civilizações que, decerto, haviam se perdido na noite dos tempos. Outros vestiam-se de maneira mais exótica ou chamativa, mas igualmente representavam seus povos ou culturas originais. Entretanto, à medida que se aproximavam de nós, assumiam a aparência de pais-velhos, mães-velhas, caboclos e, ainda, houve dois que tomaram forma de criança, além de outros espíritos que vi, também se transformando diante de nós, que adquiriam o aspecto e os trajes típicos de monges tibetanos.

A presença do colegiado ali nos recepcionando marcou profundamente nossos espíritos. Arrancou da boca de todos um "Ohhh!" de admiração, espanto e até euforia, devido à forma como se revelavam a nossos olhos de espíritos recém-chegados. Eu não sabia o que dizer. Todos se colocaram de pé quase ao mesmo tempo, ante os seres à nossa frente. No meio deles reconheci o homem que encontrei antes; depois da transformação, voltou a se apresentar como o ancião que me recebera junto a Jamar. Era o senhor que conheci com o nome de João que estava entre os demais do colegiado... No entanto, ao contrário do que era de esperar, que algum deles fizesse um pronunciamento à plateia, eles outra vez nos surpreenderam. Desceram do palco e se dirigiram a cada um de nós, abraçando-nos e dando as boas-vindas individualmente, deixando-nos ainda mais boquiabertos com a atitude inusitada, sobretudo porque vinha de dirigentes de uma cidade espiritual. Era um gesto diametralmente oposto à atitude dos políticos da Terra, de qualquer cidade ou nação terrena; não havia comparação.

Ali mesmo, entre seres com aparência de crianças, índios, negros africanos, mestres orientais e representantes de outras culturas, a reunião transformou-se numa espécie de confraternização. Ainda no palco, observando sorridente, encostado numa pilastra, o homem de aspecto africano que nos falara no início, Nassor, parecia se divertir com nossa estupefação, rindo gostosamente da situação. Todos envolveram pouco a pouco os representantes do colegiado, que nos receberam de maneira tão incomum, mas nos deixaram completamente à vontade. Por fim, eles permaneceram no meio da turma de recém-vindos da Crosta, enquanto alguns de nós se atreveram a formular perguntas sobre aquela cidade, que mais parecia feita de estrelas, as quais foram respondidas com grande solicitude e generosidade.

João me fitava, como a esperar algum questionamento. Sorriu para mim, um largo sorriso emoldurado pela barba branca cuidadosamente talhada e os cabelos também brancos, aparados de maneira exemplar. O terno que vestia parecia ser feito do mais puro linho, alvíssimo, o que realçava a sua cor negra de maneira tão bela, tornando a composição muito harmoniosa. Fomos nos aproximando um do outro, e naquele momento entendi que ele era alguém especial naquela comunidade, e que estaríamos de alguma maneira ligados por laços que, embora invisíveis, já poderiam ser percebidos naquele encontro, que marcou profundamente meu ser. Não saberia dizer por quê, naquela ocasião, mas sinceramente eu soube que havia sido conquistado por aquele espírito. Meu ser dizia isso, embora não pudesse explicar, não tivesse palavras.

E assim mesmo, sem palavras, João foi saindo do meio do grupo de espíritos, sem pronunciar nenhuma frase. Naquele momento mágico, senti seu magnetismo vigoroso e fui atraído pela força do seu olhar, olhos negros, grandes, e pelo sorriso estampado em seu rosto. Segui-o, por ora abstendo-me de qualquer pergunta. Apenas o segui, ávido por novos aprendizados, sedento de sabedoria, mas não mais a sabedoria das universidades, dos homens da Terra; poderia ser apenas a sabedoria daquele preto-velho. Meu coração, ah!... Como ele parecia arrebentar de emoção, batendo forte, como se tambores houvesse dentro dele, tocando, rufando, fazendo o barulho característico dos filhos da África ou como o toque cadenciado dos tambores de Angola. O coração apenas acelerava, e pude me sentir muito mais vivo do que vivo estava antes, enquanto João me conduzia, sem palavras e sem perguntas, para ver, para conhecer a Aruanda, a morada dos espíritos.

3

LEVANTANDO O VÉU

M

ESMO ANTES DE sairmos pelas ruas da Aruanda e enquanto os demais espíritos permaneceram no salão conversando com os dirigentes da cidade, João e eu nos retiramos devagar, como se estivéssemos passeando, ainda dentro do hotel que nos acolhera. Foi somente então que observei mais detidamente os pormenores da decoração. Lustres deslumbrantes pendiam do teto; arranjos florais de incrível bom gosto e harmonia coloriam o local. No entanto, foram as obras de arte que mais me chamaram a atenção. Belíssimos quadros pelas paredes, assinados por artistas renomados, emprestavam charme e singularidade ao ambiente. Um dos quadros em particular me marcou profundamente. Era assinado por Debret, Jean-Baptiste Debret.[3] A tela retratava cenas da colonização do Brasil, embora nunca a tivesse visto em nenhum museu da Terra. No Rio de Janeiro e em outras cidades importantes havia visitado museus com alguma frequência, porém esta tela diferia das demais que eu vira, do mesmo autor, as quais fizera quando encarnado. Pois aquela apresentava cores tão marcantes, e os personagens ali retratados pareciam tão vi-

[3] Paris, 1768-1848. Viveu no Brasil entre 1816 e 1831.

vos que me dava a impressão de que a qualquer momento saltariam da tela, movimentando-se. O céu tinha aspecto igualmente vivo; ao olhar atento, suas nuvens deslizavam — lentamente, mas deslizavam. Seria ilusão de ótica? Enquanto eu estava ali parado admirando a pintura que me prendera a atenção, João tocou-me levemente o ombro, como a chamar-me de volta à realidade, e pronunciou algumas poucas palavras:

— Esta tela, Debret a pintou enquanto encarnado, nos momentos de desdobramento, em que visitava nossa cidade, recém-fundada, à época. Você terá a oportunidade de conhecer alguns museus e apreciar de perto a obra de diversos artistas — as originais, como esta.

Sem entender muito bem as palavras do ancião, continuei seguindo-o pelo *hall* do hotel. Foi aí que me dei conta de que poderia lhe perguntar algo que estava de certa forma incomodando minha dileta curiosidade:

— Não entendo como numa cidade de espíritos exista até mesmo hotel. E também estes funcionários... Como entender a existência de funcionários em um local como este, se aqui, pelo que nos foi explicado, não há moeda, dinheiro ou outra forma de pagamento?

— Nossa cidade, meu filho — iniciou João, respondendo-me com a boa vontade que eu descobriria ser-lhe característica, ao passo que nos sentávamos em poltronas confortáveis, olhando o movimento da rua —, é uma cidade que atualmente abriga 10 milhões de espíritos de forma permanente, ou seja, durante seu período na erraticidade, antes de mergulharem na carne novamente. Mas recebemos também uma população itinerante de aproximadamente 5 milhões de seres, diariamente, advindos de outras cidades da imensidão, com as quais mantemos intercâmbio. Essa população itinerante vem visitar museus, parques, centros de treinamento, mas principalmente as escolas ligadas às nossas universidades, as quais funcionam em tempo integral, conforme foi explicado, como toda a vida urbana da nossa Aruanda. Os hotéis foram criados há séculos para receber essa população, mas também aqueles que chegam da experiência reencarnatória, como você, no período de adaptação ao novo mundo que encontram aqui.

Pausando um pouco e dando relativa atenção a alguns espíritos que passavam próximos de nós e olhavam para ele, João prosseguiu, sem se apressar:

— Mas os tais funcionários que você vê neste ambiente não são funcionários no sentido que se dá ao termo na Terra. Na verdade, são estagiários, alunos que estudam em nossa universidade visando à reencarnação futura. Aqui desenvolvem habilidades interpessoais, pois, ao reencarnar, lidarão com o público na área de atuação que elegeram. Afinal, lá na Crosta, existem inúmeras oportunidades de trabalho profissional em que é requerida a habilidade com pessoas, com seres humanos. Esse estágio em algumas instituições do lado de cá ajuda a despertar aptidões adormecidas ou a desenvolvê-las para, mais tarde, esses espíritos exercitarem funções como essas. Muitos aqui estudam matérias ligadas à hotelaria e se preparam para funções que desempenharão; trata-se de treinamento constante na área escolhida conforme a preferência pessoal. Quando for a hora de trabalhar, na nova experiência reencarnatória, já terão impresso na memória espiritual o que aprenderam aqui. Lá embaixo apenas praticarão e aprimorarão o conhecimento adquirido.

— Então não são mesmo funcionários, mas estagiários, como me falou um dos espíritos que me auxiliou...

— Exatamente. Sob esse aspecto, aqui somos todos estagiários, aprendizes. Isso ocorre em todo o ambiente da metrópole. Há lugar para desenvolver as mais variadas habilidades que têm probabilidade de eclodir nas futuras reencarnações. Aqueles que trabalham em nossas lojas de roupa, por exemplo, o fazem por pura afinidade, seja aperfeiçoando a forma de atender o público, seja aprendendo alguma faceta do ofício da moda, desde a produção — desenho, modelagem, estilismo — até o negócio, mesmo — gestão, administração, atendimento, entre tantos outros aspectos. Todos na Aruanda estão em processo de experimentação, pois na universidade escolheram cursos e especialidades de acordo com seus gostos. Enfim, trabalham aqui para se preparar para as futuras experiências no corpo físico.

— Mas você falou em lojas. Existe comércio por aqui também? Insisto: não falaram que não existe moeda ou qualquer sistema de troca?

— Creio que você precisa visitar urgentemente o bairro onde se localizam as lojas de roupa. Assim terá uma ideia melhor. Vamos, meu filho! Eu o acompanho — falou João, meu instrutor, ao levantar-se. Antes de cruzarmos a porta, dois espíritos reverenciaram o ancião, e um deles o interpelou:

— Já vai, Pai João? Nos sentimos muito honrados com sua presença aqui.

— Breve retornarei, meus filhos. Vim receber este nosso amigo que retorna da Terra. Mas breve voltarei para falar com vocês.

Fiquei meio sem entender a forma como se dirigiram ao meu amigo João. E não hesitei em perguntar:

— Por que ele o chamou de *Pai* João? É a forma como normalmente se tratam por aqui?

— Nada disso, Ângelo. Pode me chamar como quiser; fique à vontade, filho. Cada um deve se sentir livre para comportar-se ou falar como melhor lhe convém... — E não tocou mais no assunto.

Saímos. Na rua à frente do edifício havia intensa movimentação. Grande número de jovens conversava e caminhava pelas calçadas muito largas, e nenhum carro na rua, embora houvesse demarcação para veículos que, no mínimo, eram daquele tipo voador no qual fui transportado. De um e outro lado da rua, cafeterias muito semelhantes a algumas europeias. Não consegui apreender de imediato a finalidade e especialidade de alguns tipos de loja. Notei um edifício de arquitetura requintada, que denotava forte influência da cultura árabe, entre tantos outros prédios onde espíritos entravam e saíam. Em meio a tudo isso, trepadeiras pendiam dos prédios de maneira que jamais vira, enquanto árvores frondosas erguiam-se de ambos os lados da rua. Frequentemente, os ramos e galhos se entrelaçavam no alto, iluminados por um sol que mais parecia de inverno, não muito quente, projetando uma claridade nada excessiva e resultando numa temperatura ambiente extremamente agradável, eu diria balanceada, sem excesso de calor e sem o incômodo do frio intenso. Vi animais: cachorros, gatos, pássaros e outros que, na Terra, decididamente não vi nem em zoológicos. Todos passeavam guiados por algum espírito. "Se isso não é o paraíso, é algo muito próximo", pensei.

A população que se via nas ruas era extremamente heterogênea. Havia africanos ou ao menos espíritos de pele negra, além de outros com traços fisionômicos indígenas. Os dois grupos reuniam belos exemplares dos dois povos, de etnias variadas, e eram maioria. Certos índios lembravam os peles-vermelhas do continente norte-americano; outros eram tipicamente brasileiros. Aqueles não envergavam indumentárias típicas com plumas e peles de animal, mas ambos se apresentavam muito bem vestidos. Os trajes remetiam de alguma maneira à origem de cada um e exibiam notável elegância — aliás, como tudo na Aruanda, ao menos até onde conhecera. Vi jovens e adultos vestidos como monges, ainda que para mim mais se assemelhassem a adeptos do movimento Hare Krishna. Um grupo desses espíritos passava ao longe na mesma avenida por onde agora transitávamos, um grupo de mais de 50 deles, cantando músicas de forma alegre e contagiante.

O espírito Pai João não falava nada, apenas dirigia-se para o bairro das lojas ou do comércio, como eu denominara o local. Quanto a mim, limitava-me a apreciar a população de seres exóticos, tão diferentes entre si, porém usufruindo de uma convivência pacífica. Avistei um grupo uniformizado, que mais parecia de soldados. Altos, imponentes, como se rumassem a uma parada militar, porém sem portar armas. Na cabeça, um quepe de estilo antigo, mais precisamente um bibico, que trazia alguma insígnia como decoração. Passaram por nós e menearam a cabeça para João. Desta vez não aguentei e perguntei:

— Por aqui também há soldados, policiamento?

— Claro que sim, Ângelo. Lembre que aqui é o mundo original, primitivo.[4] Lá embaixo é cópia. Estes que você ob-

[4] Cf. KARDEC. *O livro dos espíritos*. Op. cit. p. 112-113, itens 84-86.

serva são os guardiões superiores. Temos poucos deles aqui na Aruanda; apenas um contingente pequeno, que vem dar aulas a aspirantes a guardiões, na universidade. A tarefa dos aspirantes se restringe a uma área específica... com o tempo ficará sabendo os detalhes. Mas temos diversos contingentes de guardiões. Entre outros, há aqueles que chamamos de sentinelas, e há também as guardiãs, uma espécie de polícia feminina especializada nos entrechoques vibratórios que envolvem emoções e sentimentos mais densos. Depois o levarei até o quartel dos guardiões e poderá ver de perto a diversidade de categorias existentes e a especialidade de cada uma delas.

Enquanto prestava atenção na explicação de Pai João — mentalmente acabei me acostumando a chamá-lo assim —, interessei-me pela população de jovens espíritos que se reunia no que me pareceu ser um *pub* bastante movimentado. Mais uma vez minha curiosidade foi aguçada... e Pai João não esperou que a manifestasse verbalmente.

— Está assustado, meu caro? Por aqui a vida social é movimentadíssima. Não passamos nosso tempo rezando, recitando ladainhas ou cultivando o fanatismo religioso salvacionista, querendo ir ao umbral o tempo todo resgatar almas sofredoras. A Aruanda reúne os espíritos afins com a proposta da justiça divina. Temos uma vida social muito mais intensa, interessante e envolvente do que muitas cidades e metrópoles da Terra. Os *pubs* e bares são locais frequentadíssimos. Neles se reúne tanto a população itinerante quanto muitos dos habitantes da metrópole. Conversam sobre temas os mais variados, desde as manifestações artísticas e culturais até os projetos reencarnatórios e familiares, planejando seu regresso à Terra. Neste *pub*, especialmente, é hora de encontro dos jovens alunos de ciências. Discutem inventos e descobertas, e o debate é acalorado. Este *pub* é mais frequentado por estudantes dedicados às descobertas e invenções tecnológicas. Se entrar lá, com certeza ficará eletrizado com as discussões. Servem-se bebidas cujos sabores e aromas lembram muito de perto os da Terra. E olhe que temos até a velha cerveja, conhecida sua, e o vinho da mais pura procedência.

— E os espíritos daqui bebem também, como os humanos reencarnados?

— Somos humanos também, Ângelo! Tanto quanto os que habitam a Crosta. A diferença é que nossas bebidas não têm teor alcoólico. Mas afirmo que o sabor é maravilhoso, e as bebidas, cotadíssimas entre os cidadãos, embora toda a experiência esteja cercada de profundo senso de limite, mesmo não havendo graduação alcoólica. Entre elas, há algumas desconhecidas dos homens, mas bastante apreciadas aqui. Como não há compra e venda, todas são servidas pelos espíritos que estagiam nesses lugares a quem queira experimentar, porém uma cota racionada para cada espírito; nada de abusos por aqui.

— Então há racionamento, controle, uma espécie de controle de quantidade? —, perguntei sorrindo.

— Não há controle no sentido tradicional, que requer fiscalização, mas sim um sistema ou método de regulação que foi adotado pelos fundadores de nossa cidade e que funciona naturalmente. O princípio é o seguinte: tudo o que for de uso comum da população não pode estar sujeito a consumo em excesso, até porque, se há excesso de um lado, provavelmente haverá escassez de outro. Assim, como tudo na Aruanda é formado a partir dos fluidos da atmosfera, dos fluidos dispersos no espaço, caso alguém queira utilizar uma cota maior do que seu corpo energético tenha necessidade ou capacidade de processar adequadamente, aquele mecanismo entra em ação. No caso da bebida, por exemplo, na hipótese de consumo excessivo, o copo e o líquido na mão do indivíduo se diluem na atmosfera de modo natural, como que se desmaterializando em suas próprias mãos. De modo que não há desperdício nem excesso por aqui. E isso vale rigorosamente para tudo: alimentação, vestuário e os demais recursos. Todo excesso, por mínimo que seja, é reintegrado ao manancial da natureza na forma de fluido, no momento de sua concretização. Isso contribui para que cada habitante, cada pessoa aqui possa respeitar os próprios limites. Para nós, esse sistema serve como fator reeducativo importantíssimo; afinal, todos cometemos excessos e precisamos desse mecanismo para usufruir das bênçãos que a vida oferece, com moderação.

— Então a bebida aqui não teria a mesma finalidade das bebidas alcoólicas da Terra, ou seja, talvez alegrar, despertar o paladar para novas sensações, ainda que, em alguns casos, criando dependência.

— Nem sei se essa é uma característica das bebidas na Crosta ou se os homens, com os excessos que lhes são peculiares, fizeram do prazer de beber isso que se vê hoje em dia lá no mundo dos chamados vivos. Seja como for, aqui o objetivo é experimentar sabores novos, ricos, que despertem o prazer sensorial no que ele tem de melhor, assim como a satisfação em conviver e socializar-se. O consumo na medida certa também faz com que cada um aprenda que não é o uso da bebida que faz mal, mas o excesso, o que extrapola o equilíbrio. De todo modo, como eu disse, nossas bebidas não contêm teor alcoólico, ou seja, não temos espíritos bêbados por aqui — falou Pai João, sorrindo. — Nem alimentamos o vício de nenhum espírito. Você ouviu no hotel as condições para se viver aqui. Não recebemos em nossa cidade espíritos com esse tipo de comportamento; aí está uma regra universal na Aruanda.

— É... Também não vi ninguém fumando por aqui — comentei.

— Em hipótese alguma é permitido o uso do cigarro em nossa cidade, Ângelo. Já tivemos inúmeros problemas no passado e fizemos uma espécie de plebiscito há mais de 150 anos, ocasião em que conseguimos abolir o consumo do tabaco sob qualquer forma. Espíritos que ainda cultivam esse hábito são encaminhados a outras cidades do espaço, onde são admitidos temporariamente, até se livrarem dele. Quando estiverem livres podem até ser admitidos na Aruanda.

"Mas voltando aos nossos costumes aqui, você precisa conhecer os hábitos noturnos de nossa população. Precisa vir aqui à noite!"

Olhando para mim, para ver a minha reação, continuou:

— Aqui temos também a noite. E como são lindas as noites da Aruanda... Como a Lua aqui é muito mais brilhante, parece muito maior e mais vívida do que vista do mundo dos encarnados. A vida noturna é muitíssimo mais fervilhante. As trocas de experiência, os encontros de namorados, futuros parceiros na jornada reencarnatória — tudo isso encanta na Aruanda. Espere até conhecer os lugares especialmente destinados ao encontro de diferentes culturas, ao intercâmbio de ideias e experiências que ali se dá, entre espíritos de etnias e procedências distintas. É algo que encanta, envolve, apaixona. Não tem ideia de quanto são concorridos esses momentos por aqui. À noite, aqueles que gostam podem, ainda, ir a festas, ouvir boa música ou a música que lhes apetece. Dançar, cantar, expressar sua veia artística ou simplesmente participar das celebrações em meio a espíritos ou pessoas, como queira dizer, nesses lugares que de alguma forma lembram as danceterias do plano físico, embora dotados de uma tecnologia que você nem imagina.

Antes que Pai João prosseguisse contando as novidades da Aruanda, chegamos ao local para onde nos dirigíamos. Ruas largas, espaços naturais e amplos jardins entre as lojas ou, melhor, lojas em meio a praças ou jardins, com cafés movimentadíssimos, frequentados por gente bonita dos mais variados estilos. Seres trajados de modo às vezes inusitado, charmoso ou apenas diferente do que me era habitual. Graças a Deus não vi espíritos vestindo mantos brancos e esvoaçantes!

Antes de adentrarmos alguma das lojas, Pai João deu algumas explicações:

— Aqui funciona assim, Ângelo: nem todo espírito tem a capacidade mental de elaborar sua vestimenta simplesmente a partir da força do pensamento; muito pelo contrário, isso ocorre apenas com a minoria. Então, há o que chamamos de parque industrial. Trabalham lá os espíritos que na Terra desenvolveram ou desenvolverão as profissões de estilista, *designer* e outras mais, ligadas à indústria da moda e à produção de roupas, calçados e acessórios em geral. Eles exercitam a criação mental, a configuração e transformação dos fluidos da natureza em peças de vestuário ou, em certos casos ligeiramente distintos, em instrumentos e ferramentas de trabalho. Trata-se de um parque de desenvolvimento do espírito humano e do potencial do pensamento, onde se aperfeiçoam as habilidades relacionadas a isso. Criam, inventam, desenvolvem ideias e produzem itens de acordo com o contexto e a demanda de nossa metrópole. À medida que o fazem, capacitam-se individualmente para desempenharem mais tarde, ao reencarnarem, funções semelhantes às que aprenderam aqui.

"Pois bem, meu filho, o produto de suas criações é exposto nas diversas lojas e departamentos existentes na Aruanda e em outras cidades do espaço. Os espíritos que não desenvolveram essa habilidade do pensamento ou que não têm esse interesse vêm aqui e escolhem o tipo de roupa ou acessório que melhor lhe pareça, tendo em vista a bagagem cultural e espiritual, os costumes que tinha na Terra e suas preferências. Como de resto, não há compra e venda, nenhum tipo de transação monetária, embora entre o atendente e o interessado haja, sim, uma espécie de negociação... Você verá. Como foi explicado antes, aos recém-chegados, como todos trabalham e estudam em nossa cidade, todos podem usufruir livremente daquilo que está à disposição nos diversos centros de distribuição. Basta chegar, pedir aos estagiários e atendentes, e eles — que investem no desenvolvimento das próprias habilidades no contato com o público, visando às futuras experiências físicas — orientarão da melhor forma que puderem. Mas não espere perfeição no serviço prestado! São todos aprendizes e muitas vezes cometem equívocos.

"A uma coisa você deve ficar atento, pois se trata de uma regra para tudo aqui, em nossa cidade. Como já disse, não pode haver desperdício. Se você deseja um traje, por exemplo, de uma marca conceituada, com o melhor caimento, pode escolher à vontade nas diversas lojas e entre os diversos modelos. Contudo, se precisa somente de um traje para a vida social e de outro para o trabalho que desenvolverá, seja aqui na cidade ou em outras regiões mais densas, e levar ainda que seja apenas um a mais, terá uma decepção. O traje excedente se desmaterializará ou se dissolverá assim que você o guardar em seu alojamento, seja no hotel ou em qualquer moradia para onde for. O supérfluo logo é absorvido pela natureza astral, e a matéria da qual é constituído, fluídica, dissolve-se e se reintegra ao plano extrafísico no qual transitamos."

— Ou seja, nada de ter dois ternos Stunner da Brioni Vanquish,[5] por exemplo...

Pai João sorriu largamente, entendendo a ironia.

— Bem, mas eu posso ter, então, mais um terno, quem sabe da Kiton; algo bem simples, assim...

Pai João me olhou ainda sorridente, entendendo minha brincadeira esnobe.

— Então vamos lá, Ângelo, pois já é hora de trocar esse traje com que Maria lhe presenteou, sem que soubesse seu tamanho certo. Quando aprender ou quiser usar a força do pensamento para materializar sua indumentária, poderá dispensar a visita às lojas. Mas confesso que esse é um prazer que gosto de cultivar. Poder escolher, experimentar, descobrir novas criações dos estudantes e estilistas da Aruanda e de outras cidades espirituais... Me parece impossível não sentir prazer com essa experiência. A alternativa de materializar as coisas pela força mental, sem sentir prazer no que se faz... Ao menos para mim, fazer qualquer coisa que não gere prazer e contentamento é algo que não posso conceber.

[5] Grife italiana de forte tradição em costumes e ternos de alfaiataria, hoje conhecida apenas como Brioni.

— É, a vida social aqui na Aruanda é realmente envolvente, apaixonante. Vamos lá, eu me contento com algo simples mesmo, acho até que tenho de desenvolver mais a humildade após a morte do corpo. Não precisa ser nada tão requintado assim, Pai João. Onde fica mesmo a loja da marca Ermenegildo Zegna?

Rimos gostosamente e rumamos para as lojas, a fim de que eu experimentasse a forma de vida da metrópole, a experiência insólita de escolher meu primeiro traje de morto metido a vivo.

Comecei por observar a fim de escolher uma loja: ler o nome, apreciar a logomarca e a comunicação visual, as cores com as quais o estabelecimento fora pintado, até que adentramos determinado ambiente. Acho que Pai João não sabia da minha chatice nem do nível de exigência que me caracterizava. Não sou nada humilde nem fácil de agradar, devo confessar. Fomos atendidos por um rapaz que, logo se via, era iniciante. Assim que reconheceu Pai João a meu lado, passou a outro atendente a função e ficou nos observando de longe.

— Bom dia, senhores! Sejam bem-vindos ao nosso centro de distribuição.

Não poderia ser mais gentil o espírito. Parece-me que estava há algum tempo estagiando ali, quem sabe se preparando para lidar com um público tão diversificado e eclético como o que ia e vinha na metrópole. Havia bastante gente no departamento de roupas. A decoração era sóbria, chique, e os trabalhadores ali tinham certo charme e presença. O espírito que nos atendeu, como a maioria dos habitantes da cidade, era negro, produto de alguma mistura étnica que lhe conferira traços finos e delicados. Alto e esbelto, sorriso farto, dentes branquíssimos, vestia um costume elegantíssimo, mas ousado, de linhas modernas. Não tinha visto ainda um traje como aquele. Fiquei impressionado com o extremo bom gosto.

— Nosso amigo Ângelo quer escolher um tipo de roupa para usar em nossa cidade — adiantou Pai João, se dirigindo ao espírito.

— Pois bem! Chamo-me Watambi e serei seu servidor enquanto estiver em nosso departamento — disse, enquanto me deixava à vontade para aproveitar meu primeiro contato social *post-mortem*. Medi cada detalhe, cada pessoa ali presente e a fisionomia de cada um. Os trajes usados pelos espíritos que vinham escolher novas roupas me impressionaram.

Havia negras vestidas de modo a lembrar as baianas tradicionais de Salvador. Outras usavam peças fartamente coloridas, com tecidos enrolados, cuja inspiração era claramente africana. Cabelos arrojados, num estilo afro impossível de não ser notado, ostentando a beleza dos povos do continente africano. Ao lado daquelas figuras, havia uma senhora requintada, à moda europeia do início do século XIX, embora talvez destoasse dos demais e da modernidade reinante; a meu ver, era como uma dama retratada por artistas renomados da época. Homens bem vestidos e alguns jovens trajando esporte fino. Fiquei impressionado. Nada de espírito usando longos mantos de cor branca ou azul, que se arrastassem pelo solo ou cobertos de glória, luzes e auréolas.

Pai João me deixou à vontade. Observei tudo, todos os detalhes, as expressões fisionômicas e o tipo humano ali representado por toda aquela gente morta. E para quem estava morto até que eles estavam muito bem.

— Senhor Ângelo, aceita um suco ou alguma bebida em particular, enquanto aprecia nossos trajes?

Olhei para Pai João, e ele sorriu disfarçadamente.

— Apenas água, por favor.

— Algum tipo específico, senhor?

E eu ainda podia escolher a água? Hesitei, sem saber o que fazer. Lembrei-me logo da Perrier, mas fiquei encabulado de demonstrar tanta simplicidade...

— Se me permite — interferiu Watambi —, sugiro que experimente nossa água da Aruanda. Em nada deixa a desejar se comparada à tradicional Perrier ou à San Pellegrino, velhas conhecidas de ambiente sofisticados da Terra. Nossa água é de excelente qualidade — falou, como se adivinhasse meu pensamento. Para disfarçar minha humildade infinita, respondi:

— Então pode me servir essa mesmo. Aceito sua sugestão.

E Pai João acrescentou:

— Ele se esqueceu de dizer, Ângelo, que só temos esta água aqui!... Mas não vai se decepcionar de jeito nenhum com o sabor, a suavidade e a característica renovadora da água da nossa dimensão.

Após ser servido de maneira bastante cortês, eu diria mesmo com serviço de primeira, nosso anfitrião me auxiliou na escolha do primeiro traje do outro mundo.

— Aqui temos diversos modelos. Devo dizer: os espíritos que trabalham na criação mental se esmeram no desenho, na modelagem e na confecção, mas principalmente quando materializam a matéria-prima, que é muito mais pura e de melhor qualidade do que a encontrada nos tecidos da Crosta. Afinal, tentam a qualidade ao grau máximo, pois disso depende o futuro deles na Terra, quando retornarem e eclodirem as intuições e a vocação para o gênero de atividade que desempenham aqui.

"Portanto, apresento-lhe o melhor que temos, vindo diretamente da nossa linha de produção – disse, voltando-se para determinado grupo de peças. – Sem levar ectoplasma em sua confecção, mas materializado em nossa dimensão através da matéria unicamente mental, criou-se esta textura muito mais aprimorada do que o mais puro linho conhecido na Terra. Como sabe – como se eu soubesse –, o ectoplasma cria uma sensação mais grosseira na materialização. Os detalhes, senhor, pode observar por si mesmo. Nenhuma costura pode ser vista, uma vez que os produtores e executores do projeto mental fizeram de tudo para ocultá-las e deixar à mostra somente as dobraduras, elegantemente distribuídas de maneira a realçar mais ainda a beleza do tecido e a suavidade das formas."

Fiquei perplexo. Diante de mim havia pelo menos 18 tipos diferentes de trajes, desde costumes clássicos até os mais modernos, semelhantes ao que o espírito à minha frente vestia. Difícil escolher. Foi aí que descobri que espírito também tem dúvidas ao escolher a vestimenta, sua roupa de morto vivo. Espírito sofre... E que sofrimento é este, meu Deus! Como Watambi notou minha hesitação ao optar por este ou aquele modelo, acrescentou outras informações, talvez pensando em me ajudar na escolha. Depois do drama mental, da ironia não expressa em palavras, resolvi ouvir mais atentamente; afinal, eu era assim, difícil de contentar.

— Este traje aqui, por exemplo, é feito de uma matéria fluídica especial. Ele se ajusta automaticamente ao corpo do indivíduo, assumindo a forma mais aproximada possível dos contornos do corpo.

Não era o meu caso. Mesmo tendo rejuvenescido alguns anos na aparência, não ostentava lá aquele corpinho que merecesse ser realçado. Não sei porque, mas me pareceu que os espíritos ali escolhiam com desenvoltura suas roupas ou, talvez, não se importassem em escolher muitas, pois sabiam que o excesso era dissolvido magicamente nos chamados fluidos ambientes... Mas eu, não! Eu não era tão simples assim. Não me bastaram as explicações de Watambi. Demorei mais de 2 horas e, sinceramente, não consegui me decidir.

Resolvi procurar outra loja, outros modelos. Despedi-me do atendente, não esperando voltar ali. Pai João, paciente, me acompanhou. Ao sair à rua, mesmo movimentada e cheia de gente de aparências mil, não houve como não perceber a presença de uma mulher, eu diria, radiante demais, devido aos trajes de procedência andaluz. Alta, porém não muito, porte charmoso, magra e com os cabelos pretos envoltos num tipo especial de véu negro com alguns fios dourados, desfilava à nossa frente, chamando a atenção de alguns outros espíritos. Vestido usado por ciganas espanholas, leque à mão direita, passou por nós e, após alguns passos, deteve-se bruscamente. Voltou-se para mim, ignorando por completo a presença de Pai João, abriu o leque de maneira escandalosa, produzindo aquele barulho característico de quando se abre um leque, e falou:

— Pelo teu tipo, gajo, deves estar vivendo o maior drama mental simplesmente para escolher uma roupa para ti. Imagino o teu sofrimento... maior do que o das almas perdidas nas furnas umbralinas! E dizem que espírito não sofre nos planos superiores... — ironizou a mulher.

Fiquei meio pasmo com o jeito dela, arrojado, quase atrevido. Abriu o leque novamente, de forma a chamar mais ainda a atenção, e se apresentou, estendendo-me a mão, à moda antiga:

— Consuela, encantada!

— Ângelo, Ângelo Inácio — respondi, meio sem saber como me comportar.

Voltando-se para Pai João, acrescentou:

— Deixe o gajo por minha conta, meu velho. Darei a ele todo o apoio necessário para a sua visita ao nosso *barrio*; sei que tem muita coisa a fazer. Caso queira, quando terminarmos o levo até onde você indicar.

Pai João parecia já conhecer a mulher, pois, sem dizer uma palavra, ao menos não palavras articuladas, pois poderiam muito bem estar conversando pelo pensamento, deixou-nos, meneando a cabeça para mim. Também, depois do tempo que gastei na loja, com certeza Pai João deduziu que não me contentaria indo apenas a um ou dois lugares, sobretudo porque teria de escolher somente um traje. Fiquei meio inquieto com o comportamento da espanhola, mas ela soube me deixar à vontade e me divertir com seu jeito marcante e irreverente. Tão logo Pai João saiu, deixando-nos em frente a uma praça, ela curvou o braço, como me convidando a segurá-lo, e disse-me:

— Não vai deixar uma dama esperando assim, não é, gajo? Pelo visto você tem estirpe e não fica bem uma dama de sangue nobre ficar esperando e caminhando ao lado de um gajo desprotegida assim. E suspirando, num aparente exagero, acrescentou:

— Ai, como sou desprotegida! Corro tanto risco no meio desse povo sem estirpe...

Não sei exatamente o que ela pretendia, mas aquele espírito me conquistou com seu jeito irônico, irreverente e impetuoso. Dei o braço a ela e saímos em direção a outra loja. Aliás, outras lojas. Visitamos mais de 20 lojas antes que me decidisse. E depois de tanto andar, conhecer gente de todo tipo, voltei à primeira loja, que visitara na companhia de Pai João. Watambi foi extremamente cortês, auxiliando-me uma vez mais. Foram mais 90 minutos analisando e experimentando. Afinal, como dizia Consuela, ela não ouvira as explicações de Watambi sobre os fios especiais, o tecido sedoso e os fluidos empregados na materialização dos modelos à escolha. Ele teve de explicar tudo de novo, e ela, ereta, abanando o leque e respirando fundo, exigia mais detalhes antes que eu experimentasse cada traje. Dizia:

— Afinal, não sairei por aí ao lado de um espírito malvestido e com roupas que não condizem com a estirpe espiritual a que estou habituada.

Ri gostosamente. Nunca me diverti tanto assim em tão pouco tempo. Mais tarde eu contaria tudo a Pai João, que diria somente: "É uma menina muito levada essa minha filha. Mas é boa gente!".

Saímos dali, eu todo empertigado com meu novo traje de morto vivo. Afinal, escolhi algo bem prático, simples mesmo, mas funcional. Consuela adora brincar, fala muito e se ofereceu para me mostrar algumas das praças da cidade. Foi um passeio muito interessante. A noite já caía na metrópole espiritual. Uma espécie de nostalgia parecia querer se instalar em minha alma, mas Consuela não me deixava tempo livre para sequer pensar em tristeza. Meu primeiro dia do lado de cá foi algo realmente fantástico. Muito mais tarde eu entenderia que fora tudo planejado nos mínimos detalhes, a fim de evitar que eu me entregasse à depressão *post-mortem*, como é comum a muitos espíritos. Mas naquele momento eu não sabia nada disso. E não era mesmo para saber.

A primeira praça que fiquei conhecendo foi a chamada Praça dos Orixás. Jamais vi tamanha beleza e expressividade da cultura negra. Vários orixás representados em maravilhosa obra de estatuária. Chegamos a um dos lugares mais concorridos, onde espíritos de procedências e estilos diversos se reuniam, a maioria com trajes típicos africanos, muitos lembrando antigos baianos das décadas finais do século XIX e das primeiras do século XX. Apresentações teatrais e exibições de dança afro ocorriam ali, com precisão e beleza exemplares. Os dançarinos elevavam-se entre 5 e 8 metros de altura, deslizando na atmosfera ambiente e revolucionando para, logo depois, pousarem ao som de instrumentos — congas, surdos, tablas, flautas transversais, violões e diversos outros que nunca vira, desenvolvidos do lado de cá por espíritos experientes na criação de instrumentos musicais.

Em dado momento, Consuela, talvez mais para me mostrar a tecnologia usada na cidade dos espíritos do que para descansar, convidou-me a sentar num dos bancos da praça. Havia vários outros espíritos sentados, entre eles casais que mais me pareciam apaixonados, namorados, do que simplesmente amigos espirituais. Assim que nos sentamos, comentei:

— Puxa, a vida social aqui não deixa tempo para tristezas. E olha que não conheço nem 1% das atividades realizadas na cidade! Pensei que vida de morto era um verdadeiro tédio, indo e vindo entre nuvens e louvores sem fim... Ledo engano! Ainda bem!

Enquanto eu falava, o som dos instrumentos e da conversa dos espíritos a pequena distância vinha em nossa direção obedecendo ao mesmo processo pelo qual o som se propaga no ambiente da Crosta. Então, Consuela tocou numa lateral do banco onde estávamos sentados, numa espécie de botão escondido num nicho. Logo percebi uma película finíssima erguer-se em torno do banco e, logicamente, de nós dois, como se fosse um campo de pura energia, transparente ao máximo, mas perceptível, devido a certo brilho que irradiava ou refletia. Como por encanto, o barulho externo cessou. Consuela comentou:

— Assim é melhor. Em todo local público por aqui temos essa tecnologia, tanto em ambientes fechados, como *pubs* e casas de encontro dos jovens, quanto ao ar livre, como nas praças. Podemos erguer esse campo de compensação, como é chamado aqui, e somos isolados do som ambiente. É uma forma discreta de preservar-nos ou manter nossa privacidade, sem que outras pessoas precisem participar da conversa que temos. No momento em que desejar, pode simplesmente tocar no dispositivo ao lado dos bancos e voltar a ouvir tudo ao redor.

Não é preciso dizer que já estava estupefato com a tecnologia usada na metrópole, mas essa simplesmente me conquistou. Uma das coisas que mais me irritava na vida terrena era a obrigação de escutar as pessoas conversarem num volume desconcertante, de ouvir assuntos que não me interessavam e a impossibilidade de me isolar completamente quando conversava com alguém. Era simplesmente irritante isso tudo. Mas aqui... não! Senti-me tão compreendido, como se essa tecnologia tivesse sido desenvolvida especialmente para mim... Que máximo! E mais ainda: como dissera Consuela, em todo local era possível optar por isolar-se do ambiente, permitindo conversar de maneira harmoniosa, sem a interferência de música, burburinho ou outro tipo de som indesejado. Achei isso o ápice da privacidade. Agora, só me faltaria descobrir como ocultar os pensamentos. Pois, ao que parecia, alguns espíritos tinham a mania besta de devassar os pensamentos alheios, de maneira que deveria rever urgentemente o conceito de privacidade. Antes que eu pudesse falar sobre isso, é claro, descobri que a tal Consuela também tinha essa habilidade.

— Não são todos os espíritos que podem conhecer nossos pensamentos. São somente alguns, aqueles que desenvolveram habilidades psíquicas, como a telepatia, por exemplo.

Olhei para ela como que reprimindo o fato de ela saber o que eu pensava.

— Mas não se preocupe, gajo, aqui aprendemos o verdadeiro significado daquilo que na Terra é chamado de discrição e ética. Não devassamos os pensamentos secretos, as questões íntimas; não conseguiríamos fazer isso, ainda que quiséssemos.

Olhando para mim com seu leque em modo barulhento — em oposição a modo silencioso —, acrescentou:

— Na verdade, não são os espíritos com habilidades mentais que leem ou penetram pensamentos; as pessoas é que são permeáveis. Pensam com tanta intensidade que não há como os mais hábeis e conhecedores das leis do mentalismo não notarem as formas mentais, os clichês, cores e formas-pensamento criadas, mantidas ou alimentadas pela gente despercebida. E como essas formas mentais irradiam-se além dos limites do corpo espiritual, como elas, por assim dizer, povoam a aura dos espíritos, os mais experientes percebem, veem, leem nas entrelinhas o que se passa no mundo íntimo.

— E não tem como a gente evitar que ouçam, entendam ou leiam o que pensamos?

— Ah! Gajo, isso é outra história! Terá de estudar as leis do mentalismo em nossa universidade e aprenderá métodos que chamamos de educação do pensamento e das emoções. Pois há espíritos que também conseguem distinguir e interpretar nossas emoções de forma bem precisa.

— Ai, meu Deus! Isso não tem fim? Não há como levantar uma barreira protetora em torno do nosso cérebro espiritual ou extrafísico? Algo semelhante ao que você fez aqui na praça, em torno do banco? Assim, a gente ficaria mais isolado mentalmente.

— Como lhe disse, gajo, é questão de educar o pensamento. E isso não sei como ensinar. Você terá muito tempo para aprender. Aqui, tempo é o que não nos falta.

Fazendo menção de se levantar, fechou seu leque elegantemente, não sem fazer o barulho característico, e me convidou, quem sabe meio sem paciência com minhas neuroses de espírito recém-desencarnado:

— Está na hora de levá-lo de volta ao hotel. Você já apresenta sinais de desgaste vital.

— Eu? Euzinho? Estou me sentindo muito bem, se me permite...

— Nada disso! O velho está dizendo que você precisa descansar. Será analisado pelos médicos de nossos hospitais. Afinal, é seu primeiro dia aqui. Precisa dormir. Amanhã estarei com você novamente. Isto, é claro, se desejar.

E saiu quase me arrastando, enquanto o campo de compensação se desfazia à nossa volta e o som característico do pessoal reunido na praça, da música e de todo o contexto da apresentação artística invadia nosso campo auditivo e nossos sentidos, embora de forma harmoniosa, sem causar nenhum mal-estar. Como estávamos mais ou menos distantes do hotel, Consuela optou por pegar um transporte público, o chamado *aeróbus*. Visualmente, era muito semelhante aos trens rápidos da Europa. Entramos e, logo que nos sentamos, Consuela começou:

— Aqui temos estes veículos. Os espíritas encarnados os chamam de aeróbus. Eu odeio esse nome. Prefiro chamá-lo apenas de veículo aéreo; uma questão de gosto, apenas. Existem diferentes modelos para finalidades as mais diversas. Usar veículos como este – sobretudo quem não aprendeu a levitar ou não o faz sem grande esforço – evidentemente economiza um bocado de energia mental, que pode ser empregada em outras realizações.

Enquanto se desenrolava nossa conversa, o veículo percorria lugares diferentes; com certeza, pararia próximo ao local onde deveríamos descer. Mas uma coisa me inquietou: ao invés de subir na atmosfera, ele literalmente desceu, como se fosse um metrô, viajando logo abaixo da superfície da cidade. Minha amiga percebeu meu espanto de imediato.

– Não fique assim tão chocado com este nosso mundo, gajo. Como eu disse, existem vários tipos de veículo. Este aqui, que transporta uma quantidade maior de pessoas, percorre as vias no subsolo, como os velhos e conhecidos metrôs da Terra, embora estejam em operação em nossa cidade desde o ano de 1695. Temos desde veículos que voam pela atmosfera astral afora até aqueles projetados para descer a regiões mais profundas do submundo, no conhecido umbral ou mesmo em lugares mais densos. Pessoalmente, adoro os que se prestam a sair da atmosfera terrena rumo à Lua, por exemplo, os quais são potentíssimos, muito embora pouquíssimos espíritos tenham autorização de sair do ambiente do planeta em direção ao espaço cósmico. Então, vá se acostumando com as diversas faces da vida espiritual. Vamos descer numa estação antes do hotel, pois quero lhe mostrar alguma coisa antes de você descansar.

— Já falei que não me sinto cansado!

— Vamos descer, de todo jeito. — E acrescentou: — De qualquer ponto onde estiver na cidade, encontrará uma estação a no máximo 400 metros a pé, onde poderá embarcar em algum dos veículos. É uma malha de transporte público que funciona com uma eficiência de nos deixar orgulhosos. Seja por terra, pelo ar ou pelo subsolo, como no caso deste comboio, sempre haverá um tipo de transporte ao alcance dos habitantes da metrópole, de modo permanente.

Descemos num entreposto de transporte ou, como chamou Consuela, numa estação. Caminhamos pouco. Na verdade, para chegar à superfície havia a opção de levitarmos, impulsionados por uma espécie de colchão de ar, ou subirmos em esteiras rolantes, que eram um charme à parte; algo bem futurista. Adorei as possibilidades, mas preferimos ir a pé mesmo, circulando em meio aos pedestres, que, diante de tantas opções de transporte, não eram em número tão grande assim. Foi uma experiência muito diferente para um espírito, mas também muitíssimo gratificante. Em alguns entroncamentos e passagens subterrâneas, semelhantes a túneis confortavelmente largos, havia obras artísticas a decorar o percurso. Entalhadas em material ainda desconhecido para mim, erguiam-se colunas portentosas, e o teto parecia haver sido pintado, quem sabe, por algum Michelangelo, tamanha era a precisão nos traços e a beleza observada ali, bem como nas demais obras de arte. Em determinado local, pouco antes de emergirmos à superfície, deparei com um espaço mais amplo, mesmo dentro dos túneis. Era uma espécie de praça, com algumas cadeiras dispostas harmoniosamente. Espíritos assentados admiravam a música de qualidade apresentada talvez por membros de alguma sinfônica — poucos, na verdade, mas suficientes para produzir algo que tocava o espírito mais exigente em relação à boa música.

Subimos, então, o último lance antes de ascender à superfície, enquanto Consuela chamava a atenção por onde passávamos, com o traje tipicamente andaluz, elegante como ela só. E eu totalmente absorvido pela decoração, pela beleza em cada detalhe.

Quando chegamos à superfície, minha amiga e guia de turismo do mundo espiritual apontou em direção ao céu. As estrelas me encantaram. Eram visíveis quase na totalidade as estrelas da Via Láctea. Uma profusão de luzes inundava suavemente o campo visual, e vários espíritos ficavam parados, como nós, olhando, observando, inspirando-se, talvez, no espetáculo de belezas imortais. Pela primeira vez, eu chorei. Chorei de nostalgia, de enlevo, completamente envolvido pela beleza da imensidade, da Aruanda. E antes que meu choro se convertesse em pranto, talvez pela minha tendência *post-mortem* de transformar as coisas em melodrama, minha amiga convidou-me a voltar os olhos para o lado oposto do firmamento. Notei que diversos indivíduos, de um e outro lado da rua, também fixavam aquele lugar. E o que vi me encantou mais uma vez. Grande quantidade de espíritos se aproximava, levitando na atmosfera da cidade. Faziam uma espécie de ziguezague ou bailavam ao se deslocar em suspensão. Lembravam borboletas iluminadas, radiantes, de estonteante beleza. Na Terra, os relógios marcavam alguns minutos após as 18 horas. A população parecia extasiada, olhar fixo ora num ponto, ora noutro, contemplando a beleza da natureza e a manifestação daqueles seres que desenvolviam uma coreografia inspirada, quem sabe, em alguma música que meus ouvidos ainda não eram capazes de perceber. Eram mais de 200 espíritos indo e vindo em perfeita harmonia, no espaço acima de nós. Alguns veículos aéreos interromperam seu curso, pairando nas alturas enquanto os ocupantes assistiam ao espetáculo de belezas indescritíveis. Se algo na Terra pudesse se aproximar muito palidamente do que presenciei, talvez fosse uma apresentação do Cirque du Soleil, quando artistas circenses se elevam ao alto graças a suportes de vida, cabos de aço ou cordas elásticas. Mas é muito pálida essa comparação. Seja como for, era impossível não ficar admirado diante das capacidades do espírito humano. Como a arte expressa com perfeição uma das faces mais interessantes da criação e da própria sabedoria divina! Deixei-me tocar intimamente por toda aquela beleza, e assim ficamos ali por cerca de 30 minutos, parados, na mais absoluta contemplação.

Os pensamentos, naturalmente, eu nem sabia por onde iam, mas de uma coisa tive certeza: sentia-me imensamente grato a quem quer que fosse que me avalizou, abrindo a possibilidade abençoada de viver, estudar e trabalhar nesta atmosfera de beleza, diversidade e respeito, nesta grande escola de convivência mais harmoniosa com a vida universal. A gratidão brotou no meu coração como nunca percebera até ali. Gratidão a Deus, à vida, ao universo.

Nem me dei conta, transcorrido aquele tempo, de que estávamos bem próximos do hotel. Consuela, sem se preocupar em disfarçar uma lágrima discreta num canto de olho, convidou-me a caminhar. E caminhamos em silêncio. Aliás, nunca vi tamanho silêncio como o que percebi naquele momento. Parece que toda a população da cidade dos espíritos prosseguia em silêncio rumo aos mais diversos afazeres. Simplesmente, todos estavam tocados com as impressões de beleza que cada um tivera, conforme sua situação íntima, segundo mais tarde me contaria Pai João. Dei graças por haver percebido aquele espetáculo de maneira tão intensa.

Aliás, eu sempre fora sensível a tudo que é belo, ao sentido estético das coisas, das pessoas, de tudo à minha volta. Mas descobri ali, naqueles momentos de enlevo, que de alguma forma a morte parecia haver amplificado tudo em mim. E a beleza fazia muito mais sentido em minha alma, muito mais do que antes de experimentar a chamada morte do corpo. E também ali, enquanto caminhava em silêncio ao lado de Consuela, pude pensar no quanto a morte e o morrer abrem as portas da alma, escancaram os sentidos do espírito, libertam do medo e das limitações do entendimento. Isso, naturalmente, dependerá da abertura que damos às oportunidades e da postura mental do indivíduo. Por mim, estava mais que decidido: dali em diante, não perderia jamais uma chance de trabalhar e aprender, estudar e progredir de alguma forma, pois descobri nesta cidade meu verdadeiro lar. Se havia sobrevivido em mim alguma vontade de retomar o corpo que ficou na Terra, essa vontade apagou-se de vez ante as belezas e as possibilidades no novo lar, na pátria à qual regressara pelos braços generosos da morte.

Adentramos o ambiente do hotel e me despedi da nova amiga. Não sei para onde ela iria, se tinha uma casa, um bangalô ou morava na área urbana da cidade. Despedi-me dela grato por haver encontrado pessoas afins, com as quais conviveria com satisfação, e deixei-me embalar pelos pensamentos repletos das novidades que reservava a cidade dos espíritos, a Aruanda de todos os povos, de todas as gentes.

Nem me recordo de como cheguei ao quarto. Sei apenas que, quando passei pela porta, deparei com um buquê de flores sobre a mesa, num vaso que nem era lá do meu gosto, mas não deixava de ser belo. A surpresa trazia um bilhete subscrito pela equipe do hotel: *Seja muito bem-vindo ao novo lar! Esperamos fazer parte de sua família espiritual. Que sua estadia entre nós seja uma descoberta diária de felicidade e satisfação. Conte conosco, Sr. Ângelo Inácio* — e várias assinaturas preenchiam o restante do espaço no cartão.

Não sou muito chegado a esse tipo de manifestação, de flores e coisas do gênero, mas, confesso, me emocionei. Ao cheirar as flores, o aroma me tomou por completo e um leve sono pareceu preencher minhas sensações. Dirigi-me à cama. Colchão macio, lençóis elegantemente arrumados, com um tecido de qualidade superior — em cuja composição naturalmente não entrava ectoplasma, como diria o atendente da loja que visitei —, com um toque sedoso que me convidava a deitar-me.

Relaxei assim que me encostei naquele ninho que me abrigava o espírito. E sonhei. Sonhei com as estrelas de Aruanda e com um país onde todos podiam conviver em paz, onde reinava uma política diferente, com leis simples, que bem serviam aos propósitos da população de seres que ali habitava. Sonhei com uma vida diferente, com uma nova civilização, com Maria, minha filha. Apenas sonhei e me retemperei; refiz meu espírito em meio aos fluidos balsâmicos da Aruanda de Pai João, de Jamar e dos amigos novos que eu conhecera ali, entre as estrelas.

4

OS IMORTAIS

UI ACORDADO POR Jamar, meu amigo guardião ou anjo da guarda. Ele foi muito discreto e só adentrou o ambiente do apartamento após me chamar, também discretamente. Confesso que, se ele tivesse deixado, dormiria até mais tarde. Era o primeiro sono verdadeiramente reparador depois da transição e da desativação do corpo físico. Acordei me sentindo bastante fortalecido, energizado e com uma disposição íntima excelente.

Jamar me esperava na antessala. Ele precisaria aguardar por mais algum tempo, na verdade, pois senti vontade de tomar um banho demorado. Eu não tinha noção do que ele faria durante o tempo da minha higiene, se ficaria ali esperando ou sairia para resolver algo. Sei bem que esse espírito não é lá de ficar aguardando sentado, esperando o tempo passar.

O fato é que me dirigi ao toalete e encontrei uma banheira grande o suficiente para me acomodar de modo confortável. Ao lado, numa espécie de *deck* onde se alojava a banheira, alguns vidros continham extratos de ervas, e pareciam estar ali há pouco. Quem os teria providenciado? Não saberia dizer. Talvez Bernardo, o rapaz que se dispusera a auxiliar nos momentos de adaptação. Encontrei diversos frascos com algum conteúdo verde, um tipo de sumo ou extrato que resolvi experimentar.

Assim que segurei o primeiro deles, notei um rótulo com as informações: *Extrato concentrado de ervas*. E havia instruções: *Recomendado para liberar energias densas e emoções mais intensas e pesadas. Derramar o conteúdo na água e permanecer imerso por aproximadamente 20 minutos*. O segundo frasco era indicado para se recompor após o descarte biológico, com propriedades terapêuticas energizantes. E assim por diante, um a um trazia a indicação específica. Escolhi o que acreditei me serviria melhor, e, tão logo a banheira se encheu, o que não demorou, deitei o conteúdo do frasco. O resultado foi muito semelhante ao que se vê na Terra, quando se derramam sais de banho na água. Após me despir, entrei na banheira e fiquei submerso por alguns instantes, para logo relaxar com a água até os ombros. Não era hidromassagem, mas nem tudo pode ser tão perfeito. Respirei fundo e percebi os aromas agradáveis, intensos, penetrantes. Parecia que alguma coisa se desprendia do meu corpo espiritual — aprendi ser esse o nome do novo envoltório que me servia —, mas era algo muito denso. Fluidos ainda se mantinham impregnados nas células ultrassensíveis do meu organismo, segundo me explicaram mais tarde. Creio que o extrato que escolhi tinha alguma propriedade terapêutica que liberava ou sugava de meu ser tudo aquilo que excedia o necessário para minha vida ali, naquele recanto abençoado do universo.

Relaxei a ponto de não me dar conta do tempo que se passou. Será que meu anjo guardião ainda me esperava lá fora ou desistira de mim? Levantei-me de sobressalto e foi então que percebi quão mais leve eu estava. Caminhei pelo quarto com a impressão que perdera boa quantidade de fluido denso, de energia pesada ou sei lá como me referir à sensação tão agradável e de leveza que experimentei após o banho. O sabonete era um misto de calêndula, cardamomo e cânfora, e talvez alguma outra erva, mas não li toda a composição, no rótulo da embalagem. Sei é que já na banheira senti uma suavidade incrível em meu corpo espiritual. Mesmo agora faltam-me palavras para descrever em sua amplitude a sensação que me dominava. Vesti o terno que havia sido escolhido tão rapidamente no dia anterior, na companhia da amiga Consuela, e saí para ter com Jamar. Ele estava de pé na antessala, embora houvesse ali um espaço confortável e poltrona para se instalar.

— Sente-se melhor, Ângelo? Espero que tenha experimentado o efeito regenerador e estimulante do banho. Aqui em nossa cidade, a água exerce um papel fundamental para todos nós.

— Você ficou aí me esperando esse tempo todo?

— Não! Acabei de chegar.

— Mas ouvi a campainha tocar e você me chamar pelo aparelho de comunicação...

— Ah! Com o tempo você aprenderá muitas coisas por aqui. Estava ainda no QG dos guardiões quando você me ouviu e adentrei aqui exatamente no momento em que abriu a porta. Não podia aguardar; sabe como são os compromissos.

Lembrei-me do médico que viera no dia anterior me consultar. Embora o tempo aqui fosse mais dilatado do que aquele ao qual havia me acostumado na superfície, parecia que alguns espíritos preenchem seu tempo com tanto trabalho e responsabilidade que não lhes sobra muito para curtir. Sofrem de síndrome do trabalho compulsivo, imagino.

Jamar, vestido com um traje semelhante ao que usara nas ocasiões anteriores, mantinha o porte ereto, sóbrio e, acima de tudo, a atmosfera em seu entorno. A compleição física do guardião denotava marcante masculinidade ou virilidade, além de uma força descomunal. Numa proporção muito acima da média, parecia exalar energia *yang* de cada átomo do corpo espiritual. Não obstante, era a calma em pessoa; mantinha-se tranquilo e inspirava segurança e um quê de paternidade, de modo que estar em sua presença fazia bem. Forçosamente ocupava uma posição de comando naquela comunidade.

— Temos de ir, meu amigo. Alguns dos imortais nos aguardam, e você precisa conhecer algumas pessoas centrais em nossa comunidade. O trabalho que tem a realizar não pode ser adiado.

— Trabalho? Mas eu mal morri e já tem trabalho para mim? E o tal do descanso eterno? Não tenho direitos?

— E deveres, também. Não se esqueça de que conhecimento e muita habilidade acarretam grande componente de responsabilidade. Você não veio para nossa comunidade por acaso. Você não escolheu; foi escolhido.

— Então não vou mais descansar?

— Sente-se cansado?

— Talvez... Depende do que me espera!

— Vamos! Alguns comentários não merecem resposta — falou sério, mas sem nenhuma expressão de gravidade.

Parecia que ele não tinha tempo a perder, mesmo; não era como Consuela. Não mesmo!

Saímos do hotel, e logo me chamou atenção o veículo. "Como é mesmo o nome espírita para ele?" Àquela altura, não pude recordar o nome que Consuela me falou no dia anterior. Soube apenas que era algo feio, sem elegância nem criatividade. Enfim, entrei naquela espécie de automóvel e então notei mais um homem e uma mulher; ela estava vestida com um uniforme similar ao de Jamar. Era levemente mais descontraída, embora também inspirasse segurança e responsabilidade. Jamar nos apresentou:

— Essa é Semíramis, a representante das guardiãs, e Watab, um amigo servidor em nossa corporação.

Ambos me cumprimentaram sorridentes, porém notei ainda certa reserva. Watab era alto, magro, com dentes branquíssimos. O traje, um tanto solene, diferia bastante do de Jamar. Era um tipo de roupa que se ligava ao corpo, deixando-lhe as formas e os músculos mais evidentes. Lembrou-me algum bailarino que havia visto na Terra, em apresentação. Ri sozinho. Não sei se me perceberam o pensamento, mas Jamar logo se manifestou, esclarecendo nosso objetivo e ignorando ou ao menos desconsiderando o que pensei. Graças a Deus, pois viver no meio de um povo que sabe o tempo todo o que você pensa não é fácil, não. E esse negócio de imortalidade? Meu Deus, como me pareceu difícil conviver com gente que não morre nunca, nunquinha... E o pior: sendo assim, eles não têm medo da morte e, não tendo medo da morte, podem ter medo de alguma coisa na vida? Jamar interrompeu meus diletos pensamentos e raciocínio profundos.

— Vamos a uma reunião — dirigiu-se a mim — em que alguns de nossos mentores e mestres querem conhecê-lo ou dar-se a conhecer. São seres mais experientes, com um grau de responsabilidade para com a humanidade do qual nem sabemos a extensão verdadeira. Sabemos, contudo, que trabalham numa dimensão muito mais alta e com tarefas mais expressivas do que a nossa. Mas fique tranquilo; são humanos, na verdadeira acepção do termo. Riem, brincam e entendem nossos dilemas e limitações.

— Então podemos dizer que são espíritos de luz? — perguntei, com certa dose de sarcasmo, reconheço, mais pelo tom piegas dessa expressão...

— Não os classificamos assim; nós os chamamos de orientadores evolutivos da humanidade e nossos, também.

A audiência será rápida, pois não dispõem de tempo para se dedicar a uma conversa mais demorada.

— Tempo, tempo... Parece que aqui vocês não sabem aproveitar o tempo eterno que têm pela frente.

— Em breve, você verá que há muito o que fazer pela humanidade, sobretudo neste período da história. Muitos lances do grande conflito dependem de nossa ação rápida e constante. Há muito mais em jogo que nossa simples condição de espíritos em aprendizado. — A conversa adquiriu um tom mais grave. Olhei para Semíramis e ela esboçou um sorriso contido, talvez dando a entender que me compreendia o jeito humano de falar, não somente humano, mas irreverente; irônico, até.

Chegamos a um edifício muito estilizado, se comparado aos demais que vira até então. Formas modernas, arrojadas, iluminado, pelo sol. O veículo pousou num local preparado no alto do prédio, que, ao que parecia, situava-se na periferia da cidade. Descemos numa espécie de elevador, que funcionava com um sistema semelhante àquele do hotel, com um tipo tecnologia que não existia nas instalações da Crosta. Semíramis tomou a dianteira, seguida por Jamar e Watab, e logo atrás ia eu, caminhando num passo mais lento propositadamente, a fim de observar tudo ao redor. Minha mente, sempre atenta, registrava cada detalhe. Adentramos um ambiente acolhedor, com poltronas confortáveis, onde uma recepcionista nos aguardava. Semíramis apresentou a si e a Jamar.

— Olá! Somos aguardados pela administração da metrópole. Trazemos um convidado recém-chegado da Crosta. Poderia nos anunciar, por favor?

— Desculpe, senhores, senhora, mas ocorreu uma emergência num dos países do extremo Oriente e nossos dirigentes tiveram de se dirigir imediatamente para o campo de batalha espiritual. Pediram para avisá-los que retornarão em alguns minutos. Por favor, sentem-se enquanto aguardam. Desejam algo? Alguma bebida, quem sabe?

— Obrigado, minha querida — respondeu Semíramis. — Vamos aguardar por aqui, enquanto conversamos com nosso convidado.

Meus novos amigos sentaram-se, enquanto eu notava os detalhes do ambiente. A mesa de contornos nobres parecia ter sido desenhada especialmente para aquele lugar. O tampo flutuava sem pernas aparentes, ao passo que um discreto dispositivo eletrônico sobre a mesa mostrava imagens ou paisagens desconhecidas para mim. Dirigi-me até as janelas e observei a vida intensa da metrópole. Daqui era possível ter uma ideia mais ampla daquela sociedade de seres que viviam fora do corpo. Era uma verdadeira civilização espiritual.

Olhando para a direita, via-se a vida na metrópole; veículos indo e vindo em várias direções e espíritos levitando na atmosfera, sempre em grupos, percorrendo uma estrada invisível, como se bailassem ao som de alguma música que não se escutava. Do lado oposto, incontáveis casas, bangalôs, parques, campos, bosques e florestas, que se avistavam mais além, de maneira que, à minha visão, parecia não ter fim o mosaico de verde e harmoniosas intervenções humanas sobre a paisagem natural. Pululava de vida aquele recanto do universo. Pássaros exóticos, outros que já conhecia, e uma infinidade de seres diferentes avistavam-se ao longe. Minha visão parecia ter sido dilatada ao extremo, por algum mecanismo ignorado. Olhei para baixo do prédio e vi seres estranhos, diferentes não tanto pela vestimenta, como pela conformação externa, física, a qual diferia largamente do tipo humano convencional. A esta altura de minhas observações, Jamar se aproximou e esclareceu:

— São nossos irmãos do espaço. Seres extraterrestres, que convivem aqui conosco, harmoniosamente. Temos um contingente desses seres nos visitando tanto aqui, em nossa metrópole, quanto em algumas outras cidades de espíritos, em torno do planeta. São poucos, mas trazem enorme contribuição no preparo dos guardiões para o momento de reurbanização extrafísica ou de transmigração intermundos.

Olhei sem entender direito para o amigo guardião, e ele entendeu tanto minha curiosidade quanto minhas dúvidas, que certamente extravasavam do meu interior.

— Sim, Ângelo. Há vida em outros mundos, e não somente vida depois da vida conhecida na Terra. No entanto, as coisas não são exatamente como afirmam alguns grupos na Crosta. Esses seres estão há tempos em contato com diversas comunidades em torno do globo, mas evitam interferir diretamente nas questões planetárias, a menos que essas questões possam afetar diretamente o equilíbrio da vida universal.

— Então eles interferem de alguma maneira? Existe algum caso específico em que porventura tenham agido, de forma mais direta?

— Claro! Desde algumas décadas, há países que já sabem da existência desses seres; alguns destes inclusive já fizeram contato direto com certos governos do mundo. Quando da ameaça bastante plausível de uma nova guerra nuclear, eles interferiram intensa e inesperadamente, como ocorreu com o governo norte-americano. Estabeleceram contato com os humanos no poder e ameaçaram uma investida mais direta, aberta e ostensiva, caso aquela nação não modificasse a política armamentista. Teriam condições, tecnologia e autorização cósmica para atuar a ponto de afetar os equipamentos elétricos e eletrônicos do planeta, impedindo mesmo que bombas nucleares fossem disparadas novamente. Poderiam agir na rede de comunicação do planeta, o que causaria um caos completo. Com isso, alguns governos resolveram modificar a política e a forma de administrar os recursos tecnológicos, a fim de evitar a guerra nuclear. Esse é apenas um dos casos.

— Então certos governos da Terra sabem da existência de vida em outros planetas?

— Não somente sabem como também têm contato direto com algumas inteligências extraterrestres atuantes no sistema solar, em dado tipo de tarefa. Porém, caso admitam tal fato publicamente ou provas venham a público de maneira oficial, decerto ruiriam por completo e imediatamente muitos paradigmas, sejam de caráter político, filosófico ou religioso. Imagina o caos que se seguiria, principalmente em âmbito religioso, de forma geral? Muitas teorias admitidas como verdades intocáveis cairiam por Terra, e de modo abrupto.

— Isso significa que o povo nunca saberá ao certo a respeito desses seres? — indaguei. — Permanecerá na ignorância, indefinidamente?

— De forma nenhuma, Ângelo. Os próprios governos e agências de inteligência de determinados países paulatinamente apresentarão documentos e provas para a população. Igualmente planejam, sob a pressão dos extraterrestres, é claro, várias estratégias de ação que visam preparar o povo para aceitar a existência deles antes que se mostrem abertamente. Muitas peças de comunicação de massa, como filmes, por exemplo, são encomendadas por agências de inteligência de certas nações e patrocinadas por órgãos governamentais. Mundo afora, programas de televisão vão ao ar e matérias são publicadas na imprensa visando habituar lentamente o povo, até que a ideia da existência de seres fora do planeta Terra seja admitida de maneira global. A mudança cultural é gradual, mas consistente, e está em pleno andamento. Em algum momento no início do milênio, documentos virão à tona e, mais tarde, provas consideradas cabais. Não se pode esquecer de que a população do mundo ultrapassa 7 bilhões de almas reencarnadas; segundo a contabilidade espiritual, são cerca de 9 bilhões de encarnados. Levando em conta a diversidade cultural e religiosa dos habitantes do planeta, certas situações devem ser levadas ao público de maneira gradativa, embora constante, a fim de não provocar colapso em muitos setores da vida terrena.

Olhei o universo à minha frente e entendi que havia muito mais coisas a aprender do que eu supunha. Enorme variedade de conhecimentos novos estavam à minha disposição, esperando a hora de iniciar o aprendizado.

Mudando radicalmente o rumo de nossa conversa, perguntei a Jamar:

— E quando poderei me matricular nas escolas da cidade? Queria fazer um exame para ver em que situação me encontro e, tão logo possível, colocar-me à disposição tanto para os estudos quanto para as atividades.

— Não se preocupe, amigo. Em breve terá tanta coisa a fazer que suplicará por momentos de descanso. — E riu um sorriso discreto, mas imediatamente retornando à seriedade costumeira.

Passados alguns minutos, meu amigo falou:

— Terá hoje a oportunidade de conhecer alguns de nossos orientadores espirituais, mentores ou guias, como alguns preferem chamá-los. São espíritos mais experientes do que a maioria e do que nós que o convidamos.

— São porventura anjos guardiões? Seres de luz?

— Não falamos assim, por aqui. Esses termos, em geral, são empregados na Terra por religiosos, que tentam associar à personalidade de tais espíritos o conceito de santidade ou elevação elaborado nas religiões. Longe de serem santos ou seres redimidos, são, como nós, apenas humanos, muito embora dotados de vasta experiência tanto quanto de grandes responsabilidades, as quais muitos de nós estão distantes de compreender. Alguns estão envolvidos com um tipo de trabalho que transcorre num âmbito bem maior do que supomos ou conhecemos. São simplesmente nossos mentores e orientadores, mas não isentos de lutas pessoais. Não são anjos, que desconhecemos aqui; tampouco se caracterizam por aquele tipo de elevação que muitas religiões da Terra lhes atribuem, e que chega a se confundir com certa passividade contemplativa.

“Mesmo em meios que teoricamente dispõem de conhecimento espiritual mais avançado, como o espírita, a maioria dos adeptos é impregnada ou condicionada pelo tipo de visão tipicamente medieval. Da mesma forma são os conceitos, as ideias e crenças que alimentam a respeito do trabalho tanto quanto da natureza dos espíritos que nos dirigem. Transpuseram a forma de pensar católica e os pensamentos seculares, francamente ultrapassados e obsoletos, para a prática religiosa ou pretensamente filosófica que adotam. Essa visão arcaica de mundo, limitada por conceitos moralistas e maniqueístas, permanece como pano de fundo das consciências; estas, mesmo com a chegada das luzes esclarecedoras, parecem estar acomodadas ou rearranjadas de tal maneira que a velha realidade mental não seja ferida.

“Assim, no discurso a existência de anjos e santos é refutada, em acordo com os princípios da filosofia espírita; na prática, porém, os mentores espirituais preenchem o lugar dos velhos ídolos e são tratados com devoção e veneração, como se fossem entes divinos e supra-humanos. Frequentemente, não se admite em hipótese alguma que tais espíritos sejam questionados, nem sequer para entender suas orientações e melhor cumprir eventuais determinações, quanto mais para discordar ou pedir explicações mais pormenorizadas. De modo geral, os adeptos são pessoas com muita boa vontade, mas religiosos ao extremo, apegados inadvertidamente a conceitos de religiões do passado, que trazem vivos, enraizados na mente. A verdade é que nossos orientadores espirituais não são nada disso e parecem muito pouco com o que comumente se fala a respeito deles. Verá por si mesmo."

— Devem ser seres muito sérios, compenetrados, cientes de suas obrigações com a humanidade.

— Sim, é verdade, em certa medida. Mas seriedade não implica severidade, rabugice, chatice ou falta de bom humor. Aliás, alguns desses espíritos têm tamanha leveza e bom humor que se confundem com a população comum. São superiores, sim, mas não espíritos puros, muito menos santos, e não detêm sabedoria plena. Enfim, não abdicaram de sua humanidade, do prazer de vivenciar certas experiências puramente humanas, tampouco se consideram missionários, como muitos encarnados os consideram. Como na dimensão física o peso da herança católica é ainda muito grande nos meios espírita e espiritualista, esses nossos irmãos encarnados acabam por beatificar espíritos protetores e aqueles que alcançaram um estágio maior de experiência. Imputam a eles os mesmos atributos de infalibilidade e santidade que fiéis costumam atribuir ao papa e aos santos católicos. Mas quer saber de uma coisa, Ângelo? Nenhum desses seres a quem chamamos superiores têm qualquer coisa disso que se diz a seu respeito.

— Então, muita gente, religiosa ou não, quando ultrapassar os portais da morte pelo descarte do corpo físico, talvez se decepcione amargamente ao conhecer de perto os próprios guias ou anjos da guarda, não é?

— Isso ocorre com larga frequência, principalmente com médiuns que querem a todo custo que seus mentores sejam mais adiantados, mais evoluídos ou detentores de tão grande conhecimento que, para muitos, é quase como se fossem o próprio Cristo. Apresentam seus mentores tão envolvidos em luzes, irradiando tamanha bondade e detentores de tal grau de santidade e elevação que, ao ouvir tais descrições, cabe desconfiar. Será que elas se referem mesmo a mentores ou se parecem mais com a descrição de algum santo católico idealizado?

"Ao chegarem aqui, encontram seus mentores, quando os encontram, vestidos como homens simples; descobrem que a visão que tinham de seus orientadores não passava de uma visão pessoal, requintada pelo orgulho e pelo desejo de ser especial. Deparam com pessoas de bom coração, mas ainda seres comuns. E tantos são os médiuns que descrevem seus mentores de maneira portentosa que muita gente crédula acredita que se trata da mais pura verdade. Querendo ser ainda mais diferente, há quem afirme que seus mentores são extraterrestres, como se isso fosse sinônimo de elevação espiritual, e que decepção têm ao aportar em nossa dimensão e constatar que não passam de espíritos familiares. São pais, irmãos, parentes de outras vidas, cada qual com seu sistema de crenças pessoais e culturais, como qualquer outro espírito. Não raro encontramos médiuns desencarnados totalmente transtornados, decepcionados com seus mentores reais, em contraposição àqueles idealizados."

— Se é assim, por que não interferem, de maneira a desmistificar as questões relacionadas à vida espiritual, aos espíritos em particular? Uma abordagem sem misticismo, sem o componente de religiosismo, talvez servisse para despertar alguns na Crosta e mostrar a vida do lado de cá sem mistérios, sem o componente romântico que faz com que os médiuns, ao desencarnarem, se decepcionem ou entrem em depressão.

Olhando para seus amigos Semíramis e Watab, Jamar sorriu mais uma vez discretamente, deixando algo no ar.

— Falei algo errado, porventura?

— Não é isso, meu Ângelo! Você terá oportunidade de ouvir dos Imortais o projeto de trabalho que o espera. Verá como eles planejam uma tarefa que trará resultados mais amplos...

Antes de Jamar ou qualquer dos seus amigos falarem mais, ousei perguntar:

— Por que vocês chamam esses espíritos de *Imortais*? Não somos todos imortais, afinal? Os espíritos não são todos eternos?

— É apenas uma convenção, Ângelo, uma forma de nos referirmos àqueles que alcançaram maior experiência e uma visão mais ampla das questões da vida.

— Também falamos assim — interferiu Watab, pela primeira vez — ao nos referirmos àqueles espíritos que talvez não tenham tanta necessidade de reencarnar, como a maioria de nós, mesmo porque passam períodos de tempo muito maiores na erraticidade do que a maioria. Embora voltem ao palco da vida física como a esmagadora maioria dos seres que já descartaram ou desativaram seus corpos materiais, não mergulham mais na carne com as mesmas necessidades.

— Mas podemos diferenciar *imortalidade* e *eternidade* de maneira a entender melhor — falou Semíramis com uma voz potente, embora feminina. — Consideramos eterno aquilo ou aquele que não teve início nem terá fim. Portanto, segundo essa compreensão de eternidade, só o Pai é eterno, o Criador, em cuja direção todos caminhamos. Imortalidade, por outro lado, pode ser vista como atributo daqueles que foram criados, ou seja, de quem teve início, porém não terá fim. Dessa forma, todos os espíritos são imortais.

"Ainda assim, há outro aspecto a considerar, outro ponto de vista, quando nos referimos a determinada categoria de espíritos como Imortais. Eles representam, também, aqueles seres que já descartaram o segundo corpo, isto é, o corpo espiritual ou perispírito, de modo que vivem e vibram na dimensão puramente mental. Não padecem da necessidade inexorável de adotar um organismo mais material, quer seja de matéria física ou astral, a fim de que a consciência possa se manifestar, como a maioria de nós aqui. Em razão disso, os Imortais são seres cujo compromisso com a humanidade é muito mais abrangente, e cujas responsabilidades, em âmbito universal e mental, escapam por completo ao conhecimento e ao entendimento da maioria dos seres comuns, como nós mesmos. Em suma, trata-se apenas de uma forma de distinguir os mais avançados, aquelas almas cujo comprometimento com as leis da vida extrapola a noção que temos do assunto. Apesar de tudo isso, à semelhança do que ocorre conosco, ainda erram, cometem falhas, embora em dimensão e escala bem diferentes do que consideramos habitual. Enfim, são autênticos espíritos do bem, mas de modo algum espíritos puros."[6]

— Entendi... Então, esses Imortais a que se referem...

Fomos interrompidos pela assistente que nos chamava:

— Desculpem, meus senhores, mas nossos dirigentes já estão de volta e os aguardam na sala ao lado. Por favor, me acompanhem!

[6] Cf. "Escala espírita". In: KARDEC. *O livro dos espíritos*. Op. cit. p. 117-127, itens 100-113.

Ao adentrarmos o ambiente, elegante, porém minimalista, tive um choque ao perceber o médico que me havia examinado anteriormente. Ele estava ali, olhos claros, meio sério, vestido de branco. Aliás, era o único vestido de branco entre os demais. O ancião Pai João estava mais recuado, próximo a um arranjo floral, única peça propriamente de decoração vista no ambiente. Trajava um costume bem cortado, na cor azul-marinho, que contrastava com a camisa branquíssima e a gravata espantosamente moderna e coerente. Mais outros espíritos estavam ali, sorridentes. Havia um mais idoso, de barbas fartas, olhos amendoados, que irradiava uma doçura imensa, mas todos, absolutamente todos, eram muito humanos para meu gosto. Todos me observavam silenciosos. Fui apresentado a Saldanha, Júlio Verne, Anton e alguns outros de aparência espiritual mais excêntrica, ao menos para os padrões a que eu estava familiarizado.

Mesmo tendo Jamar e os guardiões falado a respeito de como esses espíritos eram, eu sinceramente esperava encontrar anjos ou algo do gênero. Mas... eram humanos, tão humanos! O sorriso farto nos lábios de alguns desfazia completamente qualquer ideia preconcebida de que os chamados Imortais fossem seres iluminados, radiantes de energia ou transfigurados em focos de luz iridescente. Nada disso. De fato, me decepcionei! Esperava mesmo que Jamar e Semíramis estivessem atenuando a característica daqueles espíritos apenas para me deixar à vontade. Mas não! Eram exatamente conforme descrito.

— Seja bem-vindo, Ângelo Inácio — falou o médico para mim, uma vez que, naturalmente, já me conhecia. — Sejam bem-vindos todos.

— Estamos felizes por encontrá-los novamente — falou Jamar, exalando uma aura de tranquilidade e felicidade legítima. Era contagiante a satisfação que demonstrava, embora conservasse o aspecto de um guerreiro sempre a postos, sempre atento a tudo.

— Estes são os nossos amigos Bezerra — falou Joseph Gleber, o médico que conheci antes e que lera meus pensamentos —, Séfora, do Oriente, Zarthú, o Indiano, Eurípedes Barsanulfo e Anton, um dos chefes da segurança planetária. Você conhece João Cobú, nosso convidado especial, e os demais — apontou para a equipe —, que mais tarde serão seus companheiros mais próximos nas tarefas que tem a realizar. Infelizmente, outros amigos que queriam se apresentar não puderam permanecer, pois situações emergenciais no extremo Oriente requerem a presença deles.

Todos nos olharam de maneira tão natural e nos deixaram tão à vontade que pensei estar entre amigos, entre colegas escritores e jornalistas com os quais convivi no passado. Me senti em família.

Sem demora, indicando o trabalho intenso que esses seres administravam, Joseph introduziu a pauta:

— Recebemos aval de nossa coordenadora de uma dimensão mais elevada, nossa mãe, Maria, para eleger alguém que pudesse nos auxiliar na transmissão de novas ideias e de uma visão mais dilatada da vida espiritual, levando ao mundo essa mensagem, mas principalmente tendo os amigos espiritualistas como alvo.

Neste ponto da conversa, interveio o espírito Bezerra:

— Nossos amigos espíritas e espiritualistas precisam expandir o campo de visão, contemplando uma realidade mais ampla. Por essa razão, nós o temos acompanhado desde há algum tempo e verificamos que suas disposições mentais e emocionais provavelmente possam servir para nos auxiliar como intérprete junto aos encarnados. Em certo momento, na Crosta, durante o período da internação, pessoalmente o acompanhei, quando a depressão o consumia. Em decorrência disso, decidimos apressar sua vinda para o lado de cá, em virtude dos trabalhos que precisam ser levados a efeito.

Desta vez, Joseph Gleber voltou a se pronunciar, enquanto os orientais Zarthú e Séfora mantinham-se calados:

— Precisamos de suas habilidades com a escrita. Encomendamos um estudo aprofundado sobre diversos espíritos reencarnados cuja particularidade no campo profissional trouxesse elementos que nos pudessem auxiliar.

Atrevi-me a interferir e perguntar:

— Mas por aqui vocês não têm espíritos com essa habilidade ou competência?

— Espírito é espírito, meu irmão — tornou Gleber —, tanto no corpo como fora dele.

— Não é só isso! — falou Eurípedes Barsanulfo — "Meu Deus, que nome!", pensei. — Dispomos, sim, de alguns espíritos, jornalistas e outros, que até já escreveram através de médiuns muito respeitáveis entre os espiritualistas. Porém, apresentam ligação mais estreita com certas correntes do movimento das ideias libertadoras ou, ainda, identificam-se com uma tradição já estabelecida, de maneira mais ou menos rígida ou engessada. É exatamente esse alvo que nos propomos atingir com novos escritos, além de outros adeptos do pensamento espiritualista, que surgem com mentalidade mais aberta ou receptiva.

— Por isso, caro Ângelo — retomou Joseph Gleber, com o sotaque carregado, lembrando um alemão tentando falar português —, você foi indicado, justamente por não ter se envolvido com a visão espírita padronizada, segundo o enfoque de determinados médiuns e autores espirituais, por mais boa vontade ou compromisso que tenham. Precisamos de alguém mais ligado à literatura de forma geral, e não tanto à literatura espírita. Mas, entenda, a tarefa não é tão simples como possa imaginar; e não se trata apenas de escrever. Você terá de estudar muito aqui, em regime permanente; deverá se envolver com os guardiões e conhecer muitos aspectos de suas atividades. João Cobú, a quem você já conheceu, se encarregará diretamente de conduzi-lo. Apresentará a você pessoas encarnadas, desdobradas além do limite de seus corpos, tanto quanto espíritos, que já descartaram o corpo físico, a fim de que entenda melhor o que o aguarda como tarefa.

"Meu pai!" — pensei, esquecendo que a maioria ali, senão todos, poderia escutar meus pensamentos — "Então minhas férias de espírito acabaram mesmo. Duraram apenas um dia..."

— Você se preparará ao longo de 8 a 10 anos para escrever através de um médium. Como no passado participou da Revolução Francesa, redigindo pensamentos e difundindo ideias com bastante esmero, e, mais tarde, no último mergulho na carne, aprimorou esse conhecimento e as habilidades narrativa e descritiva, escolhemos alguém que tem algo em comum com suas experiências. Trata-se de um companheiro do seu passado, velho conhecido nosso e dos guardiões. Mas terá que preparar esse médium, além de se preparar. Ele constituirá seu desafio, como espírito. Repito: não será fácil.

Comecei a ficar temeroso diante daqueles espíritos e sua proposta. Parece que imediatamente desconfiaram de meus medos e apreensões, e logo, logo o espírito Bezerra veio em meu socorro, abraçando-me e sorrindo um sorriso tão cativante e envolvente que me acalmou os pensamentos e as emoções.

— Deixemos os detalhes para depois. Primeiramente, você será apresentado ao trabalho dos guardiões e à universidade. Assim, poderá ficar mais tranquilo para, oportunamente, decidir. Não se sinta pressionado, meu filho. Porém, esperamos que esteja atento a cada elemento que lhe será mostrado. Fará uma excursão, por assim dizer, a certos recantos obscuros do mundo inferior, acompanhado por Jamar. Mais tarde, Anton mesmo o levará ao quartel-general dos guardiões e lhe mostrará as tarefas que realizam em nível planetário.

— Isso mesmo! — falou Joseph Gleber. — Certamente se sentirá mais à vontade para decidir sobre nossa proposta após conhecer mais a respeito da vida espiritual e dos projetos que levamos avante em nossa dimensão. Mas entenda: você foi apontado como um dos prováveis seres a desempenhar um papel importante ao lado de nossa equipe. Aproveite a oportunidade e, quando se sentir mais à vontade ou tiver decidido, procure-nos, ou quem sabe se sinta melhor com Jamar e João Cobú.

Olhei para o ancião, para Pai João, e me senti mais apoiado, mais envolvido e, quem sabe, seu olhar doce e tranquilo me transmitisse um quê de serenidade. Confirmei ali mesmo a impressão de que meu tempo de férias no outro mundo havia terminado. Meus pensamentos deram uma reviravolta. Agora, conheceria e examinaria a cidade e seus trabalhadores com novo olhar. Bezerra aproveitou minhas disposições íntimas e acrescentou:

— Enquanto estive abraçado com você, meu filho, não pude me furtar à análise de sua condição espiritual. Sugiro que procure uma de nossas unidades hospitalares para se submeter a um tratamento rápido, porém necessário, a fim de que se sinta melhor, mais leve e liberto de algumas impressões físicas naturais de quem é recém-chegado da Crosta.

Olhei para Pai João como a pedir socorro. Ele compreendeu meu pedido e se aproximou tranquilo, segurando meu braço esquerdo.

— Eu o acompanho, Ângelo. Não se preocupe, não precisará ficar internado. Aliás, aqui quase não temos espíritos em regime de internação. Será submetido a um procedimento magnético, somente isso. Depois lhe explico.

— Pois bem, meu irmão — voltou a falar o médico alemão. — Aguardaremos até você se sentir em condições de se definir. Mas não podemos esperar muito. Outros espíritos com experiências semelhantes às suas estão esperando até que se decida e, caso recuse a tarefa, procuraremos um deles. Mas terá o devido tempo — e, falando assim, o espírito se dissolveu à minha frente, como se fosse transportado para um outro mundo. Da parte dele, deu o caso por encerrado.

Bezerra, Zarthú e Séfora se despediram de mim, sendo que Zarthú transmitiu um pensamento muito audível para meu cérebro de morto desencarnado: "Estarei contigo, meu filho. Fique tranquilo, terá tempo suficiente para tomar a decisão mais acertada. O que tiver de ser, será". Eurípedes, por sua vez, saiu da maneira convencional, apenas meneando a cabeça para mim, ao cruzar a porta. Os demais se dissolveram à minha frente. Fixei Júlio Verne, desejando uma entrevista ou um bate-papo, mas não foi diferente; também ele se dissolveu com as forças do espírito, assim como Saldanha e Anton. Fiquei com Pai João, além de Jamar, Watab e Semíramis, que permaneceram quietos durante a conversa com os chamados Imortais.

Após algum tempo me observando, Pai João rompeu o silêncio e disse:

— Não se assuste com o jeito dos nossos irmãos. Eles precisam atender outras urgências e também coordenar atividades em outras cidades espirituais. Quanto ao método de transporte que utilizaram, é algo comum entre os espíritos mais experientes. Eles podem simplesmente caminhar, como qualquer pessoa, lançar mão dos veículos à disposição em várias cidades do astral ou, então, transportar-se com o poder da mente, do pensamento. É claro, não são todos os espíritos que conseguem essa proeza.

Sem registrar os pormenores de muita coisa do que ocorria à minha volta, fui conduzido pelos amigos a um complexo hospitalar numa região mais afastada da metrópole, embora proporcionasse ampla visão de boa parte dela. Só suspeitei que era um hospital quando já adentrava o ambiente muito limpo, também minimalista, de cores suaves e com intenso tráfego de gente morta viva no saguão. Na presença de meus acompanhantes, fui logo admitido e, em seguida, novamente conduzido por eles. Foi apenas quando me vi no andar mais alto do prédio em forma de "L" que me apercebi: aquele era mesmo o hospital da comunidade, ou um dos hospitais. Do último andar pude avistar uma torre de proporções monumentais. Seria um edifício? Estava muito distante, talvez no centro da cidade. A torre parecia singrar os céus e a altura dela era completamente desconhecida para mim. Em meio a devaneios e tantas cogitações de meu espírito acerca do que ouvira dos Imortais, fui surpreendido por Jamar, que se aproximou lentamente de mim.

— A torre não é um edifício, Ângelo, mas apenas uma torre mesmo, uma espécie de antena, que capta energias de planos mais sutis. Tem 300m de altura, a contar do solo, e, nesta parte, ela capta emanações da energia cósmica e outras mais, advindas de dimensões superiores à nossa. Embora em outro plano, localizamo-nos na região da atmosfera terrestre denominada termosfera, camada mais extensa, que vem após a mesosfera. Apesar das temperaturas extremas do ambiente físico, em nossa dimensão a torre de energia canaliza determinados recursos sutis que nos eximem dos efeitos de certas partículas da atmosfera e nos deixam ao abrigo de radiações prejudiciais à nossa vida em sociedade. Abaixo do solo da cidade, em sentido contrário, a torre igualmente se estende, por mais ou menos 200m, apontando diretamente para a superfície do planeta. Somos uma cidade móvel, ou seja, a cidade inteira pode se deslocar até outros pontos do planeta, conforme a situação exigir. A torre inferior, como chamamos a que aponta no sentido da Crosta, capta irradiações magnéticas advindas do interior do planeta, ou aquilo que é conhecido como energia telúrica, armazenando-a na região interna da cidade, em baterias específicas para esse fim.

"Essas energias combinadas, de natureza tanto cósmica quanto telúrica, possibilitam erguer um robusto campo de proteção em torno da metrópole, e ao mesmo tempo uma camada de invisibilidade, os quais impedem a localização e o acesso à cidade por parte de entidades sombrias ou habitantes de regiões densas. De mais a mais, como nossa localização geográfica ultrapassa os 500km de distância em relação à crosta terrestre, torna-se impossível a tais espíritos atacar-nos diretamente, pois nunca conseguem alcançar esta dimensão, tampouco esta altitude. Não obstante, não prescindimos da chamada polícia de vibrações — Jamar discorria todo o tempo como nunca o ouvira, nitidamente apaixonado pelo tema que abordava, e isso me contagiava, tirando-me da situação mental anterior e fazendo-me conectar o pensamento com a realidade que ele explicava tão habilmente.

"A polícia de vibrações, como a denominamos, é composta por peritos que integram a equipe dos guardiões. São especializados em rechaçar ou, conforme o caso, captar e transformar qualquer espécie de energia mais densa proveniente da Crosta. Grande cota de vibrações densas é desencadeada por guerras constantes no planeta e pela exsudação de ectoplasma proveniente dos milhares de mortes violentas que decorrem não só das guerras entre as nações, mas dos conflitos civis, como homicídios e crimes diversos. Esse volume descomunal de energia, que atinge diariamente as dimensões mais próximas do mundo, pode interferir no equilíbrio de muitas cidades espirituais ou colônias que estejam mais próximas da Crosta."

Eram muitas as informações que Jamar me trazia naqueles breves momentos de vivência na metrópole espiritual. Vislumbrei o que me aguardava em matéria de estudo e iniciação nos temas da vida extrafísica. Tudo aquilo me encantava, me fascinava, e meu espírito acostumado a formular indagações, minha curiosidade inata de escritor fizeram com que meus pensamentos voassem para situações e proezas mentais jamais imaginadas.

Foi quando Pai João me chamou para os tais exames e então "aterrissei", de volta ao contexto do hospital. Confesso que esperava encontrar equipamentos de última geração, uma infinidade de computadores desencarnados ou extrafísicos, que fizessem jus à tecnologia dos habitantes desta cidade de imortais. Mas quando entrei na sala, onde vi apenas uma maca à minha frente, quase desisti de entender aquele lugar. Em nada combinava com o que vira até aquele momento; não fazia sentido haver apenas uma maca e uma decoração tão singela ou nula... Outra vez, fiquei profundamente decepcionado. Duas mulheres entraram no ambiente e me pediram para deitar-me na maca, mais por meio de gestos que de conversa. Decerto iriam fazer aparecer algum equipamento oculto em uma das paredes. Esperava algo que beirasse a ficção científica, no mínimo. Mas não. Elas tão somente estenderam as mãos sobre mim. E eu, olhos arregalados, tentava perceber, ver, olhar tudo à minha volta. Mas nada! Apenas as mãos deslizando a alguns centímetros do meu corpo espiritual. Começavam no alto da cabeça e deslizavam até meus pés. Em silêncio. E Pai João observava tudo, também silencioso, medindo minhas reações.

Depois de algum tempo, chamaram Pai João a uma sala ao lado e deixaram-me deitado. Na verdade, sentia-me mais e mais leve. Parece que, a cada etapa vivida na nova cidade, deixava alguma coisa de material, algo não percebido nem conhecido por mim, mas, com efeito, me sentia bem mais leve. Após algum tempo, Pai João regressou, auxiliando-me a levantar-me da maca. Por um instante, pensei que iria flutuar — e quase flutuei, no verdadeiro sentido do termo.

— Ceres e Altina são duas excelentes magnetizadoras de nosso hospital — principiou Pai João. — São especializadas no diagnóstico das pessoas recém-chegadas da Crosta e determinam se precisam de tratamento e qual o tipo de que precisam. Nesta ala do nosso Hospital do Silêncio não trabalhamos com equipamentos eletrônicos sofisticados como você esperava, Ângelo — ele leu meus pensamentos de novo! Decididamente, os leu. — Aqui só trabalhamos com magnetismo. De todo modo, seu caso dispensa qualquer intervenção mais drástica, como cirurgias espirituais, uso de equipamentos da técnica sideral e outros recursos mais intensos ou sofisticados que tenhamos. O magnetismo será suficiente e eficaz para liberar certas cargas de ectoplasma ainda aderidas a seu corpo espiritual, além de alguns cúmulos energéticos densos, comuns no tipo de desencarne que você experimentou. Deverá comparecer aqui pelo menos por dois meses, uma vez ao dia, a fim de receber o tratamento magnético que lhe foi prescrito.

"Ah! — acrescentou. — Nossas duas amigas magnetizadoras pedem desculpas se não o cumprimentaram nem conversaram com você, meu filho. Elas trabalham em completo silêncio, concentradas ao máximo, a fim de auscultar o corpo espiritual do consulente. Escrutinam cada detalhe do corpo astral e analisam cada centro de força minuciosamente, verificando também os órgãos perispirituais ou paraórgãos. Mais tarde, no decurso do tratamento, conversarão um pouco com você, orientando-o inclusive acerca dos procedimentos a que será submetido.

"De qualquer maneira — continuou Pai João —, não espere explicações teóricas ou científicas a respeito do que lhe será ministrado; isso você obterá nos estudos da universidade ou, quem sabe, junto ao médium que você visitará no plano físico. Muita coisa, aliás, poderá absorver da mente do médium, aproveitando os momentos em que estabelecerão sintonia vibratória. Tanto ele absorverá conhecimentos de você, os quais eclodirão na mente dele como intuições ou informações que brotarão espontaneamente durante palestras e conversas informais com os companheiros, quanto você também absorverá muita coisa dele. Sendo assim, conhecimentos sobre certos aspectos da vida espiritual, que o médium que lhe foi designado já possui, serão automaticamente transmitidos a você, tão logo se conecte à mente dele. Trata-se de uma parceria, um intercâmbio.

"Mas não espere que tudo seja dessa forma. Você terá de estudar muito. Em breve, lhe serão apresentados alguns autores desencarnados, além de outros encarnados, em estado de desdobramento, que poderão lhe ser úteis na aquisição de novos conhecimentos, em suas pesquisas e coisas do gênero. O trabalho de preparo para a escrita e transmissão das ideias novas começa já."

Pai João me deixou a cargo de Jamar e sua equipe e retirou-se dali de maneira tal que não o vi dissolver-se à minha frente, como os outros espíritos, classificados como Imortais. Nem mesmo o vi sair à moda convencional. Simplesmente, quando voltei minha atenção para Jamar e Semíramis, esperando deles o convite para sair rumo a algum lugar ou, quem sabe, a fim de receber novas instruções, ao voltar-me para o local onde antes estava Pai João, de fato havia sumido, desaparecido. Um povinho metido a desaparecer como este eu não havia conhecido antes. E o pior é que eram elegantes na forma como o faziam; nada de fenômenos, nuvens de fogo ou estrondos de relâmpagos e trovões. Tudo absolutamente calmo, silencioso, mas nem por isso corriqueiro.

Respirei fundo, como que buscando absorver aquilo tudo, mas decidi me controlar para não falar nada inconveniente. Watab deu uma estrondosa gargalhada, mas imediatamente cessou. Ficou ali, parado como uma estátua, como se nunca houvesse emitido nenhum som. Estranho esse sujeito. E era um dos guardiões mais graduados, amigo de Jamar. Mas estranho, assim mesmo.

Saímos do edifício, e foi somente então que pude observar ao derredor. O jardim realmente vasto do lado de fora dava ao local um ar residencial, nada parecido com o de um hospital. Imenso bosque no entorno fazia com que um ar puríssimo banhasse o ambiente hospitalar. Diversas pessoas caminhando pelo bosque e pelo jardim eram acompanhadas discretamente por outros espíritos, que pareciam enfermeiros. Aqui e ali, ilhotas formadas por estátuas belíssimas, chafarizes e bancos, onde alguns se punham a ler. Havia livros dispostos nesses recantos, à disposição de quem se submetia a tratamento, segundo deduzi. O complexo possivelmente estava localizado no topo de uma montanha, pois era possível divisar as curvas sinuosas de montes que comportavam bangalôs e outros tipos de construção incrustados espaçadamente ali e acolá. Uma coisa me chamou a atenção: o completo silêncio no lugar. Mesmo as pessoas conversando, embora num volume baixo e civilizado, era como se alguma coisa absorvesse o som do ambiente, dando a sensação curiosa do mais absoluto silêncio.

— Essa vibração que você observa, Ângelo — explicou Semíramis, que até então permanecera sem falar nada —, deve-se a nossas plantas, ao tipo de vegetação ao redor. Elas foram desenvolvidas pelos pais-velhos e mães-velhas nos laboratórios da Aruanda. Quando o vento toca as folhas das árvores, elas emitem um tipo de som ou uma frequência registrada somente por nosso cérebro extrafísico, nada audível. Isso produz em nós a sensação de que há um silêncio completo no ambiente.

— São produto de modificação genética, então?

— Algo assim — respondeu Semíramis. — Alguns pais-velhos, mais experientes, são estudiosos da natureza e se especializaram em plantas e ervas, nos templos do passado, tanto na Atlântida como em outros centros iniciáticos, entre eles os de Tebas e Alexandria, no Egito, e os da antiga Pérsia. Atualmente, vestem a roupagem fluídica de pais-velhos, em conformidade com a última experiência reencarnatória, que se deu em países como Brasil, Angola e outras terras da África. Não obstante, conservam o conhecimento ancestral e dele lançam mão ao desenvolver pesquisas em nossos laboratórios, compartilhando os resultados com cientistas da Aruanda e de outras cidades de nossa dimensão. Estas árvores em particular, assim como outras cultivadas nas proximidades dos hospitais, são fruto dessas experiências. Isso explica o nome do local: Hospital do Silêncio.

"Este hospital, especificamente, é especializado em terapias que utilizam o magnetismo, daí a natureza dos pacientes aqui tratados. Não verá injeções, procedimentos invasivos no períspirito ou qualquer coisa que se assemelhe aos tratamentos convencionais praticados na Crosta. Além disso, este verde exuberante e a presença de espíritos ligados à natureza, como os pais-velhos que habitam as choupanas, bangalôs e outras vivendas no sopé das montanhas: tudo faz deste um lugar especial. Na verdade — acentuou Semíramis enquanto caminhávamos em direção ao estacionamento, onde nos aguardavam os carros voadores —, costumo chamar isto aqui de *spa* espiritual, e não de hospital. Como você virá aqui diariamente, terá oportunidade de conhecer a biblioteca; é uma atração à parte. Terá inúmeras descobertas e surpresas aqui. Você verá."

O último comentário da guardiã me deixou curiosíssimo. Uma biblioteca do outro mundo. Fiquei imaginando como seriam os tratados, os livros mais antigos, aos quais talvez pudesse ter acesso; ler originais de diversos autores, alguns perdidos na poeira do tempo...

De fato, acabei me tornando frequentador assíduo da biblioteca do Hospital do Silêncio. O procedimento magnético em si durava apenas 30 minutos por sessão, mas eu ficava pelo menos duas ou três horas na biblioteca, saboreando e sorvendo tudo quanto podia. Descobri, ainda por cima, que aquele era apenas um dos acervos da comunidade.

Sentia-me cada vez mais leve e revigorado. A quase uma semana de encerrar o tratamento, experimentei pela primeira vez a levitação. Caminhava pelo jardim do Hospital, lendo um volume riquíssimo sobre literatura brasileira; quando me dei conta, havia ultrapassado os limites do jardim e andava em pleno ar, movimentando as pernas, mas sobre um precipício logo abaixo de mim. Levitava, sentia-me como uma pluma. E não é que esse tal de magnetismo funcionava mesmo? Parecia que os últimos resquícios de matéria que eu trouxera da experiência física haviam se dissipado durante os atendimentos com Ceres. Um dia depois, estava tão concentrado em cima da maca, tão relaxado, que, quando ela terminou o procedimento magnético, eu flutuava sobre o leito, meio abobalhado, sem saber nem ao menos como me pôr de pé. Ela me olhou sorrindo, apenas. Entendi que tudo tinha seu tempo. Pouco a pouco, aprendia a lidar com as percepções, os fluidos, a natureza do corpo espiritual enquanto estudava, estudava, estudava.

5

A SOMA DAS DIFERENÇAS

PÓS DIAS DE dedicação aos estudos e à terapia magnética, pude entender melhor o que alguns espíritos disseram sobre tratamento não invasivo. Entendi que, em alguns casos, existe mesmo a necessidade de fazer uma cirurgia nos tecidos e órgãos do corpo espiritual e recorrer a métodos muito parecidos com aqueles utilizados na Terra, em hospitais convencionais. Porém, na Aruanda se usava metodologia bastante diversa. Embora toda a tecnologia à disposição dos médicos e servidores dos hospitais, ao alcance também dos demais departamentos da cidade, em matéria de saúde tal recurso era empregado de forma acessória. Sobretudo, na composição de diagnósticos e como auxiliar na produção e manutenção de energias de natureza astral ou psíquica. Havia instrumentos capazes de amplificar a força mental, bem como de gerar campos energéticos de caráter desconhecido na Terra, que favorecem a recomposição das matrizes do organismo espiritual, do seu veículo, que aprendi chamar-se perispírito ou corpo astral. No Hospital do Silêncio, não se faziam incisões cirúrgicas, embora existissem outros hospitais na erraticidade que usavam desse método quando necessário. Compreendi de fato tal opção após verificar o talento com que os espíritos radicados na Aruanda manejavam os recursos da natureza, explorando de modo sábio e responsável a força das matas, dos rios e das fontes de água pura, assim como inúmeros elementos dispersos na atmosfera, curiosamente à disposição de todos, embora nem sempre conhecidos da multidão de habitantes.

Imerso nesses pensamentos, nas novas descobertas do período entre vidas, nem percebi a presença de meu amigo protetor e orientador Jamar, que se aproximou de mim, conduzindo-me a novas experiências.

— Agora é preciso conhecer algumas questões, Ângelo, relativas a seu roteiro evolutivo, ou seja, ao planejamento de seus estudos, como ocorre em qualquer área profissional na Terra, mas levando em conta as atividades futuras programadas para você. Creio que é hora de levá-lo até uma das bases dos guardiões, uma vez que seu trabalho estará intimamente ligado ao nosso. Antes, porém, é bom que retornemos à vida urbana de nossa cidade, a fim de nos juntarmos a alguns amigos que nos acompanharão. Pai João o conduzirá enquanto faço contato com alguns guardiões; preciso me desincumbir de algumas tarefas, mas será rápido. Logo nos reencontraremos nos arredores da metrópole para, então, irmos a um dos postos avançados de nossa equipe.

— Tenho a impressão de que você dá tanta importância a esse programa de aprendizado, esse meu curso intensivo, que fico apreensivo em relação ao que me aguarda. Mesmo tendo lido alguma coisa no acervo da biblioteca, parece que vem algo muito sério pela frente.

— Não fique assim, amigo. Você terá um tempo generoso para se habituar com a situação e se familiarizar com as informações novas. Nada de dramas.

— Não estou sendo dramático! É que noto um tom de gravidade em sua voz...

— Desculpe meu jeito, mas é que ao mesmo tempo em que estou aqui conversando com você devo me manter atento, com os olhos abertos, se posso dizer,[7] pois existem outras situações mais complexas que dependem de mim neste momento. Mais tarde compreenderá.

Falando assim, partimos em direção à região central da cidade, onde já nos aguardava o amigo Watab. Jamar nos deixou a sós por um tempo; parecia absorto em pensamentos que decididamente eu não queria nem tinha condições

[7] O personagem faz alusão à ubiquidade dos espíritos (cf. KARDEC. *O livro dos espíritos*. Op. cit. p. 114-115, item 92).

de sondar. Ele ficou em completo silêncio, como se espreitasse alguma coisa.

À nossa volta, espíritos iam e vinham nas diversas atividades cotidianas da Aruanda. A esta altura, eu já via a vida da comunidade de maneira diferente. Não estava a passeio, de férias, tampouco a esmo na minha dileta eternidade ou no período entre vidas. Não sei por que, mas, desde o encontro com os Imortais, minha vida mudou. Meus pensamentos pareciam abarcar novas situações, que antes nem imaginava conhecer; mais ainda, um senso de responsabilidade parecia tomar conta do meu ser, de maneira incomum, e numa dimensão muito mais ampla. Não havia como encarar aqueles seres, ter um encontro *tête-à-tête* com eles e continuar do mesmo jeito. Como se não bastasse, Jamar, ao me falar sobre o programa de estudos, deixou-me profundamente interessado, mas, ao mesmo tempo, deveras preocupado. Como eu me sairia como novo aluno de uma escola de vida, muito mais abrangente, como esta que encontrei? Aqui, meus estudos, minha formação conquistada na Terra pareciam apenas um ensaio numa escola de pré-primário — ou pré-escola da vida. Teria muito pela frente: um período mínimo de 8 anos consecutivos de estudo, sem grandes intervalos, visando atualizar meus conhecimentos para ser, com sorte, admitido num estágio como colaborador dos guardiões, possivelmente. Somente com o tempo saberia maiores detalhes.

Foi absorto nesses pensamentos que Pai João me encontrou. Chegou a meu lado, tirando-me do silêncio que havia sido estabelecido entre Watab e mim:

— Ora, Ângelo, não se atormente com pensamentos tão sérios nem se cobre tanto assim! Em nossa realidade aqui na Aruanda, vamos trabalhando pouco a pouco, aprendendo sempre e desaprendendo aquilo que for necessário. Ah! Meu filho... — enfatizou o pai-velho — há tempo para tudo! O essencial é que continue estudando, que não desista; quanto ao resto, Deus saberá nos usar na medida certa em que estivermos preparados. Não espere saber muito, filho. Faça o que pode e como pode, sabendo que ainda iremos errar muito antes de acertar. É preciso ter compaixão consigo mesmo.

"Em tempos remotos, a Aruanda era apenas um campo de treinamento, uma comunidade onde eram acolhidos espíritos advindos de experiências reencarnatórias difíceis ou amargas, principalmente em países onde a escravidão havia se espalhado como erva daninha. Com o passar do tempo, a administração da cidade foi especializando os espíritos, de tal maneira que, hoje, em nossa abençoada comunidade, reúne-se quem pretende desenvolver atributos de força mental e espiritual em benefício da humanidade. Em outras palavras, estabelecem-se aqui, de modo mais ou menos permanente, seres que já passaram por esferas inferiores na jornada entre vidas e buscam aprimorar-se, rumo a recantos mais iluminados, a estâncias mais felizes dos mundos invisíveis. Na Aruanda, essas consciências encerram uma grande etapa da caminhada individual e se preparam para atuar em favor da humanidade de forma mais abrangente, destituída de fronteiras, bandeiras e barreiras erguidas pelas civilizações. Mas somos humanos, Ângelo, e nunca se esqueça disso! Com efeito, aqui termina uma fase do processo evolutivo, baseada em modelos típicos de esferas inferiores à nossa, o que implica dizer que foram superadas dificuldades ou limitações de determinado gênero. Mas, se essa constatação é verdadeira, é igualmente verdade que aqui se inicia um ciclo de grandes desafios para tais espíritos, cuja consciência já está preparada para voos mais amplos em serviço incondicional à humanidade."

Respirei fundo, sentindo certo alento ao ouvir o que Pai João falava a respeito dos habitantes da metrópole espiritual e dos objetivos de um estágio nessa dimensão.

— As experiências vividas pelos espíritos antes de chegarem até esta dimensão da Aruanda, ao menos pela maioria dos que aqui se encontram, geralmente determinaram o desenvolvimento de um bom conjunto de qualidades íntimas. De uma ou outra maneira, atuam como espíritos familiares e auxiliares da evolução; aos olhos daqueles que se movimentam em dimensões mais baixas, são figuras de referência, uma vez que superaram barreiras e obstáculos que afligem os membros de seu círculo de atuação. Esse é um dos fatores que os capacita, agora, a se dedicarem a nova etapa de aprendizado. Em grande parte, portanto, são espíritos com potencial para serem admitidos como protetores ou guias de muita gente, até mesmo de grupos e comunidades por todo o mundo.[8] Talvez, na Terra, meu filho, os espíritos ligados à nossa metrópole espiritual sejam conhecidos mais como anjos de guarda, mesmo que todos

[8] "Anjos de guarda, espíritos protetores, familiares ou simpáticos". In: KARDEC. *O livro dos espíritos*. Op. cit. p. 317-330, item 489-521.

aqui precisemos muito de aprender e de desaprender tanta coisa arquivada em nosso psiquismo. Concluindo: temos pela frente o desafio de ajudar o mundo sem impor barreiras, derrubando preconceitos, desconstruindo mitos ou destronando ídolos erguidos pela ignorância humana. Esse lema é o que norteia tudo e todos por aqui, é nossa principal meta entre as demais, relacionadas às lutas individuais.

Enquanto Pai João falava, minha mente se ocupava em absorver o que podia. Talvez, mais tarde, pudesse me sentir mais integrado ao ideal nobre que motivava a Aruanda e em condições similares às dos espíritos ali residentes, partilhando de sua visão e de seus objetivos.

Saímos andando, caminhando pelas ruas da cidade espiritual que me recebia — um campo de atividades, uma oficina de trabalho e uma universidade de vida incomparável. Incomparável, sim, ao menos para mim, que sentia, agora numa dimensão bem maior, o novo gênero de desafios que se abria diante de meu espírito. Fiquei sensibilizado diante da postura do pai-velho, de não exigir que eu estivesse pronto, preparado desde já para o que me aguardava.

Foi assim, caminhando entre árvores, prédios e paisagens daquele mundo novo, que alcançamos um bosque, sempre acompanhados de Watab, sempre silencioso, seguindo atrás de nós.

Chegando ao bosque — belíssimo, por sinal, com imensas sequoias e tantas outras árvores e plantas desconhecidas para mim —, avistei diversas pessoas passeando, outras lendo ou estudando debaixo das árvores; de alguma maneira, acho que todos estavam estudando. Aqui e ali, grupos de espíritos orientados por quem parecia mais experiente demonstravam estudar a rica flora naquele recanto cheio de verde e de vida. Outra turma claramente recebia aulas de desenho e pintura, pois os vi desenhando a paisagem, as pessoas, as árvores e os animais que compunham aquele bosque. Havia uma atividade intensa e, ao mesmo tempo, um quase silêncio no entorno, como nunca vira em ambientes assim, no mundo físico.

— Aqueles são estudantes de botânica e fitoterapia — esclareceu Pai João. — Aprendem aqui, junto à natureza, as matérias que estudaram na universidade. Depois irão para os arredores, onde entrarão em contato com pais-velhos e mães-velhas, caboclos e índios habitantes de nossa Aruanda, que orientarão os alunos com seu conhecimento mais apurado do assunto que escolheram estudar.

Decerto notando minha curiosidade a respeito da fauna e da flora e sobre o objetivo dos espíritos reunidos na Aruanda, o amigo Pai João foi um pouco mais longe em suas considerações:

— Esta cidade, em sua estrutura atual, através do variado programa de serviço, estudo e realização que oferece, serve ao propósito de mesclar seres advindos de regiões extrafísicas, como o plano astral, ou de cidades aí localizadas, àqueles provenientes de dimensões superiores. Componentes de ambas as esferas passam a conviver, por um período mais ou menos dilatado, embora aqui o tempo seja calculado de modo um pouco diferente de como é na Crosta. Aqueles que se destacam nos estudos e no trabalho, que alcançam um desempenho maior, podem se orgulhar de descer a planos mais inferiores não apenas como socorristas, mas como agentes da justiça divina. Outros, guias que vêm se instruir e acabam por se especializar na função de instrutores espirituais, espíritos protetores ou mesmo figuras de inspiração, conseguem oferecer aos assistidos ou pupilos maior grau de experiência. Ou seja, caso se sobressaiam no programa evolutivo, numa espécie de curso intensivo cá na Aruanda, têm a chance de contribuir com mais capacitação e eficácia do que a massa de espíritos que comumente assiste os encarnados.

— E qual é o papel que lhe cabe aqui na cidade, Pai João? Tanto quanto o de Jamar, Watab e os Imortais, ante os quais me vi como uma criança espiritual?

— Nossa tarefa aqui, Ângelo, é de trabalho intenso, esforço constante e estudos ininterruptos. Enquanto aqui estagiamos, por períodos de tempo administrados exclusivamente por espíritos superiores, mantemos uma mão erguida em direção ao alto, por assim dizer, absorvendo conhecimento, alimentando nossos espíritos e tocando de perto a aura de planos mais avançados, enquanto a outra permanece apontada para regiões inferiores, onde exercitamos algum reflexo de amor, no exercício de doação que procura impedir que o mal dissemine sua vibração pelo acampamento dos homens.

À medida que eu ouvia Pai João, que continuou falando da vocação da comunidade conhecida como Aruanda, e sobre o trabalho e o significado da presença dele nesta esfera, como ele mesmo se refere à cidade dos espíritos, pude compreender por que tantos seres de outras dimensões a procuram, habitantes de outras paragens espirituais que ali aportam em busca de conhecimento nas diversas escolas da universidade local.

Entrementes, chamou-me a atenção determinado grupo de pessoas que analisava, na presença de um instrutor, a natureza que vicejava com esplendor naquele bosque, que mais parecia um jardim ou parque de proporções mais amplas que os demais, que conhecera na cidade. Notei, em meio aos que ali transitavam, casais de espíritos de mãos dadas, alguns trocando beijos e afagos comedidos, mas sobretudo demonstrando carinho e afeto, de uma forma que não esperava encontrar entre os chamados mortos ou desencarnados. Pai João me surpreendeu os pensamentos, vindo a meu encontro:

— São casais que escolheram ter uma vida em comum aqui em nossa comunidade, Ângelo.

— Mas por aqui as pessoas se casam, como na Terra?

— E por que não, meu filho? Somos todos humanos, na mais pura expressão do termo. Almas encontram afinidades entre si e escolhem viver juntas em seus recantos, em suas habitações, e muitos até oficializam a união com cerimônias matrimoniais, qual ocorre na Terra. Só que aqui as cerimônias visam muito mais ao convívio social, como celebração e confraternização entre amigos, uma vez que a verdadeira união é entre almas, motivada pela afinidade de gostos e pensamentos, propósitos e sentimentos. Talvez possamos dizer que a cerimônia seja apenas a oficialização de algo que já existe dentro daquelas duas pessoas.

Complementando a ideia, Pai João acrescentou:

— De acordo com a ligação religiosa ou espiritual, os indivíduos podem celebrar a união em conformidade com a fé e as tradições que têm ou que dizem respeito à identidade energética e à busca de espiritualidade de cada um. Como temos, aqui em nossa Aruanda, representantes de diversas culturas, pode-se escolher desde uma cerimônia oficiada por um espírito que teve experiências como padre católico até uma conduzida por um sacerdote druida, por exemplo, passando por opções tão distintas como as tradições muçulmana, protestante, budista ou indígena. Como dispomos dessa tremenda variedade e riqueza cultural, religiosa e de espiritualidade, as pessoas elegem livremente o que querem, de acordo com suas preferências. E isso não é tudo. Acontece, também, de escolherem fazer tal evento em outras cidades espirituais com as quais temos convivência mais estreita.

— Mas é casamento mesmo ou apenas uma encenação?

— Como encenação, filho? Casam-se mesmo e passam a viver juntos, preparando-se para a existência física, quando então poderão executar os planos que traçaram aqui, em nossa dimensão. Aqui é o mundo original! Na Terra é onde temos um tipo de ilusão dos sentidos necessária para levar avante os projetos iniciados ou delineados do lado de cá. A Terra, como você a deixou e como a conhecemos, o mundo físico, este sim é o reflexo ou a representação do que vivemos no plano da imortalidade. Jamais se esqueça, Ângelo: aqui é o mundo real, primitivo, original.[9]

— Se é assim, considerando-se os espíritos de forma feminina, existe gravidez do lado de cá? Ou qualquer coisa parecida com um parto?

— Não exatamente da forma como se observa na Terra. A semelhança é que, tanto aqui como lá, o espírito não

[9] "O mundo espírita [ou *dos espíritos*] é o mundo normal, primitivo, eterno, preexistente e sobrevivente a tudo. O mundo corporal é secundário; poderia deixar de existir, ou não ter jamais existido, sem que por isso se alterasse a essência do mundo espírita" ("Introdução ao estudo da doutrina espírita". In: KARDEC. *O livro dos espíritos*. Op. cit. p. 31, item VI).

produz outro espírito, ou melhor, não o concebe, propriamente, mas lhe fornece um envoltório corporal que o capacita a usufruir das experiências naquela dimensão. Ocorre que muitas almas, advindas de regiões inferiores e tendo vivido experiências infelizes, perdem seus corpos espirituais e transformam-se naquilo que chamamos de espíritos *ovoides* — trata-se de um processo complexo, que você terá oportunidade de estudar em nossas escolas. Grande parte dos casais que se juntam do lado de cá, transcorrido mais ou menos tempo da união efetiva, aliam o desejo de formar um núcleo familiar e os preparativos para a reencarnação à vontade de fazer algo por aqueles que vivem semelhante drama. Sendo assim, muitos espíritos femininos, como você denominou, oferecem o útero perispiritual para que os espíritos ovoides ou em processo de ovoidização possam ser acoplados a ele, magneticamente, dando origem a uma espécie de gravidez extrafísica. Na verdade, aqui denominamos essa experiência de gravidez espiritual ou energética.

Nos seres desencarnados, o útero materno é uma câmara de materialização divina, que proporciona ao espírito ovoide a possibilidade de recuperar a forma original, humana, recompondo as matrizes do perispírito. Este assume a conformação humana lentamente, qual se dá numa gravidez na Terra. Depois do tempo previsto de 9 meses, o espírito é desacoplado do útero de sua mãe espiritual, por meio do magnetismo, e então ela o recebe no lar, como filho ou pupilo, à semelhança também do que ocorre, ao menos teoricamente, com as crianças que renascem na Terra. Como o pai e a mãe desencarnados já possuíam um lar construído aqui em nossa cidade espiritual, juntos eles se tornam responsáveis diretos pela reeducação daquele ser, guiando-o como podem, até que, num tempo mais ou menos breve, seja reconduzido a novo corpo físico, no mundo."

Acho que Pai João notou que era muita explicação para mim naqueles primeiros momentos, embora eu conseguisse, de algum modo e até certo ponto, entender o que ele falava. Mas eram muitas informações que chegavam de uma vez só. Por outro lado, creio que esse bombardeio ocasionava uma espécie de tempestade cerebral ou extracerebral, mental, íntima, resultando numa integração cada vez maior ao *modus vivendi* do lado de cá. A vida na Aruanda era uma surpresa atrás de outra.

Mal o pai-velho encerrou aquelas explicações, fui surpreendido por um grupo de homens que passavam de mãos dadas, alguns trocando afagos discretos, carinho e demonstrando um afeto tão natural que me surpreendi com o que via. Outra turma menor, de mulheres, espíritos femininos, também passeava abraçada, lado a lado, ou também de mãos dadas, evidenciando certo tipo de comportamento social que, à época, ainda era muito mal compreendido na Terra. Tratava-se decididamente de homossexuais. E isso me chocou, pois não sabia que do lado de cá encontraria com tamanha naturalidade espíritos que se definiam sexualmente dessa maneira ou adotavam esse tipo de identidade — nem soube como dizer.

— Aqui todos são vistos com a mesma naturalidade, Ângelo. Fora da matéria, não há por que ninguém esconder-se com medo de ser rejeitado. É certo que encontramos ainda algumas cidades espirituais cujos administradores são muito religiosos e ligados a uma forma de pensar arcaica ou medieval, vamos dizer. Nesses casos, espíritos que, diante de sua constituição energética, identificam-se como *gays* ou homossexuais, provavelmente não serão vistos com a naturalidade com que os vemos aqui.

Antes que Pai João continuasse, fomos abordados por dois namorados, espíritos em forma masculina, que pediram licença para se dirigir ao pai-velho.

— Desculpe, meu pai — falou um dos rapazes. Permaneceram de mãos dadas com a maior naturalidade, decerto sabendo que não seriam discriminados nem recriminados. — Queríamos que o senhor pudesse nos dar a honra de abençoar nossa união.

— Claro, meus filhos! Afinal, vocês terem se reencontrado, depois de tantas dificuldades, e reatado seu amor é algo que merece ser festejado. Para quando será a cerimônia? Preciso me preparar, sem que afete outros compromissos.

— Quem sabe possamos fazer assim? O senhor consulta seus compromissos, sua agenda, e no tempo que estiver disponível nós organizaremos tudo, faremos os convites e oficializaremos nossa união. Já temos inclusive o local onde iremos morar.

— Que bom, meus filhos. Assim fica melhor para mim e espero que para vocês, também. Quero ser o primeiro a visitar sua casa; não deixem de me convidar. Quem sabe nosso amigo aqui — apontou para mim —, que se chama Ângelo Inácio, também não possa ir comigo?

— Caso queira — respondeu um dos rapazes —, você é nosso convidado! Meu nome é Camilo e este é meu namorado, Mike. Estamos nos preparando para a futura vida física. Estudamos juntos e pretendemos realizar um trabalho conjunto, tão logo estejamos de volta ao plano físico. Enquanto isso, pretendemos ser admitidos na equipe dos guardiões. Se conseguirmos, a experiência nos capacitará para nosso projeto na Crosta, ao reencarnarmos.

— Por falar em guardiões, Ângelo — lembrou Pai João —, Jamar já deve estar de regresso.

Voltando-se para Mike e Camilo, convidou-os:

— Caso queiram vir conosco, vamos visitar um dos postos avançados dos guardiões em regiões inferiores. Sintam-se à vontade, caso seus afazeres o permitam.

— Temos de nos apresentar às atividades na universidade, meu pai. Hoje será a primeira fase da prova de admissão, a fim de ingressarmos na equipe de guardiões. Depois, eu e Mike assumimos um compromisso junto a um grupo de espíritos com tarefas num país islâmico. Na próxima vez que nos convidar, com certeza iremos, ou melhor, vamos nos programar para isso. Por ora, espero que compreenda.

— Sintam-se à vontade, meus filhos. Eu os recomendarei a Jamar pessoalmente, afinal, vocês já têm um currículo com serviços e estudos que dificilmente seria menosprezado pelo guardião da noite. Vão em paz. Se precisarem de algum reforço na tarefa, por favor, não se acanhem; podem me procurar.

— Obrigado, meu pai! E você, Ângelo, é nosso convidado para o evento que prepararemos.

Olhando para Watab, que continuava silencioso como ele só, acrescentaram:

— Não se esqueça: você também, guardião, é nosso convidado — Watab meneou a cabeça em agradecimento.

Jamais eu esqueceria algo assim. Um casamento de dois espíritos, na dimensão extrafísica. E dois espíritos de aspecto masculino! Assim que os dois se foram, muitas dúvidas e questionamentos surgiram em minha mente febril. Não tive coragem de olhar diretamente para Pai João, pois sabia muito bem que ele conhecia meus mais secretos pensamentos. Era novato naquela comunidade de seres, na cidade dos espíritos; ainda não aprendera a ocultar minhas emoções e pensamentos. E Pai João sabia disso muito bem. Minha mente fervilhava.

— Fique tranquilo, meu filho — confortou-me Pai João. — Você terá suas respostas em breve.

Ele foi discreto por demais. Não ousou mais do que isso, deixando-me entregue aos mais intricados pensamentos, conjecturas e indagações acerca da natureza humana, da forma como era vista, no mundo espiritual, a união dos seres e dos sexos, e sobre o próprio conceito de casamento entre desencarnados. Tudo isso mexia comigo de uma maneira que nunca imaginara. Cheguei a suspeitar que Pai João me levou àquele lugar já de caso pensado, ou melhor, levou-me ao encontro daquele casal já vislumbrando algo no futuro mais ou menos distante.

Com o tempo, percebi que aquele espírito, que dia a dia eu aprendia a reverenciar e respeitar, sob o nome de Pai João, não fazia nada sem um plano ou uma finalidade, sem que fossem ponderados os detalhes, visando ao crescimento e às tarefa futuras. Quando ousei levantar a cabeça e fitar seus olhos negros, eles brilhavam fortemente. Ao lado dos cabelos brancos, tão bem combinados com a barba alva como a neve, em contraste com a epiderme negra, e junto com o sorriso farto, os olhos do pai-velho ocultavam a sabedoria milenar escondida por trás daquela roupagem de um simples ancião.

Logo após nossa chegada a uma região mais afastada da metrópole, pude ver grande quantidade de casas, bangalôs, choupanas e outras construções, a maioria parecendo ser feita de madeira ou algum material similar. Perdiam-se de vista as construções em meio aos bosques, florestas, jardins e montanhas. Aquele estilo arquitetônico parecia ser a maioria absoluta ali na metrópole, ao contrário do que imaginara antes, ao ver os prédios enormes do espaço urbano, embora tão bem integrados à paisagem, respeitando o princípio de tudo na Aruanda: a convivência pacífica com a natureza. Mas ali, onde nos encontrávamos a convite de Pai João, é como se minha visão do entorno ou dos subúrbios da Aruanda tivesse se dilatado, e pude apreciar a vastidão da cidade espiritual. Aliás, os arredores da cidade dos espíritos eram encantadores, verdadeiro paraíso em meio a montes, vales, rios, matas e lagos. Pássaros exóticos, desconhecidos por mim; animais domésticos e outros como leopardo, onça e leão, além de cavalos, zebras, girafas e uma fauna muito variada — todos os bichos pareciam conviver amigavelmente, soltos pelas campinas, planícies e ambientes cheios de vida e verde. Vi crianças caminhando ao lado de pacíficos leões ou montadas sobre eles, guiados por algum outro espírito — algo impensável no mundo físico. E não havia zoológicos. Por todo lugar, observava-se vida exuberante, e os animais integravam o cotidiano da comunidade de maneira tranquila e natural, como nunca imaginara possível.

A cada dia, a cada hora, fazia contato com as surpresas de um mundo novo, de uma cidade espiritual na qual me fixaria e que se tornaria a base para atividades futuras. Morar na Aruanda era uma ideia que dia após dia tomava mais corpo; era realidade. Fascinavam-me as oportunidades de aprendizado e estudo que se desdobravam diante de meu espírito.

— Antes de encontrar Jamar, visitaremos uns amigos em nossa cidade, para você ter uma ideia de como funciona a vida em família por aqui, em nossa dimensão.

Enfim teria oportunidade de ver de perto uma família de espíritos. E isso me excitava. Dirigimo-nos a uma casa belamente construída numa espécie de bairro residencial. Não havia muros, apenas jardins separando uma casa da outra. Era o tipo de projeto urbanístico que lembrava bastante o dos subúrbios de algumas cidades norte-americanas. Todas as residências da região pareciam ser construídas de madeira ou algo muito semelhante, ainda que estruturadas em fluidos desta dimensão. Havia um espaço generoso entre uma casa e outra, e isso me fez pensar na extensão da cidade como um todo. Neste momento Watab rompeu seu silêncio e falou:

— Hoje, a Aruanda tem mais ou menos a dimensão da Grande São Paulo, porém um número bem menor de habitantes. Por isso, como pode ver, há espaço para todos confortavelmente, sem incorrer na alta densidade demográfica que se observa em cidades tão populosas como a capital paulistana.

— De qualquer forma, meu filho — completou Pai João —, como vivemos em uma dimensão extrafísica, o problema do espaço aqui é diferente do que ocorre na Terra. A população é monitorada, de maneira que não ultrapasse muito a marca dos 10 milhões de habitantes. Há um fluxo razoável daqueles que reencarnam e outros — embora poucos, se comparados a outras cidades — que vêm da Terra e de outras metrópoles espirituais para cá. Ou seja, temos uma população balanceada, um número compatível com uma vivência tranquila e sadia junto à natureza. Já pôde reparar que a área urbana de nossa cidade é ampla, mas ainda assim a maior parte da população prefere viver nas casas e em outras construções semelhantes ao redor do centro, da região mais densamente povoada.

Enquanto caminhávamos rumo à visita à família espiritual da qual Pai João falara, perguntei algo que, de certo modo, causava-me estranhamento:

— Não vi igrejas por aqui. Onde os religiosos se reúnem para rezar e adorar a Deus ou suas divindades?

— É porque adotamos um tipo de estrutura espiritual que difere de outras cidades no mundo extrafísico. Não há templos semelhantes aos que existem no plano físico. Cada grupo afim se reúne em meio à natureza; incentivamos os espíritos a se reunirem em família. As formalidades dos cultos, conforme existem na Terra, deixaram de existir por aqui há mais de 200 anos. Mas, caso algum espírito ou grupo de espíritos queira, existem diversos recantos, belíssimos por sinal, verdadeiros paraísos, que podem ser utilizados por quem pensa e reza de maneira semelhante, ou seja, irmãos de fé. Todos são livres para adorar a Deus ou não, segundo creem. Há até mesmo liberdade para não se envolver com qualquer manifestação de religiosidade, embora por aqui não existam ateus. Para muitos espíritos, a ciência é a religião que adotam para perscrutarem a verdade do universo; outros necessitam de certos aparatos, rituais e crenças; há, ainda, quem prefira se dizer sem religião. Sob a ótica da administração da cidade, tudo está bem, desde que sejam respeitadas as poucas regras de convivência pacífica.

— Então existem espíritos que não professam nenhuma religião?

— Sim, pelo menos nenhuma religião que se identifique com alguma das denominações existentes ou com o que estas ensinam. Não podemos forçar ninguém a acreditar em nada. Mas temos como regra o estudo das leis universais. Sob esse ponto de vista, podemos dizer que, para muita gente, a religião verdadeira está dentro de si; trata-se de uma forma pessoal de se conectar à divindade e de se relacionar com as leis sublimes da vida. Respeitamos quem assim procede, como não podia deixar de ser.

Fomos impedidos de continuar o assunto, pois chegamos a uma das casas da região onde nos encontrávamos. Pai João e Watab pareciam ser velhos conhecidos ali. Assim que se aproximaram da construção, um tipo de sobrado com trepadeiras adornando a fachada e algumas flores dispersas pelo jardim, as quais demonstravam o cuidado dos moradores do lugar, uma mulher saiu de dentro da casa, saudando efusivamente o pai-velho e o guardião. De súbito, senti certa emoção me envolvendo, de modo a recordar minha antiga família na Terra. Parecia que estava voltando para casa depois de uma viagem muito longa.

— Sejam bem-vindos, todos. Que honra recebê-lo, meu velho! — falou a mulher, visivelmente alegre ante a presença de Pai João. — E você, guardião silencioso, meu querido Watab, quanto tempo, hein?

— Estamos de volta, Laura! Estamos de volta... E você, como está? E as crianças?

— Estamos muito bem, meu pai... Vamos, entrem! Entrem, logo — convidou-nos festiva.

— Este é Ângelo Inácio, nosso amigo recém-chegado da Terra — apresentou-me Pai João.

— Então você é o escritor e jornalista? Já ouvimos falar de você, meu caro. Seja bem-vindo!

Não sabia o que dizer diante de tanta naturalidade e boa vontade com que fui recebido. Parecia a hospitalidade mineira. Em instantes me habituei com o jeito de Laura.

— As crianças estão na escola, Pai João. E Alberto está agora nas fábricas, treinando um processo de criação mental e manipulação de fluidos visando à construção de habitações. Quando reencarnar, ele pretende ser arquiteto. Imagine quantas oportunidades terá nas fábricas de formas mentais...

Depois de um breve silêncio, eu talvez tenha percebido uma sombra de preocupação em seu semblante, logo disfarçada com a conversa, que parecia ser interessante:

— Estou me ocupando mais intensamente do nosso menino, o Régis. Assim que o adotamos em nosso lar, e após o período de desenvolvimento do corpo espiritual em meu útero de mãe, ele logo começou seu tratamento magnético. Mas temo que precise ser transferido a outra comunidade, a uma outra cidade, meu pai.

Enquanto sentávamos numa poltrona confortabilíssima, Laura confidenciou suas preocupações, agora mais plenamente visíveis.

— O Régis é um espírito que não tem nenhuma afinidade com nossa família. O adotei porque estava muitíssimo necessitado de recompor sua forma perispiritual e eu ansiava pela oportunidade de ser mãe novamente. Confesso, meu pai, que foi mais por egoísmo de minha parte do que por amor...

Pai João colocou sua mão sobre a mão de Laura e confortou-a com um jeito bem paternal:

— Mas não importa isso agora, minha filha. O mais importante é que ajudou nosso Régis a se recompor espiritualmente, pelo menos no que tange à forma espiritual. E você não desistiu de encarar outra etapa, abraçando também a condução do seu espírito.

— Pois é, meu pai... Ocorre que, como sabe, ele veio diretamente de uma situação em que foi submetido ao trato hipnótico por um dos habilidosos magos das regiões inferiores. Tinha o psiquismo totalmente nublado, num processo de amnésia espiritual forçada ou induzida. Assim que o retiramos do contato mais direto com meu perispírito, por meio do magnetismo, isto é, assim que renasceu em nossa dimensão, num corpo de criança mais reestruturado, parece que seu cérebro perispiritual começou a recobrar memórias. Nem imagina as situações que temos enfrentado em nosso lar para aconchegá-lo e conduzi-lo a um estado mais harmonioso.

— Confesso que nem imagino, Laura. Mas podemos falar diretamente com a equipe de educadores da Nova Galileia, pois eles detêm recursos educativos e uma forma de abordar o psiquismo de seres nessas condições, que você precisa conhecer. É realmente bastante eficiente a metodologia que usam.

— Ah! Meu pai... Sabia que sua vinda aqui seria uma bênção para nossa família. Já tinha ouvido falar nessa escola, mas não tive a oportunidade de conhecer nenhum espírito ligado a ela...

Voltando-se para mim e Watab, a anfitriã falou, cheia de cuidados:

— Me perdoem vocês dois, meus queridos, mas sabem como é o coração de mãe. Do lado de cá da vida, Ângelo, as coisas não são tão diferentes do que acontece com a maioria das mães, na Terra. Vou preparar alguma coisa para nós. Fiquem à vontade ou, então, me acompanhem até a cozinha... Por favor!

Levantamo-nos e a seguimos até a cozinha. Lembrei-me mais uma vez dos costumes que vi em Minas Gerais, mais precisamente no interior. A cozinha era imensa. Uma bancada ficava no meio, com diversos apetrechos comuns a uma cozinha qualquer, embora houvesse alguns equipamentos que eu desconhecia. Mas a geladeira, o fogão moderno por demais... Porém, não vi fogo no fogão. Parecia que o calor irradiava da boca do fogão, sobre a qual se apoiava um vasilhame em tudo semelhante às panelas que conhecia, embora parecesse ser feito de louça, e não de metal. Sentamo-nos em torno da bancada, numa conversa animada. Foi somente então que vi Watab descontrair-se, entrando na conversa e auxiliando Laura a preparar alguma coisa para comermos. Na verdade, eu não sentia fome, mas os sucos e os bolinhos preparados pareciam ressuscitar em mim o paladar e a vontade de degustar quitutes caseiros. Nunca havia experimentado sabores tão intensos e bolinhos tão saborosos. Sentia-me em casa. Em determinado momento de nossa conversa, Laura dirigiu-se a mim de maneira especial:

— Então você está ainda num hotel, Ângelo? Ainda não considerou morar em sua própria casa? Um chalé, um bangalô ou, quem sabe, pelo seu jeito, um *loft?*

— Ainda me sinto muito novo neste mundo de espíritos, Laura. Aliás, não me habituei complemente ao fato de ser um espírito.

— Então, quem sabe não podemos ser mais úteis a esse processo de adaptação do lado de cá? Caso queira, poderá ficar conosco por algum tempo. Alberto, meu marido, com certeza ficará extremamente feliz com sua presença em nosso meio, pois adora seus poemas e é um homem muito dedicado a estudar; é muito culto, por sinal, ao contrário de mim, que sou apenas uma dona de casa e colaboro em serviços mais simples da nossa comunidade.

— Laura não está se valorizando como merece, Ângelo. Ela é excelente artista; toca piano como nenhum espírito que eu conheça — falou Watab.

— Na verdade, uso a música para acalmar corações e emoções; só isso. Mas acho que preciso alargar meus horizontes. Tenho me dedicado de maneira insuficiente a estudar outros importantes ramos do conhecimento. Acabo usando como desculpa o fato de precisar me dedicar mais aos filhos espirituais.

Queria muito conhecer de perto o dia a dia de uma família de espíritos e parece que esta seria uma chance ímpar para mim. Pai João notou meu interesse em estar mais perto da família de Laura e falou, dirigindo-se a mim:

— Pois é, meu filho! Acho que as oportunidades são excelentes para você. Se desejar, podemos providenciar uma casa para você por aqui. Quem sabe se sinta à vontade no hotel... no entanto, chegará a hora em que desejará um lugar todo seu, que tenha sua cara.

— Acho que, se me derem a chance, vou preferir morar neste bairro residencial. Talvez possa ficar mais próximo da família de Laura e, assim que me for possível, construirei ou reunirei minha própria família espiritual.

— Que seja assim, Ângelo! — exclamou Pai João. — Laura e sua família poderão ser pra você uma espécie de âncora ou referência em seu novo estágio na erraticidade.

— Ficaremos felizes em poder ajudá-lo, de alguma forma, a se instalar mais definitivamente aqui na Aruanda. Podemos lhe mostrar a cidade com mais detalhes enquanto você se encaixa em alguma atividade ou grupo de estudos.

Fiquei emocionado mais uma vez. Senti-me em casa, aconchegado por uma família e contente com a perspectiva de construir um lar. Diante dessa possibilidade, não me via mais como um visitante ou apenas um espírito itinerante, que estivesse de passagem para estudar na cidade; com efeito, sentia-me um habitante daquela comunidade de espíritos. Com a construção do novo lar e a reunião da família espiritual, eu me sentiria integrante e participante ativo da vida espiritual da metrópole. Isso me fez um bem imenso, principalmente porque, em breve, seria apresentado a outra realidade, ao trabalho dos guardiões amigos da humanidade. Era importante que estivesse integrado ao modo de vida da Aruanda. Dessa forma, com minha autoestima reafirmada ou elevada, poderia colaborar com mais qualidade nas tarefas que me aguardavam.

Após nos despedirmos de Laura e tomarmos o caminho de volta, pude observar melhor a vegetação que compunha os jardins em torno das casas. Sinceramente, nem mesmo com modificação genética e avanços de mais 100 anos seria possível ver, na Terra, algo que ao menos se assemelhasse à natureza das plantas e, até mesmo, de minerais, pedras e da própria terra que pisávamos. Algumas flores pareciam cantar, emitindo certa sonoridade à medida que passávamos perto delas. Novamente pude perceber seres pequeninos esvoaçando em torno de flores e plantas, sentados sobre as pedrinhas que compunham os jardins, adornando fontes ou mesmo demarcando espaço para algum arranjo diferente de arbustos e flores exóticas, a meu ver.

Uma vez que permanecia em silêncio, num silêncio criativo, pensando intensamente em tudo que vira e ouvira, no convite de Laura e na proposta de Pai João, Watab rompeu a quietude, falando direto a mim:

— Aqui, Ângelo, como verá em todo lugar em nossa cidade, tudo quanto na Crosta era classificado como sem vida ou inanimado, sem inteligência e pertencente a reinos biológicos inferiores ao humano, na verdade está cheio de vitalidade, de energia, uma energia radiante, que interage com tudo à volta. Dessa maneira, as plantas, as flores e até mesmo as pedras e o solo abaixo de nós respondem aos estímulos mentais e emocionais dos habitantes. As cores modificam-se de acordo com o teor do pensamento dos espíritos mais próximos; a tonalidade do verde se intensifica ou esmaece de acordo com o sentimento e a aura de quem se achega. Do mesmo modo, as construções, elaboradas a partir do fluido cósmico, dos fluidos mais sutis da atmosfera do planeta, refletem a qualidade emocional dos moradores. Lentamente, as formas se modificam. Nas cores das paredes, nos móveis mais ou menos elegantes, nas linhas mais arrojadas ou singelas, evidencia-se a característica de cada morador ou de cada pessoa que entra em contato direto e constante com tais criações. Enfim, tudo aqui vive e vibra; nada é morto, nem as pedras, nem as montanhas, nem o ar que respiramos. Tudo vive e está cheio de vida, em todo lugar.

Junto com minhas impressões sobre a vida familiar, brotava em minha alma um respeito por tudo o que via ao meu redor. A natureza, as coisas mais simples até as mais complexas: tudo para mim renascia sob novo prisma, e me fazia sentir cada vez mais vivo, embora também me percebesse pequenino naquele momento, ao atestar a riqueza a meu redor. A estrutura íntima da matéria — se é que posso chamar assim esse tipo de material que via no entorno — na qual fora erguida e edificada a cidade era algo impressionante e, ao mesmo tempo, para mim, inexplicável, tendo em vista o conhecimento reduzido sobre o funcionamento das coisas nesta dimensão.

Enquanto me diluía em sentimentos de respeito e gratidão, tocado intimamente por tudo, extasiado perante a estrutura que me cercava, Pai João complementou a palavra de Watab, o guardião:

— Também chamamos matéria os elementos que temos à disposição nesta dimensão.[10] Pode-se dizer *matéria mental, astral* ou mesmo *fluido* mais ou menos condensado, assim mesmo segue sendo um tipo especial de matéria, desde a substância componente dos trajes usados pelos espíritos até aquilo que é empregado nas construções da ci-

[10] "Mas a matéria existe em estados que ignorais. Pode ser, por exemplo, tão etérea e sutil, que nenhuma impressão vos cause aos sentidos. Contudo, é sempre matéria. Para vós, porém, não o seria" (KARDEC. *O livro dos espíritos*. Op. cit. p. 81-82, item 22). "O que te parece vazio está ocupado por matéria que te escapa aos sentidos e aos instrumentos" (Ibidem. p. 88, item 36).

dade. Se lhe disséssemos que as construções não são tanto uma forma, mas um sentimento cristalizado ou coagulado, talvez você me interpretasse, meu filho, como falando por parábolas, usando uma figura de linguagem, devido à sua formação acadêmica e profissional. Pode-se dizer, apenas para efeito de comparação, que nossas construções são feitas de luz — luz líquida ou coagulada, que é moldada pelos sentimentos dos moradores. Em algum momento você compreenderá melhor, provavelmente quando estiver em sua própria casa, segundo o desenho que escolher, isto é, quando emoções e pensamentos mais profundos se refletirem em tudo a seu redor: nas paredes, nas cores, nos móveis e nos utensílios. Aí, verá como seus sentimentos estão intimamente relacionados com o ambiente particular. Assim é a Aruanda; assim, o Invisível, o mundo dos espíritos.

Conforme caminhávamos e meus sentimentos pareciam se dilatar, minha visão da cidade e dos arredores parecia dilatar-se, também. Com pouco esforço, pude ver ou perceber pormenores das montanhas ao longe; sobre colinas distantes, erguiam-se majestosas construções, que davam a impressão de templos, embora templos ali não houvesse. Apresentavam-se na forma de torres, arcos, pátios e cúpulas, em meio à vegetação farta que eu percebia. Mais uma vez, Pai João me socorreu, à medida que nos aproximávamos do ponto de encontro com Jamar:

— As cúpulas e torres que você vê, Ângelo, cuja cintilação impressiona os olhos e o brilho encanta a alma, são constituídas de elementos que, na Terra, seriam classificados como pedras preciosas. Decerto já ouviu alguma vez, em leituras da Bíblia, a referência à Nova Jerusalém,[11] cidade espiritual que o apóstolo João descreve no livro Apocalipse: ruas de ouro, portas de pedras preciosas e coisas semelhantes.[12] É que aqui, numa esfera de vida além da conhecida na Crosta, as possibilidades do espírito são ilimitadas. A exuberância da vida coloca à disposição, numa escala bem mais ampla, incontáveis recursos da natureza. São fluidos condensados ou energia coagulada pela força mental dos espíritos construtores, que modelam, através desses mesmos fluidos, elementos que são conhecidos na Terra, porém numa dimensão diferente da que se observa entre os encarnados. A luz coagulada pode assumir praticamente

[11] Cf. Ap 21.

[12] Cf. Ap 21:11,18-21.

todas as formas conhecidas no mundo físico, mas aqui são muito mais intensas, precisas e harmoniosas.

"As construções são museus, onde, em diversos deles, trabalham e estudam seres de nossa cidade ou de outras, que vêm em busca de conhecimento arquivado nos bancos de dados ou sob a forma de acervo. Cada pedra preciosa, cada gema, independentemente do tamanho e da forma, têm um significado. As gemas preciosas refletem as auras, os pensamentos e emoções, sentimentos e características de cada visitante ou trabalhador do local, bem como das obras expostas nos museus. Essas construções, sim, talvez fossem confundidos com templos pelos mais religiosos, tão significativas são a arquitetura, as exposições e o acervo ali oferecido aos estudiosos da ciência do espírito."

Pai João despertava em mim admiração e respeito como nunca tivera, nessa medida, por nenhum ser com o qual convivera. De outro lado, havia a gratidão, sobretudo por fazer parte deste lugar, que, somente agora, descobria em maiores detalhes, ainda que soubesse faltar grande número de coisas para conhecer na natureza da vida extrafísica. Havia muito que aprender. Certamente, o encontro com Jamar, que me apresentaria uma base de apoio dos guardiões, descortinaria novos conhecimentos e mais reverência perante a grandeza da vida e as tarefas que me aguardavam no porvir. Nunca imaginei que morrer era viver, e viver com intensidade.

6

ZONAS DE IMPACTO

UANDO JAMAR CHEGOU, já me encontrava bem mais tranquilo e integrado ao tipo de vida que a cidade espiritual oferecia. Eram muitos fatores recentes e novos para mim. Primeiramente, a visita ao lar de Laura, que revelara pormenores da vida familiar e doméstica na Aruanda, desde a forma de se alimentar até a maternidade. Antes mesmo disso, deparar com vários casais, contemplar a vida conjugal no Além e observar a diversidade e a pluralidade dos tipos humanos foram coisas que me fizeram refletir sobre o modo como todos eram tratados e se tratavam na Aruanda. No que diz respeito à vida afetiva, pude observar tanto espíritos que tiveram experiências na heterossexualidade como seres com identidade energética voltada à homossexualidade, mas ambos na mais singela normalidade, como se esse aspecto não fizesse a menor diferença; parecia ser mesmo irrelevante. Cada casal levava a vida conforme melhor lhe parecesse, com respeito mútuo; traçavam planos, usufruíam de todas as oportunidades que a comunidade lhes podia oferecer.

Junte-se a isso a enorme variedade de manifestações culturais e religiosas, de aparências, estilos e preferências dos espíritos, bem como de elementos étnicos e raciais, e me peguei por muitos momentos admirando a capacidade desta gente de conviver com o diferente e a diversidade. De abrigar, acolher e encorajar tamanha riqueza do espírito humano, sem moralismos ou códigos de conduta que se pautassem por outra coisa senão os valores mais nobres, que todos conhecem: amor genuíno, harmonia no convívio, educação e gentileza, respeito às escolhas e ao jeito de cada um. Enfim, nada que segregasse, confinasse o espírito aos limites estreitos das crenças e concepções particulares ou ditasse regras rígidas e insensatas, que sufocassem a vastidão das possibilidades humanas.

Tantas vivências e reflexões descortinaram diante de meu espírito toda uma maneira de pensar razoavelmente distinta do que conhecia e cultivava antes, quando encarnado. O sentido de lar e família deveria ser refundido, reescrito, pois aqui começara a divisar novo horizonte e nova concepção, mais larga, do que vem a ser lar. As construções da Aruanda, então, impressionavam-me a cada momento. A matéria da qual eram feitas merecia estudo à parte. E as plantas, as flores, os animais e todo o resto? Simplesmente, não poderia formar uma ideia exata sem me aprofundar em estudos da ciência universal, e não somente da ciência humana dos encarnados, que avançava dentro dos rígidos limites de paradigmas antigos e ortodoxos, dedicando-se apenas à realidade material, que era ainda mais estreita. Este plano ou dimensão não seria um mundo à parte do planeta? Outro continente no espaço, quem sabe? Uma extensão do orbe ou uma realidade paralela? Estava longe de obter respostas para tantas perguntas que emergiam de meu interior; porém, para que elas viessem, era necessário estudar. E então compreendi o porquê da obrigatoriedade dos estudos neste mundo novo.

Um lugar onde a própria natureza irradia cores, sons, música. Descobri que o som tem cores e a cor emite som e faz música. Mas isso jamais será compreendido por quem pensa o mundo apenas por meio dos sentidos, restrito pela visão material. Somente libertando-se da ilusão da matéria — da convicção da vida material como realidade absoluta — é possível compreender algo que transcenda os estreitos limites dos cinco sentidos. Conheci cores muito diferentes daquelas que são vistas no mundo físico, embora todas que conheci na Terra aqui estivessem, em intensidade e nuances surpreendentes e superiores. Ao ser introduzido no ambiente onde residiam Laura e sua família, e observando o tipo de habitação dos demais espíritos, entrei em contato com o significado e a harmonia das cores. Soube que, de acordo com os sentimentos dos habitantes, com o trabalho e a ocupação a que se entregassem, seja de caráter mental ou não, as diversas cores se misturavam, formando outras, que passavam a imprimir na atmosfera, no ambiente a sua volta, a marca profunda ou a aura particular daquele espírito. Esse mecanismo explica por que as casas e construções da Aruanda vibram e respondem ao pensamento do morador. A matéria sutil em que são elaboradas é tão sensível à ação da mente que as paredes, o mobiliário e tudo o mais que cerca o espírito dão resposta imediata ao influxo de pensamentos e emoções. Aí está um fator ou mecanismo que favorece, a todo instante, a reeducação das emoções e dos pensamentos dos habitantes da cidade.

E como a música faz parte da vida dos moradores... É tão importante que de tudo emana som, música, melodia.[13]

[13] "A música possui infinitos encantos para os Espíritos, por terem eles muito desenvolvidas as qualidades sensitivas. Refiro-me à música celeste, que é tudo o que de mais belo e delicado pode a imaginação espiritual conceber" (KARDEC. *O livro dos espíritos*. Op. cit. p. 207, item 251).

As flores cantam, as folhas emitem vibrações sonoras e a Aruanda é toda musicalidade, que penetra no âmago dos espíritos e auxilia na pacificação dos seres que aí habitam. A música é parte da vida, da energia, da substância da qual é construída a cidade e a comunidade. E não há filho da Aruanda que não se deixe envolver e não se envolva com música, arte e poesia. Em poucas palavras, a música emana da alma dos espíritos desta cidade. Assim como emana da própria natureza desta dimensão, deste outro mundo, e também das flores, das plantas, das águas, dos seres de todas as formas. Cores, músicas e sons não são coisas inanimadas, mas detentoras de vida própria, de ritmo, harmonia e vibração perfeitamente palpáveis, perceptíveis e mensuráveis.

As edificações residenciais, conforme verifiquei no lar de Laura e, mais tarde, nos demais locais onde passei, não foram erguidas para a proteção das pessoas ou dos espíritos, conforme acontece na Terra. Não. Tudo é feito de modo a concentrar as energias dos moradores; trata-se de uma espécie de condensador de emoções, emissões fluídicas e pensamentos, ou melhor, da qualidade dos pensamentos dos que ali habitam. Assim, a energia peculiar a cada morador, concentrada nas paredes, no teto, nas cores e na substância mesma das residências, faz com que estas se tornem uma pilha energética particular, de onde cada inquilino pode haurir forças e reabastecer-se. Pode, ainda, direcionar o recurso ali armazenado para quem dele necessite ou enviá-lo, sem perda de qualidade, a lugares distantes, movido pela necessidade ou pelo desejo de ajudar. Isso é uma maravilha por si só! Difere de tudo e de toda concepção do plano físico a respeito de engenharia civil, de função da habitação e de critérios para a escolha do ambiente onde se vai viver e morar. Não posso dizer que exista alguém que não se encante com a natureza deste mundo chamado Aruanda.

Quando ainda hoje penso naqueles primeiros momentos de contato com a natureza sideral deste universo novo, encho meu espírito de gratidão e não há como impedir que verta uma lágrima de emoção diante de tamanha diversidade, tamanha pluralidade e grandeza da vida espiritual. De modo que, em minhas reflexões, cheguei à seguinte conclusão: era preciso ir além das convicções terrenas e refazer as concepções de certo e errado, de virtude e pecado, de natural e subversivo. Onde me encontrava, ou refazia minhas ideias de normalidade e anormalidade ou, simplesmente, não conseguiria me incluir entre os agentes do Cordeiro que trabalhavam numa dimensão mais ampla do que aquela na qual transcorre a vida na Terra.

Por ora, não conhecia ainda outras cidades espirituais. Apenas ouvira falar de Nosso Lar, Grande Coração, Vitória-Régia e outras mais. Também ignorava como se comportavam os habitantes daquelas cidades ou colônias, como se costumava chamar as comunidades menores. Mas aqui, na Aruanda, não havia como permanecer com as acanhadas formas de pensar e agir, tal qual a maioria dos humanos encarnados e, também, desencarnados. Tudo o que vira até então serviu para alargar os horizontes do meu conhecimento e refundir conceitos, abrindo minha mente para uma forma mais universalista de pensar. Até mesmo a maneira de lidar com as questões humanas, sem o peso da culpa e sem cobranças, foi para mim um tipo de bênção.

Ante meu passado cheio de equívocos, não me senti cobrado por nenhum tribunal, tampouco deslocado ao realizar meu aprendizado na metrópole, em tarefas ou condições diversas daquelas às quais estava acostumado. Fui respeitado intimamente, inclusive nos gostos, no temperamento e no jeito de ser, mesmo com as manias e a acidez característica, ao criticar tudo e todos à minha volta. Não precisei abdicar do meu humor, do jeito de me expressar. Tudo isso foi respeitado como aquisição da minha alma, e assim me senti mais humano. E foi somente a partir de então que senti vontade de modificar alguma coisa dentro de mim, de fazer uma reavaliação íntima, sem nenhuma imposição nem discurso moralista, muito menos o peso religioso que presumivelmente pudesse acompanhar certos ensinamentos transmitidos a mim nesta outra vida que encontrei. Não! Mudei apenas porque cheguei à conclusão de que queria mudar. O tempo todo ouvi que eu era apenas humano.

Pai João, Jamar, Watab, Consuela, da qual não posso esquecer jamais, o encontro com Laura em seu lar, com Camilo e Mike, sem falar nos Imortais que dirigem os destinos desta comunidade – nenhum deles, em nenhum momento, jamais se apresentou a mim como portador de grande elevação espiritual ou de uma santidade incompreensível. Deparei tão somente com seres humanos comuns, embora dignos de respeito e consideração. Nenhum espírito havia que se dissesse elevado ou que fosse tido como um primor de evolução. Encontrei-me entre humanos, e isso fez toda a diferença dentro de mim. As mudanças começaram a acontecer naturalmente, sem cobrança nem força, sem imposições nem pregações religiosas, santificacionistas ou "espiritualizadas". Segui apenas o curso comum e natural, sem pressa e sem martírio.

Os espíritos com quem travava contato não se cansavam de dizer que ninguém ali era anjo e não se ocupava de desacertos e erros de quem quer que ali estagiasse. Em nenhum momento, entre os habitantes da cidade espiritual, senti sequer um traço de dor moral, do peso e do rigor típicos das posturas de culpa e cobrança. E isso me conquistou de vez. Sentia-me integrado à vida da metrópole espiritual, com seus mais de 10 milhões de habitantes, de todas as etnias e povos do planeta. Eram indivíduos que haviam palmilhado, cada qual a seu tempo, diversos caminhos, dos mais corriqueiros aos mais extravagantes da humanidade. Haviam superado — ou ao menos se colocado em via de superar as barreiras do preconceito, da culpa, das preferências religiosas e, principalmente, da necessidade de fazer proselitismo religioso ou político. Definitivamente, vivia numa comunidade de seres comprometidos mais intensamente com o bem da humanidade, e não com uma doutrina ou filosofia em particular. Assim eram os habitantes da Aruanda. E havia outras Aruandas no universo, no Invisível.

— Desculpe interromper suas reflexões, meu amigo — falou Jamar, delicadamente. — Mas é que temos de partir para as zonas inferiores, onde você terá contato com a realidade de nossa escola de guardiões. Precisamos tomar precauções, pois sairemos dos limites da cidade espiritual e mergulharemos num tipo de vibração em que nos sujeitamos ao impacto dos pensamentos, tanto de encarnados quanto de desencarnados, os quais podem comprometer o equilíbrio do grupo.

Fiquei pensando em que consistiria essa chamada zona de impacto. Seria uma espécie de inferno? Um purgatório, conforme ensinava a igreja? Estava longe de ter uma ideia mais acertada a respeito. Jamar continuou:

— Semíramis irá conosco, pois as guardiãs são especializadas em dissolver formas-pensamento e emoções cristalizadas; além disso, detectam habilmente influxos energéticos carregados de forte teor emocional, os quais advêm de planos inferiores. Pai João tem outras atividades ao lado do colegiado, na administração da cidade; assim, não poderá ir conosco nesta escala pelas regiões ínferas. Watab se encarregará de você particularmente, ampliando o escudo de proteção à sua volta, até que tenha condições de fazê-lo por si próprio. Alguns outros amigos irão conosco, mas a eles você será apresentado no caminho.

Demonstrando pressa ou até urgência para começar nossa jornada, Jamar ordenou:

— Vamos! Não podemos perder mais tempo.

— Temos de aproveitar — acentuou Semíramis, que estava acompanhada de mais três guardiãs. — Neste momento, há um intervalo regular no influxo das formas-pensamento. Aproveitaremos a zona neutra, entre um feixe e outro, para passarmos sem maior prejuízo ou desgaste energético.

Assim que Jamar deu a ordem, Watab estendeu as mãos acima de mim, e logo depois desceu ambas lentamente, formando uma espécie de círculo ou bolha em torno do meu organismo espiritual, a qual, naquele instante, eu ainda não conseguia enxergar. Fiquei pensando se seria algum ritual excêntrico, mas não. Depois percebi que havia se formado em torno de mim uma espécie de película, que se ligava diretamente à cabeça de Watab por um fio finíssimo.

Mais precisamente, tal fio de energia parecia entranhar-se entre seus olhos, ligando-se à mente do guardião. Senti certo conforto, que não saberia descrever minuciosamente; de qualquer maneira, notei uma sensação de tranquilidade e uma resposta emocional interessante. Minha confiança naquela equipe havia aumentado de maneira extraordinária. Seria fruto da ação de Watab?

Entramos num veículo aéreo cuja forma diferia da de todos que eu vira até ali. Havia, na parte da frente, aberturas circulares, que me pareceram apropriadas para canhões, fato que me provocou estranhamento. Tive receio de perguntar. Não sabia, ainda, que existia armamento de tal porte naquela dimensão, quanto mais adaptado aos veículos. Era novidade a maioria das coisas que presenciava. Entrementes, nos limites da Aruanda, o veículo levantou voo e saiu com relativa facilidade. Tão logo deixamos o perímetro da cidade, as coisas começaram a se modificar. Nuvens mais espessas e de tonalidades fortes apareciam de um lado e outro do veículo. Leve tremor lembrava os momentos de turbulência em viagens de avião, embora fosse um tipo especial de turbulência, que os aviões terrestres talvez nunca experimentassem.

— Vamos ficar atentos — ressoou a voz de Jamar. — Estamos em alta velocidade e começamos a adentrar as zonas de impacto mental e emocional.

O veículo balançou ainda mais intensamente. Quando olhei, vi bolhas de luz, uma luz fosca, de um vermelho escuro, vindo em nossa direção. Mas não atingiu o veículo diretamente.

— Erguer os campos de proteção! — gritou Semíramis para a guardiã que pilotava o veículo. Balançamos novamente e, quando o petardo de energia quase nos atingiu, formou-se uma barreira energética em torno da nave, distribuindo o impacto que parecia fulminante. Certa dose de medo ou apreensão tomou conta de mim. Medo semelhante ao que ocorre com alguém dentro de um avião que enfrenta turbulência. Algo assim. Meu coração de desencarnado começou a bater mais intensamente. Watab olhou para mim tranquilizando-me, mas não conseguiu fazê-lo totalmente. Outro petardo veio em nossa direção, mas a condutora do veículo desviou a tempo, porém não conseguiu desviar-se de raios que riscavam os céus daquela região, os quais atingiram em cheio a nave que nos conduzia. Balançamos feito folhas ao vento, e eu me segurei em algum lugar, um tipo de aresta do veículo, própria para isso. Arregalei os olhos.

— À esquerda, cuidado! — falou novamente Semíramis, sempre atenta. — Ativar os canhões de energia! — comandou a guardiã, enérgica.

E eu ali, sem entender nada de nada. Eles não me explicaram que ocorreria algo dessa natureza. Estávamos sendo atacados? Era uma guerra? Nem tive tempo de perguntar — e confesso que não conseguiria mesmo. Quase molhei as calças do meu sagrado terno duramente conquistado nas lojas da cidade. Aliás, pensei mesmo que houvesse me molhado. Mas não. Espírito nunca se molha. Elimina ectoplasma!... Só acordei para o perigo real da situação quando vi os canhões emergirem à frente da nave, das aberturas que notara mais cedo, e cuspirem fogo ao redor. As bolhas de luz avermelhadas explodiam antes de nos atingir. Os raios pareciam ter sido interceptados pela energia dos canhões, da qual nada sabia, nem sequer a respeito de sua natureza e seu poder de impacto. Apenas presenciava, com o coração quase saindo pela boca. Pouco a pouco as coisas foram se acalmando. Jamar manteve-se em silêncio o tempo todo durante o ataque energético.

— Pronto! Cruzamos tranquilos a zona neutra... Breve chegaremos à base de apoio dos guardiões.

Zona neutra? Tranquilos? Será que nenhum deles me viu, por acaso, quase molhando as calças do meu elegante traje de desencarnado? Aquilo porventura era uma zona neutra? Jamar olhou para mim e me senti envergonhado. Infelizmente ele sabia o que eu pensava, ou sentia. Jurei um dia aprender como me proteger mentalmente.

— Não se preocupe, Ângelo! Terminaram os ataques — falou Semíramis para mim, enquanto a mulher na direção do veículo ria gostosamente das minhas reações. — Eram somente formas-pensamento dos encarnados. Nem experimentou ainda o ataque de entidades perversas. Aí, sim, você vai se molhar todo! — e riu também. Todos riram. Eu ri de raiva e nervosismo. Tive raiva de Semíramis saber o que eu pensava. Será que raiva era pecado aqui?

— Fomos atingidos pelos impactos das formas mentais vindas diretamente de encarnados — explicou Jamar, agora mais descontraído, embora eu não pudesse dizer se ele estava alegre ou triste; apenas descontraído. — Estamos nos aproximando de uma de nossas bases. Observe o arredor para não criar nenhuma expectativa quanto à natureza deste lugar. Não estamos mais na Aruanda. Este é o início das zonas inferiores, conhecidas pelos espíritas como umbral – arrematou.

— E olhe que, ainda assim, trata-se de uma região tranquila, se comparada aos locais onde estamos habituados a trabalhar e enfrentar espíritos criminosos e outros tipos que mais tarde você conhecerá – disse Watab.

Então nem tudo eram flores no mundo dos espíritos. Se conheci de perto o conforto e a vida social relativamente tranquila da Aruanda, agora entrava em contato com a realidade das chamadas zonas ínferas.

Ainda suava frio, após vivenciar os impactos de energia discordante que vieram em direção ao aeróbus. De repente, um feixe maior daquela substância veio em nossa direção. Algo horrendo e de tal proporção que o veículo balançou muito mais do que nas descargas anteriores. Parecia que pegara os guardiões desprevenidos.

— Vamos sair do veículo! – gritou Jamar, em meio à fumaça e ao estrondo, que parecia vir de dentro do próprio carro voador. Saímos um a um, e Watab sempre próximo de mim, envolvendo-me num campo protetor.

— Vez ou outra isso acontece, embora a frequência dos

ataques esteja menor a cada dia — falou Semíramis.

— Sim — arrematou Jamar. — Precisamos ficar atentos, afinal, estamos numa zona purgatorial. Continuar com o veículo será chamar a atenção das entidades sombrias que vivem nessa região. Vamos deslizando nos fluidos ambientes ou mesmo caminhando entre os vales sombrios.

— Enviarei um sinal à nossa equipe para que venha a nosso encontro — falou uma das guardiãs, dirigindo-se a Jamar e Semíramis, que, pelo visto, eram os líderes entre os guardiões. Mantive-me em silêncio, temendo que meus companheiros soubessem quanto medo eu sentia. Escorria suor em minha fronte. Jamar me olhou, transmitindo segurança, porém dessa vez ficou calado, guardando para si o que talvez ouvira de meus pensamentos. Senti-me confortado na presença dele, como sempre.

Descíamos por uma região que parecia sombria demais, se comparada com qualquer experiência que tivera até então. Abaixo de nós e no entorno, surgiam camadas de nuvens de cores variadas, mas sempre de tonalidade mais escura. Do cinza passavam ao vapor negro; as avermelhadas se mesclavam a uma cor que talvez pudesse ser chamada de roxo — talvez, pois acredito que era uma cor desconhecida para quem acabara de vir da terra dos mortais. Olhando mais intensamente ou concentrando minha atenção, era como se visse uma espécie de auréola em torno do planeta, ao longe, no horizonte, mas não luminosa nem cintilante. Em meio àquelas sombras e à medida que nos aproximávamos, notei que o próprio globo estava envolvido num tipo de escuridão, como se pairasse entre nuvens de fuligem e vapores. Nesse momento, Semíramis adiantou-se e posicionou-se a meu lado e de Watab, tentando explicar o que ocorria:

— São criações mentais ou formas-pensamento carregadas de emoções fortes. A grande maioria advém de regiões da Terra onde a guerra vem ceifando a vida de habitantes do mundo, além de espalhar luto, miséria e dor entre os que ficam.

— Parecem vivas as nuvens.... Sinto como se houvesse um movimento ordenado, talvez até programado ou mesmo inteligente.

— As formas mentais inferiores são, por si sós, um perigo para a vida dos habitantes do mundo. Associam-se naturalmente a seres elementais e, como ocorre entre a droga e o usuário, viciam os espíritos da natureza que vivem nestas regiões. Por isso você nota certo movimento naquilo que classifica como nuvens, Ângelo. Na verdade, são egrégoras, ou seja, a união de um sem-número de formas-pensamento. Nesse caso em especial, lidamos com pensamentos e emoções gerados em meio ao sofrimento das guerras.

— Só para você ter uma ideia, meu amigo — acrescentou Watab —, no presente momento ocorrem mais de 180 conflitos armados espalhados por diferentes recantos do planeta. Isso, sem contar os embates existentes do lado de cá, na dimensão astral onde agora estamos. — Dando-me um tempo para absorver o que falavam, pois para mim tudo era novo, Watab logo continuou. — Considere, por um instante, a quantidade de pessoas que desencarnam abrupta e violentamente em todas as guerras, bem como daquelas que permanecem vivas entre os mortais, mas cheias de dor, ódio e rancor, devido ao horror que vivem nesses eventos. Assim, pode imaginar quanto as descargas mentais de milhões de espíritos, dos dois lados da vida, povoam e contaminam a atmosfera psíquica do orbe.

A fala de Watab parecia abrir em minha mente uma nova porta para observar a realidade do mundo, de modo totalmente diferente do meu habitual. E aquilo era somente uma parte da realidade, que se descortinava diante de meu olhar de espírito.

— Você está começando a entender, meu caro — falou Jamar, voltando-se para mim.

À medida que caminhávamos, com imensa dificuldade, a paisagem se desdobrava ao redor. Ainda não havíamos deparado com entidades ditas das sombras, mas somente com energias, formas mentais dos encarnados e desencarnados, além das miríades de elementais, que organizavam as formas-pensamento e emoções. Mesmo alguns deles se tornando viciados, acabavam por evitar que as egrégoras densas pudessem regressar e afetar com intensidade brutal a morada dos homens.

A paisagem tornava-se mais e mais escura e densa. Os fluidos daquele ambiente se assemelhavam, a meus olhos, a faixas de gaze sujas ou a formas quase liquefeitas, como tiras gigantes de tecido a se arremessarem aqui e ali, desordenadamente. Formas escuras, verdes, vermelhas; algumas vezes, percebi a coloração marrom em meio àquelas nuvens de emoção e pensamento conturbados, as quais se originavam do ódio e da amargura excretados pelas almas em sofrimento. A nosso redor, movia-se alguma substância cuja natureza eu nem sequer imaginava, mas, pelo que me explicaram os guardiões, eram raios mentais, energias direcionadas, e não apenas dispersas aleatoriamente, que se dirigiam contra os causadores das guerras. Movia-se gelatinosa aquela substância de densidade absurda, considerando-se que estávamos todos numa dimensão astral, fora da matéria. Ia e vinha de um lado para outro, e por vezes tínhamos de nos afastar, baixando-nos para evitar que tais criações, que agora pareciam serpentes do inferno, pudessem nos tocar o corpo espiritual. Vi-me coberto de fuligem, uma espécie de pó, subproduto da atmosfera daquele plano.

Foi quando avistamos os exércitos dos guardiões. Dispostos em forma de meia-lua, marchavam em perfeita ordem, com alguns espíritos destacados do conjunto, à frente, carregando aquilo que me pareceram baterias elétricas ou algo do gênero. Suas vestes rebrilhavam e, a mim, pareciam espalhafatosas por demais, em cores vivíssimas, quase lembrando tons fosforescentes. Talvez por isso, eram plenamente visíveis, em meio a tantas e tenebrosas nuvens. Um batalhão de polícia feminina parecia vir de dois lados ao mesmo tempo; eram as guardiãs. Semíramis emitiu um assobio num volume tão alto e num tom tão agudo que me incomodou. Logo mais, Jamar se pronunciou:

— Para lidar com as formas-pensamento e emoções cristalizadas nesta dimensão, somente as guardiãs. Repare como elas lidam com a situação de maneira habilidosa.

Observei e vi como muitas das mulheres-soldado se revolviam no ar, por entre os fluidos do ambiente astral. Subiam sibilando, ao passo que os fluidos densos envolviam cada uma, adquirindo forma de caracol, para em seguida serem sugados em lugar ainda mais alto, desconhecido por mim naquele momento. Imediatamente depois, uma explosão, semelhante a uma fornalha ardente, consumia as formas mentais inferiores em pleno ar, enquanto as guardiãs voltavam levitando, suavemente, com seus bastões ou armas energéticas em punho. A região ficou muito mais limpa e agora era mais fácil se movimentar através dela. Com a limpeza do ambiente, sobressaiu a vegetação raquítica de um chão pedregoso em alguns lugares, ressequido em outros, com rachaduras que lembravam o solo sertanejo do Nordeste brasileiro, no auge da estiagem. O batalhão de guardiões chegou e um de seus representantes parou diante de todos, cumprimentando Jamar e colocando-se às ordens.

— Estamos a postos, Jamar! As guardiãs seguirão pelos flancos, enquanto dividiremos nosso batalhão em dois. Um seguirá à frente, e o outro, ficará na retaguarda. Não serão incomodados nem surpreendidos na caminhada restante.

— Obrigado, guardião. Fiquem todos à vontade. Vamos logo ao nosso campo de apoio.

Prosseguimos a jornada escoltados e, portanto, mais tranquilos. Pelo menos eu estava mais tranquilo, pois não notara da parte de Jamar, Semíramis e suas amigas, tampouco de Watab, qualquer insinuação de que estivessem assustados. Mantinham-se sempre vigilantes, atentos, mas não tensos nem assustados. Penso que eram habituados a situações do gênero. Continuamos pela paisagem astral, caminhando rumo ao quartel dos guardiões. Mesmo assim, ainda se observava no entorno algum resquício daquela substância repugnante que descrevi. Enquanto eu examinava ao derredor, refletindo sobre a natureza dos pensamentos e como influenciam o mundo, Semíramis falou baixinho, dirigindo-se somente a mim:

— Não podemos desanimar ante as lutas na Terra, meu amigo. Não é preciso temer quando presenciamos fatos como esses ou outros com os quais você terá contato brevemente. Nosso trabalho consiste em implantar a política do Cordeiro, a base do Reino no mundo todo, em todas as dimensões da vida.

"Esta substância escura e repulsiva, que representa a soma dos pensamentos de angústia de nossos amigos encarnados, bem como da massa de desencarnados em aflição, está na própria Terra. O planeta geme como quando se está para dar à luz um novo ser. Nesse caso, trata-se da geração de um novo homem, uma nova humanidade. Mas essa escuridão toda é apenas a extensão do que vai dentro do homem. É seu lado sombrio, nada mais."

Calando-se por um breve momento, visivelmente emocionada, Semíramis prosseguiu num tom ligeiramente diferente, carregado de sentimentos que pareciam irradiar-se de sua aura:

— Precisamos dar as mãos e desenvolver, quanto pudermos, respeito, amor, amizade e compreensão das diferenças. Somente assim, deixando para trás as barreiras do preconceito e as de ordem denominacional, religiosa e política, é que conseguiremos renovar o mundo ao nosso redor. A Terra espera por nós, e nossa ajuda é incrivelmente necessária neste mundo que todos amamos.

A fala de Semíramis tocou-me profundamente. Não conseguia imaginar como a humanidade, como os homens conseguiam viver e respirar em meio àqueles elementos mentais e fluídicos, que pareciam se aglutinar em torno de sua morada. Como se movimentar e interagir em meio a esse caldo de formas-pensamento e emoções tão densas e carregadas de dor e sofrimento? A cada momento podia compreender melhor a extensão do trabalho dos guardiões do bem, daqueles que eram comprometidos com a humanidade. Sem eles, sem as guardiãs e os guardiões, não é exagero dizer que a vida na atualidade seria impossível na crosta terrena. Invisíveis aos olhos humanos, trabalhavam diuturnamente para manter certa cota de equilíbrio no organismo sensível do planeta, que gemia, segundo o dizer de Semíramis, sofrendo o parto de uma nova geração de homens mais conscientes. Mas era um parto; talvez este fosse o momento das dores e contrações, que antecedem o parto cósmico, propriamente. De todo modo, até que o homem novo nascesse, aprendesse a viver em paz com o mundo, atingisse a maturidade espiritual, muito trabalho esperava pelos guardiões e por todos os espíritos representantes da política superior, que inspirava os seres da Aruanda e, evidentemente, de tantas outras cidades espirituais.

Jamar deteve seu olhar sobre mim um instante, talvez sabendo de meus pensamentos, minhas reflexões. A esta altura, eu já não me importava que qualquer um dos guardiões ou dos Imortais conhecesse meus mais secretos pensamentos. Queria fazer parte daquele time; aliás, eu fazia parte daquela equipe, que trabalhava pela renovação do mundo.

Já nos aproximando do ambiente no qual se localizava o reduto dos guardiões, Jamar falou:

— O que nos cabe, Ângelo, é aprender quanto pudermos, absorver ao máximo o conhecimento advindo das experiências da humanidade, tanto boas como más, aprendendo a transmutar tudo à nossa volta, do mesmo modo como a planta absorve a luz solar e do ar retira elementos que favorecem a manutenção da vida. Após o labor nosso — e das miríades de exércitos do Senhor que trabalham nas regiões inferiores — provar a existência ou determinar quais casos são temporariamente insolúveis, estes serão conduzidos a regiões mais profundas da vida astral. Trata-se de um lugar em alguma medida comparável à concepção de inferno dos católicos. Ali, alguns espíritos aprenderão, com outros professores da vida, a reavaliar a conduta e, quem sabe, acordarão para as claridades de uma vida com maior qualidade. No que tange a nós, estamos a salvo não porque tenhamos resolvido todas as questões íntimas ou porque talvez tenhamos enfrentado as próprias sombras internas. Não! Isso ocorre apenas porque trabalhamos do lado vencedor, e estamos sendo capacitados para nossa tarefa; então, estamos a salvo na medida em que lutamos do lado de nosso líder, o Cristo.

Pela primeira vez na vida ouvi uma referência a Cristo sem ser com forte conotação religiosa. Ele era apresentado ali, nas palavras de Jamar, como o líder máximo dos exércitos dos céus. Era algo muito novo para mim esse tipo de abordagem. Fiquei satisfeito, pois constatava, a cada passo, que eu também fazia parte desse exército do Cordeiro.

Astrid, uma das guardiãs que acompanhava Semíramis mais de perto, apontou ao longe, e olhei, juntamente com todos de nossa equipe. Olhamos e vimos, parado em torno de uma imponente muralha, numeroso grupo de seres, os guardiões que nos esperavam em um local que mais parecia uma pequena cidade, uma fortaleza em meio a tanta paisagem desoladora.

Abaixo de uma cadeia de montanhas, localizava-se a base dos sentinelas do bem. Longa escadaria levava diretamente para a fortaleza, onde Jamar parecia ser a referência para aquelas centenas de almas que se capacitavam continuamente para o trabalho de Cristo. A visão das montanhas era algo impressionante. E a escadaria parecia levar não somente até o local onde os guardiões se reuniam, como também, segundo pude enxergar naquele momento, subia até o pico do monte mais imponente entre os demais. Um tipo de luz impenetrável jazia no topo deste monte que se sobressaía. Parecia impenetrável para mim, considerando-se minha visão ainda não acostumada aos efeitos da dimensão extrafísica. Por certo, tanto Jamar quanto outros mais de sua equipe eram capazes de persçrutar profundamente aquela luz que encobria o cume.

Assim que chegamos à cidade dos guardiões, base onde se reuniam mais de 10 mil espíritos sob o comando de Jamar e Semíramis, pude ver em detalhes os exércitos que ali estavam albergados sob a bandeira do bem. Por sobre as escadas, morro acima, centenas de seres aguardavam seu comandante, que retornava ao campo de apoio. Não sei quantos lugares como este existiam naquelas paragens ou espalhados pelo plano astral, mas sei que a visão dos seres acima da escadaria e dos outros, em frente às muralhas, causou-me forte impressão. E eu chorei. Ali mesmo, ante a imagem fantástica de tanta gente boa trabalhando pelo bem da humanidade, chorei de emoção. A cena era arrebatadora, em grau ainda mais elevado quando adentrávamos as muralhas da cidade.

Perto de nós, víamos os espíritos, uma legião deles, vestidos de uma roupa tecida de fluidos radiantes. Outra equipe usava uniformes de cores e matizes desconhecidos por mim, e não conhecia palavras capazes de descrever as nuances inusitadas. Os guardiões a postos, no topo das escadarias, as quais levavam montanha acima, sugeriam tamanha imponência em seu porte, que era comparável apenas à das vestes que ostentavam. Parecia haver diversas ordens de guardiões, pois envergavam trajes distintos, certamente conforme o agrupamento a que pertenciam. Alguns eram atarracados, outro grupo mais parecia de pigmeus; outros, ainda, lembravam na aparência certos povos asiáticos. Estavam todos ali aguardando-nos, no espaço dedicado ao quartel dos guardiões da noite, como mais tarde vim a saber. Tratava-se de um local de estudos, de aprimoramento; a escola onde era formada a maior parte dos espíritos que trabalhavam nessa falange de soldados do bem.

Fui acolhido de maneira generosa. Conduziram-me a um aposento espaçoso, onde pude me limpar da poeira comum à dimensão onde transitávamos. Logo depois fui me alimentar, junto com os guardiões. Confesso que esperava uma refeição semelhante à que encontrei na Aruanda, mas aqui as coisas eram um tanto diferentes. Estávamos numa zona de transição, cujas vibrações eram muito densas. Encontramo-nos num amplo saguão daquela construção ímpar. Nem tive tempo de observar direito a parte externa, pois me sentia cansado. Ali o clima era de descontração e riso, mas muitas perguntas:

— Então você é o escritor que veio da Terra recentemente? Trabalhará conosco? — perguntou um guardião, sentando-se a meu lado.

— Sim, sou eu mesmo, Ângelo Inácio. E você, quem é?

— Sou um estudante da escola dos guardiões. Não tenho patente ainda, ou seja, não terminei minha especialização. Meu nome é Ferreira. Mas você irá mesmo se integrar à nossa escola?

— Não sei exatamente o que me aguarda. Por ora, fui apenas convidado a conhecer de perto este posto avançado dos guardiões. De resto, espero que Jamar me oriente a respeito de tudo.

— Você é amigo do chefe? Que bom! — falou quase aos berros outro sentinela, que foi logo se aproximando; igualmente descontraído, deixou-me mais à vontade ainda.

Logo, logo se formou em torno de mim um grupo de espíritos, cujo comportamento era parecido com o dos soldados da Terra. Contudo, respeitoso, sem nenhum excesso. Riram, brincaram e me deixaram muito à vontade. Entre uma conversa e outra, pude notar algo peculiar. Eram bastante instruídos, estudavam com afinco e conheciam a vida astral em profundidade. Certamente, com qualquer um daqueles que se encontravam no salão de refeições eu aprenderia muito.

Em meio ao clima de alegria, entrou uma guardiã. Uma voz ressoou no ambiente:

— Uma guardiã! Todos a postos!

Todos se levantaram quase ao mesmo tempo, fazendo um gesto com o braço direito, colocando a mão sobre o peito. Bem, o grupo era composto por uma espécie de militar do plano astral; de fato, até seus gestos pareciam de militar, embora sem o rigor costumeiro visto na Crosta por parte de cadetes frente a seus comandantes.

Tão logo se levantaram, um dos guardiões cedeu o lugar à mulher, que entrou elegante, vestindo uniforme azul-cobalto e um tipo de capacete. Tirou o capacete e colocou-o sobre uma das mesas, dirigindo-se aos demais. Como todos fizeram silêncio, ouviram-na facilmente.

— Sintam-se à vontade, companheiros. Sou Astrid, da força-tarefa das guardiãs do hemisfério norte. — Todos se sentaram, continuando a conversar alegremente, após a apresentação de Astrid. Já a vira antes, no veículo junto com Semíramis; parecia que ocupava uma posição de destaque no agrupamento. Assim que me viu, deixou seu lugar e se dirigiu aonde eu estava.

— Então já se enturmou com nosso pessoal?

— Não tem como não se sentir à vontade por aqui. A turma parece bem animada.

Havia um grupo de mais ou menos 15 espíritos a meu redor. Não dava para ignorar a energia feminina emanada de Astrid; por isso, alguns olhares, bem humanos, por sinal, voltaram-se para ela de maneira especial.

— Rapazes!... — falou Astrid, alto e bom som, sorrindo em seguida.

— Desculpe, senhora... — respondeu um dos espíritos, quase gaguejando de vergonha.

Astrid riu gostosamente, entendendo a situação e deixando a rapaziada descontraída. Em seguida falou comigo, deixando que a turma ouvisse claramente o que dizia:

— Bem, são humanos, Ângelo, como todos aqui. E homens, também — olhou rindo para um deles. — Bem, quase todos, não é?

Não entendi naquele momento a brincadeira; somente mais tarde consegui interpretar a insinuação de Astrid, pois entre os guardiões havia espíritos que viveram, quando encarnados, como homossexuais. E ali havia muitos deles. Porém, o comentário da guardiã denotava razoável intimidade com esses espíritos, não havendo nenhuma conotação depreciativa.

Os rapazes a nosso lado se abraçavam, riam e conversavam. Um deles, que se apresentou com o nome de Kelsey, de procedência nitidamente inglesa, cedeu lugar para a guardiã. Enquanto Astrid conversava comigo, abraçados como velhos amigos, começaram a cantarolar uma canção.

Brincavam, implicavam uns com os outros, faziam gracejos, mas tudo como se fossem amigos de longa data, como realmente eram – vim a saber em seguida. A guardiã, sentindo-se à vontade a meu lado, disse num tom mais baixo, deixando a música dos guardiões ao fundo, mesmo que eles estivessem tão próximos de nós:

– Estão aqui há um bom tempo, meu amigo. Neste posto de especialização, todos estudam intensamente. Nestes momentos de folga, quando se reúnem para refeição e descanso, se mostram como crianças. São necessários momentos assim, de descanso e descontração, senão ninguém aguenta. O programa de estudo dos guardiões é intenso. Dedicam-se pelo menos 10 anos seguidos a estudos elementares, antes de serem admitidos definitivamente como guardiões. Por isso, Jamar permite estes momentos. Os grupos se revezam: enquanto estes estão aqui, os outros treinam, estudam ou atuam em campo, montando guarda em algum recanto obscuro do astral.

A música dos rapazes parecia estar cada vez mais interessante, pois não somente o grupo ao nosso redor estava cantando, como também um número cada vez maior parecia se deixar envolver com a canção. Era algo que inspirava saudades, que falava da vida na Terra e da falta que sentiam de seus lares, porém num tom nada triste, embora inspirasse um sentimento de nostalgia.

— Vê que sentem saudade das famílias terrenas e dos antigos lares?

— Puxa vida, Astrid! Nunca imaginei que os espíritos pudessem se comportar de maneira tão humana assim...

Astrid riu, olhando para a turma, que, abraçada, balançava-se, mexendo uns com os outros, divertindo-se na companhia alheia, numa franca expressão de carinho.

— Formam uma família espiritual. Entre eles, encontram o sossego das emoções. Muitos deles, Ângelo, deixaram o corpo físico durante batalhas no seu país de origem ou longe dos familiares queridos, pois haviam sido enviados para guerras ou missões em nome da pátria. Despertaram do lado de cá da vida cheios de saudades do lar. Foram aconchegados por outros guardiões e lhes foi oferecida a oportunidade de trabalhar, estudar e lutar por uma causa maior, por um mundo sem fronteiras, por um ideal universal. Assim aportam aqui dezenas de espíritos, e Jamar os acolhe com sua equipe. Semíramis os adota como pupilos, enquanto aprendem sobre questões relevantes para o trabalho que desempenharão em algum momento da jornada.

— Mas você falou antes que estudam durante 10 anos consecutivos até serem admitidos como guardiões? Não é muito tempo? Isso deve desencorajar muita gente.

— Aqui não, Ângelo. Esse tempo é o mínimo necessário para entrarem em contato com o conhecimento básico, essencial, e também testarem em campo o que aprenderam. Afinal de contas, especializam-se em assuntos muito delicados e complexos; precisam de tempo para aprofundar seus estudos.

Concedendo-me um instante para pensar, enquanto ouvíamos novas canções dos cadetes a nosso redor, Astrid continuou:

— Afinal, que são 10 anos diante da eternidade? Muitos passam até 100 anos do lado de cá da vida sem reencarnar e, conforme a especialização de alguns, até bem mais tempo.

— Como assim? Demoram tanto a voltar? Não existe um limite máximo para esses espíritos ficarem aqui?

— Nada é absoluto, amigo. Com o tempo, verá que tudo depende de você mesmo, da dedicação, das responsabilidades assumidas e assim por diante. Por exemplo: examinemos o caso daqueles espíritos que manipulam ectoplasma diretamente, seja junto aos encarnados, seja associados a inteligências sombrias, as quais usam esse combustível quase material para levar a cabo seus projetos. Uma vez que lidam cotidianamente com efeitos mais materiais ou físicos, tais espíritos demoram mais a reencarnar. Isso se dá porque o contato estreito com fluidos de natureza material ou semimaterial, como o ectoplasma, lhes proporciona relativa sensação de materialidade, na comparação com outros desencarnados. Lidar com ectoplasma, do modo como me refiro, é como se fosse uma reencarnação em menor espaço de tempo, uma minirreencarnação.

— Você fala em ectoplasma assim, como se eu fosse um entendido do assunto!

— Ah! Me desculpe, Ângelo. Esqueci que você ainda não começou os estudos e não teve, na Terra, uma formação que lhe transmitisse conhecimento na área.

Assim que Astrid falou essas palavras, um guardião de olhos claros, alto e corpulento, intrometeu-se em nossa conversa, de maneira até respeitosa, mas assim mesmo intrometendo-se, e falou baixinho, em meu ouvido:

— Prepare-se, camarada. Você ficará muito tempo conosco estudando antes de começar a trabalhar. Dez anos é um tempo considerável, mesmo aqui em nossa dimensão — olhando de soslaio para a guardiã, afastou-se lentamente, talvez esperando uma repreensão que não veio.

Naquele momento, outras guardiãs penetraram o ambiente, e a música parou de vez. Todos os rapazes olharam para as mulheres, sempre respeitosos, logo esquecendo Astrid e eu. Elas entraram em formação militar e em seguida se dispersaram e se sentaram à mesa junto deles. Nada daqueles comentários bobos ou piadinhas sem graça que se ouvem na Crosta, entre os homens, quando um grupo de mulheres adentra um ambiente predominantemente masculino. Riam, conversavam como antes, mas conservavam certa discrição na presença das guardiãs.

Em seguida, veio a refeição. Como já disse, foi decepcionante para mim, que esperava algo igual ou bem próximo do que usufruíamos na cidade dos espíritos, a Aruanda. Serviram-se sucos e outras bebidas semelhantes àquelas conhecidas na Terra. Porém, ao tomá-las, notei que tinham conteúdo altamente revitalizante, pois, logo após o primeiro copo de suco, já me sentia refeito e plenamente satisfeito. Foi distribuída uma espécie de comida com aparência muito próxima a pão, além de algumas guarnições — poucas, aliás. Com o suco já me senti deveras saciado, mas assim mesmo experimentei o novo alimento, que em nada lembrava a fartura da Aruanda. Felizmente, nada de sopinhas ou caldos. E me senti quase empanturrado ao ingerir a refeição oferecida ali.

Um dos guardiões aproximou-se e falou baixo, mas quase alegre demais:

— Acostume-se, amigo. Aqui as coisas são muito mais racionadas do que lá em cima — apontou para o alto. E eu compreendi que falava da cidade espiritual. — Mas temos algo de maior qualidade nutritiva, pois nestas regiões necessitamos de um alimento muito mais calórico, vamos assim dizer. Lidamos com energias mais densas. No campo de batalha, então, as coisas mudam. Levamos conosco outro tipo, mais concentrado, de alimento fortificante. Logo você saberá, se ficar conosco.

Após pequena pausa no comentário inesperado, o guardião de nome Yurik, decerto advindo da antiga União Soviética, arrematou, quase num convite direto:

— E esperamos que fique entre nós! Temos muita curiosidade e vontade de aprender por aqui e, também, queremos ter notícias da velha Terra.

Neste ponto da conversa, Watab entrou no ambiente, e logo todos se colocaram de pé. O guardião fez um gesto com a mão, e todos se sentaram novamente, descontraindo-se e continuando a conversa.

— Está na hora, Ângelo! Jamar pede que se apresente para conhecer de perto nosso esquema de segurança — aproximou-se de mim e de Astrid, colocando a mão esquerda sobre meu ombro. — Aqui parece que você já se enturmou. Ao que tudo indica, os rapazes ficaram contentes com sua chegada. Só se ouve falar de você em vários departamentos. Isso ocorre quando a pessoa que chega traz certa bagagem de conhecimento, pois para eles significa a possibilidade de se aprofundarem nos estudos.

Olhando à volta, como a conferir alguma coisa, Watab convidou-nos:

— Vamos, então, amigos? — dirigindo-se a Astrid, convidou-a também. — Se desejar ir, será boa companhia para nós. Venha, Semíramis também está à espera. Vamos deixar os rapazes e as meninas à vontade. Afinal, eles têm só mais alguns minutos, antes de se apresentarem ao trabalho.

Saímos, rumo ao pátio onde Jamar nos aguardava. Somente então pude notar a grandeza das instalações, a imponência que transmitiam. Os guardiões, um numeroso contingente deles, dividiam-se em tipos humanos e especialidades, até onde puder deduzir. Dispunham-se, conforme a procedência cultural, em pelotões de mais ou menos 500 soldados. Agruparam-se no *hall* do colégio dos guardiões ou do prédio central.

O *hall* apresentava formato circular com um ligeiro alongamento num dos lados, quase se confundindo com uma forma oval. Era realmente enorme, pois, mesmo contando-se as pessoas aos milhares, tanto homens quanto mulheres, havia espaço de sobra. Os guardiões marchavam, fazendo evoluções diante de nós. Era algo belíssimo de se ver, pois o faziam de tal maneira que não havia nenhuma quebra ou interrupção no ritmo. A polícia feminina, se assim posso chamar as guardiãs, esteve irrepreensível durante a apresentação. Os rapazes também se esmeraram, como se estivessem imbuídos de um ideal mais profundo, algo que hoje em dia muito raramente se vê na Terra, entre os encarnados.

Existia uma tribuna à frente. Estávamos ali Jamar, Watab, Semíramis, Astrid e eu. Havia outros representantes dos guardiões, também, a quem mais tarde eu seria apresentado; eram líderes de falanges de espíritos. De repente, algum som foi ouvido, como o soar de uma trombeta, e os diversos grupos de guardiões, cada qual uniformizado de maneira diferente, posicionaram-se em perfeita ordem à frente da tribuna onde nos encontrávamos.

— Nem sempre é assim, Ângelo. Convoquei os guardiões especialmente para apresentar a você nossos contingentes. Isso será de grande valia para seu aprendizado e para o desempenho das tarefas que lhe competirão. Afinal — falou Jamar sério, como um general frente a seus subordinados —, um escritor do Além precisa de muitos elementos para poder se reportar aos futuros leitores.

Sinceramente, não entendi direito ou completamente o alcance das palavras de Jamar. Mas fiquei tão impressionado com o que via, que nem me arrisquei a perguntar nada, por medo de perder trechos das apresentações.

Um espírito foi chamado à tribuna, uma espécie de artista ou cantor. Ele começou um hino, num ritmo tão envolvente que me fez chorar, pela segunda vez; vi também algumas lágrimas discretas nos olhos dos guardiões a meu redor. Todos os demais acompanharam o hino, e somente então uma bandeira foi hasteada no pátio, enquanto todos a fitavam, com certa reverência. Era uma flâmula de fundo branco, que trazia a imagem do planeta Terra em três dimensões, ao que me pareceu, de tão real se mostrava. Em torno do planeta, várias estrelas de um amarelo suave, quase dourado.

— O símbolo da Terra unificada — falou Semíramis perto de mim —, da Terra pacificada.

Os guardiões pareciam hipnotizados, tal era o ardor, o fervor com que cantavam o hino. Não conseguiria reproduzir a letra aqui nestas páginas, pois ainda agora, quando me lembro do evento, emociono-me profundamente. Era algo verdadeiramente belo. Este grupo de seres vivendo fora da matéria, unidos em favor do bem da humanidade, e a bandeira hasteada, que não era de nenhuma pátria, de nenhuma nação em particular, mas do planeta todo, da humanidade, enfim — isso era emocionante de se ver. Após o hino, cada equipe passou a se apresentar perante seu líder ou chefe de falange, como me explicaria Semíramis, mais tarde. Uma falange, neste posto de guardiões, era composta de 500 espíritos. Uma legião seria algo em torno de 12 mil entidades. Portanto, ali havia uma legião de guardiões com diversas falanges a serviço do Cordeiro. Enquanto se apresentavam aos seus comandantes, Watab falava baixo, para que somente eu escutasse:

— Aqui valorizamos muito a música e a utilizamos muitas vezes em nossas investidas nas regiões das trevas e do abismo. Além de tocar os corações mais empedernidos, a música, principalmente em forma de hinos e marchas, movimenta recursos fluídicos tais que nos facilitam o trabalho, que não raro é penoso, em regiões ainda bem mais densas do que esta onde estamos.

Durante o silêncio que logo se fez nas falanges de guardiões, notei que os grupos se moviam lentamente, em perfeita ordem e sincronia. Alguns ficaram de pé, mais ao fundo. Outros, no meio, sentaram-se em pequenos bancos, que eu nem percebera como foram postos ali. Pelo visto, ainda teria inúmeras surpresas nesta dimensão da vida; não poderia me incomodar com isso. À frente, outro contingente assentou-se em lugar mais baixo, de modo que cada grupo estava num patamar diferente, não atrapalhando o de trás, que poderia ver tão bem quanto o da frente. Um e outro guardião e guardiã eram chamados à frente, a fim de entoar uma canção de sua respectiva equipe. À medida que cantavam, uma a uma as falanges exibiram uma coreografia própria, à frente dos demais, que ilustrava características do trabalho sob sua alçada. Assim, fiquei sabendo que havia arte ali, também. Mesmo nas regiões mais inferiores, a arte era ensinada, estimulada e valorizada, de maneira a atuar como instrumento para enfrentar os desafios apresentados pelas entidades sombrias.

Enquanto se davam as apresentações artísticas das diversas equipes de guardiões, Jamar falou comigo num volume em que todos da tribuna ouviam, porém sem incomodar ninguém:

— Todos os guardiões, no início de nossas atividades no planeta, fomos preparados com muita pressa, a fim de entrarmos logo na peleja do bem, contra a propagação do mal. Aceleradamente, as primeiras equipes de guardiões foram convocadas e, ao longo dos séculos, gradativamente, formou-se a estrutura maior, atuante hoje nas diversas dimensões da vida terrena. Nos dias atuais, nosso colegiado dispõe de recursos quase ilimitados, uma vez que estamos trabalhando com maior sintonia junto aos governadores espirituais do orbe. Emanando do próprio Cristo e de Miguel, o representante maior da justiça divina no mundo, as virtudes e os poderes são transferidos e infundidos nos diversos departamentos da segurança planetária. Este aqui é apenas um dos diversos agrupamentos responsáveis pela segurança energética da Terra. À proporção que os espíritos se integram, estudam e se dedicam ao trabalho, sua capacidade magnética também aumenta, de maneira que representam considerável obstáculo aos representantes das sombras. Nesse aspecto, somos de tal forma estimulados por nossos superiores, por Miguel em particular, que nossa capacidade de visão comumente é ampliada, quando estamos a serviço nas zonas mais inferiores, na subcrosta.

"Devido à necessidade de intervenção nessas regiões e de fazer contato com as inteligências mais sombrias e criminosas, nossa capacidade de ver e ouvir é muitas vezes maior do que a dos orientadores evolutivos das pessoas, ou seja, dos mentores habituais. Há regiões no abismo mais profundo aonde nem mesmo certos mentores têm autorização para ir, assim como muitos nem detêm treinamento para lidar com os agentes do mal ou as energias poderosas presentes em seus redutos.

"Sendo assim, talvez você consiga entender — falava Jamar, solene — a necessidade de nos dedicarmos por tanto tempo aos estudos em regiões como esta. Temos de desenvolver nossa capacidade de atuar nas esferas mais densas, abaixo de nós, tanto quanto de elevarmos nossa frequência a regiões mais altas da espiritualidade, a fim de nos abastecermos com as inspirações que nos orientam as tarefas."

Ao ouvir a exposição de Jamar sobre a natureza das atividades realizadas pela equipe, enquanto observava a apresentação dos guardiões, impressionei-me com a grandeza do trabalho desses espíritos e da estrutura a seu serviço, ou seja, o poder que representavam. Após ligeira pausa para que eu assimilasse o que explicava, o guardião da noite continuou:

— Trabalhamos profundamente ligados às estruturas de poder superiores, aos Imortais. Deles vêm as deliberações, as inspirações, e vez ou outra recebemos a visita de um dos Imortais, que nos brindam com sua presença nas regiões de transição. Servimos em sintonia com o comando supremo dos guardiões, que mais tarde lhe apresentarei. Aqueles que se ocupam de tarefas em regiões mais inferiores ou densas, em lugares comumente ignorados ou mesmo vedados a espíritos comuns, recebem intuição e orientação dos espíritos mais avançados, que assumem encargos em dimensões mais etéreas, menos materiais. Jamais estão sozinhos os que atuam na frente de combate ou defesa. Há uma estrutura espiritual invejável, coordenada pelo próprio Cordeiro de Deus e por seu emissário maior, Miguel, o príncipe dos exércitos celestiais.[14]

— Então, são todos guerreiros a serviço de Cristo? — perguntei.

— Isso mesmo, guerreiros do bem. E assim seremos até que a Terra esteja completamente renovada pelas diretrizes apresentadas pela política divina.

Jamar silenciou-se por um tempo, durante o qual eu assistia, cada vez mais interessado, às apresentações. Neste momento, as guardiãs entraram em cena e, elevando-se ao alto, apresentavam interessante coreografia no espaço logo acima de nós. Semíramis parecia orgulhosa de sua equipe. E era realmente para orgulhar-se, pois nenhuma outra equipe se igualou à das guardiãs, especialistas singulares da equipe geral. Em seguida, Jamar me apresentou algumas das falanges e sua especialidade. Muitas delas estavam representadas na Aruanda, pois na universidade local davam

[14] Cf. Dn 12:1; Ap 12:7. Cf. PINHEIRO. Pelo espírito Ângelo Inácio. *A marca da besta*. Contagem: Casa dos Espíritos, 2010. p. 605-614.

instruções e formavam espíritos, a fim de que, mais tarde, integrassem a grande hoste do bem formada pelos servidores de Cristo nas regiões inferiores.

— Primeiro é necessário que você conheça a inspiração ou concepção da estrutura montada no planeta — retomou ele — para, depois, entender nossa própria especialização como guardiões.

"Ninguém ignora que a maioria dos habitantes da Terra é composta por pessoas cujo passado religioso tem grande peso em sua formação espiritual e cultural, a tal ponto que a maior parte é de religiosos ou ex-religiosos. Designamos esses espíritos como *agentes da misericórdia divina* quando se colocam a serviço da humanidade ou de Cristo, ainda que conservem cada qual sua cultura espiritual ou sua maneira de ver e pensar segundo antigas convicções. De maneira geral, são seres que se destacam por apresentarem característica íntima do tipo emotivo. Desenvolveram em si a capacidade de auxiliar, embora nem sempre auxiliar signifique amar. Descem às regiões umbralinas e exercitam aquilo que a religião ensinou, no que concerne ao amor ao próximo. Fundados nessa tradição, criaram cidades, colônias e estruturas de governo do lado de cá da vida, no intuito de acolher, conduzir ou orientar, exortar ou doutrinar espíritos necessitados, convalescentes ou em sofrimento, que buscam trazer das zonas de purgação. São muitas as equipes de socorro que se reúnem sob a alcunha de agentes da misericórdia. Mesmo entre os encarnados, são maioria absoluta. É notável como progride na Terra, atualmente, o número de iniciativas de ordem assistencial, de promoção humana e de socorro aos necessitados, nos mais diversos recantos do globo. E assim precisa ser, pois ainda há muito sofrimento nos dois lados da vida. Não obstante, geralmente tais servidores se encontram ligados à forma de pensar e de ver a vida segundo o movimento religioso que fez parte de sua história pessoal."

Jamar falava de tal maneira que eu percebia imagens mentais a ilustrar o que me dizia. Será que ele estava realmente projetando em minha mente tudo aquilo? Era telepatia esse fenômeno intrigante e especial? Sem me responder as indagações, o guardião da noite prosseguiu:

— Contudo, Ângelo, os guardiões fazem parte de outro time, embora sempre sob a orientação de Cristo. Somos o que se pode caracterizar como *agentes da justiça divina*. Encarnados tanto quanto desencarnados, não nos detemos para ouvir o pranto dos oprimidos nem tampouco socorrer os aflitos. Nossa atuação visa recompor a ordem e a disciplina, evitando que o caos se estabeleça no mundo, nas várias dimensões. Nosso trabalho não se antagoniza com as tarefas dos agentes da misericórdia; pelo contrário, lhe é complementar. Enquanto um grupo se especializa em determinado aspecto, como auxílio e amparo, ajudas humanitárias e erguimento dos caídos, a outro grupo compete evitar o caos. Também somos conhecidos, em algumas dimensões, como *agentes de vibrações*. Seja lá qual for o nome pelo qual nos designam, nossa tarefa principal é fazer oposição ao mal e estabelecer as bases da política divina, de maneira que possamos auxiliar a Cristo na administração e na renovação planetárias. Essa é a forma mais resumida possível que encontrei para lhe apresentar, meu amigo, ambas as faces do governo oculto do mundo.

"Por um lado, os agentes da misericórdia se caracterizam pela natural propensão a ajudar sempre, quase sem olhar a quem auxiliam, e por imprimir nas atividades certa conotação moral e religiosa. Por outro lado, a maioria desses espíritos entendem a própria sombra como algo indesejável. Costumeiramente, referem-se a seu passado culposo e à necessidade de se reformarem; em seu discurso, salientam quão longe estão de atingir os objetivos supremos do amor e das virtudes. De modo geral, com raríssimas exceções, são espíritos que trazem um sentimento de culpa profundamente arraigado, justamente devido à forte influência da cultura religiosa na formação espiritual. Por isso, não raro, nota-se em sua fala a ênfase na necessidade de trabalhar muito e sempre, de não descansar jamais ou quase nunca, de estudar o Evangelho o tempo todo, restringindo a ele as conversas e explanações. Não gostam de tocar em assuntos considerados polêmicos ou controversos e, com frequência, são bastante políticos, pois desejam agradar a todos, em nome da paz, do amor e da união fraternal.

"Evidentemente, isso não é um mal em si, mas difere largamente da característica espiritual dos agentes da justiça divina, os quais adoram entrar numa briga, desde que ela seja útil e resolva a situação. Não são nada políticos, quando muito se esforçam para ser diplomáticos, visando a determinada estratégia. Definem-se abertamente a favor da ética, mas de modo algum são moralistas a ponto de classificar as coisas mais sérias da vida segundo um sistema simplista de bem e mal, certo e errado, virtude e pecado.

Os agentes da justiça não temem enfrentar o mal, mesmo que este esteja disfarçado de bem, e entram em discussão acalorada para solucionar os distúrbios de emoção, de comportamento ou de intrusão do mal. Embora se deixem sensibilizar com a dor do outro, sua tarefa consiste muito mais em enfrentar os opositores do bem no campo de batalha do que em enxugar lágrimas. Tipicamente, não são de falar manso, baixinho ou de forma discreta; incomodam e polemizam quando há alguma discussão ou manifestação de ideias. Tendem a ser mais seguros de si, pois precisam defender o que é ético, sobre o qual têm plena convicção. Nós, os guardiões, como já disse, somos agentes da justiça divina, como pode notar.

"Dito isso, meu amigo, vamos à apresentação de alguns poucos grupos entre os guardiões. Não haveria tempo de lhe apresentar todos; eis os que mais se destacam em nossa corporação."

Fiquei boquiaberto diante da explanação de Jamar. Não imaginava tão grande abrangência do método de trabalho do lado de cá da vida. Antes que ele continuasse ou começasse a me apresentar as diversas faces dos guardiões, ousei interrompê-lo e perguntar:

— E como classificar os espíritos que vivem na Aruanda? São agentes da justiça ou da misericórdia?

Jamar olhou para mim, como que intrigado por eu não ter percebido isso ainda. Mesmo assim, respondeu-me sem hesitar:

— Claro que a Aruanda é uma região espiritual onde se reúnem agentes da justiça divina. Se quiser conhecer os amigos nossos que trabalham como agentes da misericórdia, deverá se dirigir a Nosso Lar, Vitória Régia e outras cidades do Além.

Sem me dar tempo para réplica, introduziu os guardiões. Apontando cada guarnição de soldados da justiça divina, explicou:

— Aqueles vestidos de verde-oliva são os guardiões da noite, espíritos especializados no trato com magos negros, os mais cruéis obsessores conhecidos no submundo — Jamar levantou a mão, e logo uma guarnição de mais ou menos 100 soldados do astral adiantou-se em direção à tribuna, tornando possível observá-los detidamente.

O traje que usavam impunha respeito. A calça masculina lembrava aquela usada pelo exército alemão na Segunda Guerra, uma espécie de bombacha. No entanto, a jaqueta diferia bastante desse estilo; tinha traçado mais moderno, *design* arrojado para a tradição militar. Mostrava gola de padre, algumas poucas insígnias no ombro, cuja função parecia ser distinguir a especialidade ou determinar a classe de guardiões a que esses espíritos pertenciam. As mulheres ou espíritos femininos que compunham esse pelotão de especialistas desfilavam com um figurino não menos impressionante. Todas traziam cabelos curtos, uma espécie de quepe adornando a cabeça, calças compridas e também usavam insígnias, porém do ombro direito. Todos, homens e mulheres, portavam algum tipo de arma, que somente mais tarde vim a saber tratar-se de equipamento de segurança que utilizava radiação. Oportunamente, Jamar explicou-me que lhe davam o nome de *arma de pulsos*, cuja finalidade é enfrentar os magos e cujo efeito é fazer desmoronar seus campos de invisibilidade.

— Os guardiões da noite são hábeis na utilização de magnetismo e eletromagnetismo dispersos na atmosfera astral. Conseguem manipular com extrema eficiência esses fluidos, independentemente de empregarem ou não equipamento para tal finalidade. Podem usar as mãos, como se fossem antenas, ou instrumentos guiados pelo pensamento — habilmente treinado durante pelo menos 40 anos, antes de enfrentarem o campo de batalha; assim, aglutinam raios de grande poder. Por meio dessa técnica, são capazes de formar campos de força e de contenção em torno de espíritos e ambientes. São eles, também, os responsáveis diretos pelo colégio dos guardiões, na Aruanda.

Fiquei impressionado já com a descrição resumida que Jamar fazia da habilidade daqueles espíritos. Não imaginava que fosse tão minuciosa a capacitação de seres do plano extrafísico. Se era assim, é porque existia demanda, ou seja, decerto havia um sistema de poder nas regiões inferiores que precisava ser enfrentado da maneira mais eficaz possível.

Antes que meus pensamentos pudessem voar nas reflexões produzidas pelo que eu presenciava, o guardião continuou a apresentação. Levantou a mão e deu novo sinal. Aproximaram-se agora os espíritos de formação cultural nitidamente indiana. Vestiam calças brancas e jaquetas muitíssimo diferentes das anteriores. Traziam inscrita no peito, assim como numa flâmula branca que carregavam, uma cruz azul, símbolo da ligação com determinada hierarquia espiritual. Turbantes azuis encimavam a cabeça; eram notadamente sérios, e transmitiam certa segurança e fascínio com sua presença. Desfilaram diante da tribuna como os outros, apresentando-se de maneira irrepreensível, com movimentos quase robóticos de tão alinhados. Obedeciam rigorosamente ao ritmo da marcha; até mesmo a expressão facial parecia sincronizada.

— Esta é a Legião de Maria — falou Jamar, empertigando-se e respondendo ao sinal apresentado por aqueles espíritos. Era algo como um cumprimento militar, embora muito diferente do que se vê na Crosta. — Eles são coordenados por Zura, um dos nossos mais competentes guardiões, que agora está em tarefa junto aos encarnados. A maior especialidade desses espíritos é lidar com quem cometeu suicídio ou habita vales de dor e sofrimento. A eles coube reestruturar os vales existentes no plano astral. Organizaram a reurbanização do vale dos suicidas, em particular. Mediante a colaboração de espíritos de outras áreas, transformaram a região em um posto de socorro avançado, com hospitais, escolas e toda uma estrutura de apoio àqueles seres, cuja carga tóxica exige depuração, além da necessária reeducação espiritual, mental e emocional.

“Os legionários de Maria sabem como ninguém resgatar almas mantidas em cativeiro pelos magos negros, em prisões localizadas nas zonas abissais ou na região astral correspondente às águas oceânicas mais profundas. Agem sempre em grupos de mais de 50 espíritos e trabalham sob a inspiração de Maria de Nazaré. Também detêm grande habilidade na defesa direta, à frente do campo de batalha. Através de suas lanças, projetam poderosa radiação, emitida por elementos radioativos retirados do interior do planeta e ainda desconhecidos dos encarnados. Tais radiações são capazes de desestruturar, em instantes, as construções mentais dos magos e cientistas da oposição, além de causar o colapso dos campos de força que estes mantêm através de equipamentos eletrônicos e tecnologia científica."

Logo depois, outro grupo de espíritos se apresentou, vestindo roupas semelhantes às que usavam alguns povos asiáticos no início do primeiro milênio. Pareciam feitas de peles de animais, embora o traço rústico não se fizesse presente na maneira de desfilarem. Era um pelotão composto por mais de 200 espíritos, e o ritmo como marchavam à nossa frente lembrava muito o estilo e a disciplina observados nas forças armadas chinesas e japonesas, nos dias atuais.

— Estes são os mongóis — explicou Jamar. — Seu comandante é conhecido pelo nome de Gengis Khan, em homenagem ao líder mongol. Como instrumentos de combate nas regiões inferiores, usam formas extrafísicas de animais, tais como cavalos, os quais cavalgam numa velocidade alucinante, deslizando sobre os fluidos mais pesados com notável habilidade. Costumam surpreender legiões de espíritos maus com seu armamento favorito, o arco e flecha, tendo seu arco o formato típico dos asiáticos, bastante curvo Na verdade, trata-se de um equipamento de alta tecnologia forjado com esse aspecto. Quando atiradas durante o cavalgar nas regiões mais densas, as flechas abrem caminho, rasgando e queimando os fluidos ambientes. Ao atingir o alvo, como, por exemplo, as construções extrafísicas de entidades sombrias, provocam sensível estrago. Levam a substância astralina da qual tais construções é feita a explodir, esfacelando muralhas, casas, castelos ou qualquer edificação das entidades do mal.

"A falange dos mongóis é muito temida nas regiões ínferas, nos lugares onde se reúnem antigos políticos e seus exércitos de seres sombrios. Tem agilidade e capacidade defensiva e ofensiva comparáveis somente às dos nossos amigos índios peles-vermelhas, que você conheceu na Aruanda, Ângelo. Os mongóis são ciosos de seu dever e especialistas nas culturas da Ásia, conhecendo mais que outros grupos de guardiões não apenas a cultura, mas o território astral daquele continente. Também são nossos aliados nos planos abissais que correspondem a determinada região do Oceano Pacífico, bem como nas profundezas do Mar Cáspio, locais onde se reúne numeroso grupo de magos que se graduaram nos colégios iniciáticos da Ásia. Geralmente, entram em ação apenas quando a harmonia e a disciplina estão ameaçadas, embora trabalhem em estreita associação com os guardiões da noite em suas investidas. Como disse, constituem um dos grupos mais temidos e respeitados, notadamente naquelas regiões do submundo. O símbolo, que pode ver desenhado na bandeira dessa falange, consiste num lobo que parece vivo, apesar de ser apenas um desenho."

Não havia como não se impressionar com aquele pelotão de guardiões. Era realmente estonteante imaginar o que era capaz de fazer. Assim que terminaram de passar à nossa frente, outra equipe da mesma categoria veio do alto, com seus integrantes montados em cavalos negros, crinas bem visíveis. Fizeram uma revolução nos fluidos acima de nós, para logo em seguida baixarem, aterrissando diante de todos com seu armamento de guerra contra as hostes sombrias à mostra. Eu estava eletrizado com o que via. Porém, não se encerrou aí a apresentação dos guardiões. Logo após veio outro grupo, desfilando com grande orgulho, disciplina e altivez. Eram os legionários romanos, pelotão formado por soldados do primeiro e segundo séculos, além de espíritos cristãos daquele tempo de perseguição, que se ofereceram para defender a política do Cordeiro.

— São orientados por Sérvulo Túlio, chefe desta legião. Estão a postos por toda a Aruanda e são muito respeitados nas regiões umbralinas mais próximas à Crosta. Especializaram-se em lidar com espíritos vândalos e alguns componentes energéticos mais densos advindos de regiões inferiores, emitidos sobretudo por desencarnados — tanto por aqueles em sofrimento quanto por bandos conhecidos como *quiumbas,* segundo a nomenclatura de algumas correntes espiritualistas. Os romanos sabem rebater os dardos inflamados enviados por tais espíritos e, se preciso for, vão abertamente, à frente dos demais guardiões, na luta contra as hostes que se opõem ao trabalho do bem ou que investem contra as obras comunitárias, sociais e de grupos religiosos.

Talvez para não ficar cansativo demais, Jamar passou a me fornecer explicações antes mesmo de os espíritos se apresentarem. O grupo do qual ele falou em seguida nem mesmo estava presente no quartel, mas Jamar fazia questão de falar sobre eles.

— Há também os puris. São antigos índios, não espíritos superiores ou esclarecidos como alguns caboclos, mas índios guerreiros primitivos, porém conduzidos e orientados ao bem pela figura de antigos comandantes, caciques e chefes de falange. Entre eles, temos guerreiros, no verdadeiro sentido da palavra. Flecheiros e guerreiros das antigas tribos de tupinambás, guaicurus e tupis-guaranis, além de representantes de algumas nações indígenas da América do Norte. Os puris são, por excelência, os combatentes dos obsessores. Não são muito esclarecidos quanto a questões de ciência ou magia, mas trabalham como recrutas, soldados de campo de batalha, que saem pelo umbral, sob o comando dos caboclos, em cavalos brancos, invadindo as bases sombrias e driblando as forças das trevas. São muito temidos por quiumbas e hordas de obsessores, pois detêm uma força bruta invejável, além de manipularem habilmente os fluidos mais grosseiros da natureza. Foram exclusivamente índios, selvagens, por assim dizer, em suas últimas encarnações.

"Como chefes dessa falange, temos os caboclos mais ilustrados. Estes, sim, espíritos mais instruídos, em cujo passado espiritual viveram diversas experiências como comandantes, especialistas em ciências naturais ou, então, foram verdadeiros iniciados de tradições ainda mais remotas, e escolheram reencarnar entre as nações indígenas como orientadores evolutivos. Esses caboclos são muito comumente vistos nas ruas da Aruanda. Com certeza, em breve saberá maiores detalhes sobre eles."

Queria muito ver tais espíritos em ação algum dia, pois me fascinava, em larga medida, pensar sobre a cultura indígena e ver como foram valorosos em alguns países, resistindo à invasão do homem branco. Indignara-me numerosas vezes, quando encarnado, ao constatar como as nações europeias de conquistadores dizimaram a maior parte da população e da cultura indígenas. Mais ainda, eles continuam trabalhando no mundo oculto, mas agora em prol do equilíbrio e da harmonia dos ambientes onde os homens da civilização ocidental vivem e labutam. Que atitude louvável, de tirar o chapéu...

Enquanto refletia a respeito dessas questões, Jamar deu um sinal e, então, veio à frente um batalhão de mais de 700 espíritos.

— Estes são apenas os chefes de falange de outro grupo, que é o dos exus. Os que aqui se apresentam trazem nomes com conotação cabalística, escritos e pronunciados numa linguagem mística, embora saibamos seus nomes particulares, usados fora dos círculos de encarnados. Também são conhecidos como guardiões de rua, pois sem eles a situação nas cidades, nas rodovias, no ambiente humano, enfim, seria insustentável, incapaz de se administrar com a mínima ordem e disciplina.

E, como se eu hesitasse, ele reiterou.

— Sem a atuação desses espíritos, seria impossível manter o controle e o equilíbrio nas cidades e em tudo o mais que envolve de perto a população humana. Os chefes ou mentores receberam especialização nas escolas da Aruanda e de algumas poucas cidades do astral superior.

"O papel mais importante que desempenham os exus, de modo geral, é promover a limpeza energética e mental do ambiente dos homens, além de auxiliar na manutenção da ordem e da disciplina nas ruas e nos locais públicos. São os guardiões que mais se assemelham à figura dos soldados ou dos policiais conhecidos no mundo físico."

Notei que se vestiam elegantemente – pelo menos todos ali, os chamados chefes de falange. Apresentavam-se com ternos e trajes que lembravam seguranças de elite, que se encarregam da proteção de autoridades e personalidades em ambientes públicos. Ou seja, à paisana, porém elegantes, com um porte que denotava força, domínio e autoridade. Jamar esclareceu que os espíritos mais comuns dessa falange, à exceção evidente de seus orientadores ou líderes, nem sempre eram espíritos esclarecidos, mas eram bem intencionados e guiados pelos guardiões que lhe são imediatamente superiores.

– Bem, Ângelo, aqui você teve uma descrição resumida de diversas equipes de guardiões que trabalham mais particularmente ligadas a nós, aqueles que representamos a política do Cordeiro, a que denominamos política divina. Será convidado um representante de cada equipe que aqui se apresentou para um momento mais íntimo com você, no qual terá oportunidade de tirar dúvidas e se instruir mais a respeito. Entretanto, não temos um tempo muito dilatado à nossa disposição, pois a Aruanda chama por você – aliás,

Pai João, que tem outras questões a lhe mostrar, que farão parte de seu projeto de trabalho futuro.

Depois de um período razoável de conversa e orientações sobre o trabalho dos guardiões, retornei à Aruanda; mais do que nunca, trazia o espírito decidido. E agradecido, imensamente agradecido por fazer parte dessa equipe de agentes da justiça divina. Sentia-me muito envolvido com o trabalho dos guardiões. À noite ainda teria um encontro particular, sob a orientação do pai-velho, é claro. Aguardava novas sensações na descoberta da vida espiritual. Queria me preparar logo, estudar muito e me sentir o mais útil possível, nem que fosse apenas dentro de 10 anos, como os espíritos me disseram. Mas eu queria começar já. Na verdade, meus estudos já haviam se iniciado, embora naquele momento não soubesse disso.

7

A FESTA DE OXUM

UANDO CHEGUEI À Aruanda, minha mente fervilhava com tantas ideias e tanto conhecimento que haviam me transmitido ao longo dos últimos dias. Era tal o número de coisas novas que, sinceramente, até tentei me deitar naquela que seria minha última noite no hotel, antes de me mudar definitivamente para a zona residencial da cidade dos espíritos, bem próximo à família de Laura. Insisti no propósito de conciliar o sono, mas não consegui me acalmar mentalmente e, então, resolvi sair, sabendo que a vida social da cidade funcionava 24 horas por dia, ininterruptamente. Mesmo assim, fui tomado de surpresa, pois não imaginava que era tão intensa. Ao sair do hotel encontrei novamente a amiga Consuela. Elegante e extravagante ao mesmo tempo, ela conseguia juntar essas duas características de maneira ímpar.

— E então, gajo? Qual foi sua impressão das atividades dos guardiões?

— Você já sabe que estive numa das bases dos nossos amigos?

— Como não? — falou abrindo seu leque de maneira chamativa.

— Puxa, as notícias parecem correr muito mais velozes por aqui. Mal cheguei e você já sabe de tudo?

— Inclusive, sei que esta será sua última noite no hotel. Amanhã já estará em sua própria habitação — olhou de soslaio para mim, como me tentando a dar maiores detalhes.

— É, você sabe mesmo!

— Brincadeira, gajo! É que andei conversando sobre você com o velho.

— Pai João?

— E quem mais? Parece que ele e o guardião estão decididos a tutelar você por uns tempos.

Ri intimamente, de satisfação.

— Mas não fique assim tão eufórico com a situação. Essa gente tem cada mania que você nem imagina. Trabalho, trabalho, trabalho... descobrirá logo.

— O pior é que já descobri... Nem me deram tempo para umas férias do lado de cá. Estou adorando. Mas e você, Consuela, onde mora aqui na cidade?

— Nem imagina, gajo! Sofro muito só de pensar nisso. E lá sou por acaso um espírito superior? Vivo na humildade e na pobreza absoluta e voluntária. Me contento com uma casinha lááá nos arredores da cidade. Discretíssima e pobre como só!...

— Discreta? Sua casa?

Suspirando fundo, Consuela continuou, como se fosse a mais sofredora de todos os espíritos do umbral:

— É uma casinha assim! — gesticulou com as mãos, formando um quadrado no ar. — Retinha, comunzinha, tão pobre, meu Deus, que nem sei ainda por que os superiores não atentaram para tanta humildade que vai dentro de mim. Deviam se inspirar em minha vida de absoluta pobreza e simplicidade.

— Quero ver onde você mora, Consuela. Será que você me convidaria algum dia destes?

— Ah! Gajo! Não sei se com seu bom gosto suportaria ver tamanha singeleza... — falou com tanta ênfase e teatralidade que me senti realmente tocado por suas palavras. — Mas se é assim que quer, podemos ir lá tomar um chá ou comer umas *tapas* acompanhadas de alguma bebida de sua preferência.

Após o breve diálogo, dirigimo-nos à zona residencial onde Consuela morava. Assim que adentramos essa parte da cidade, realmente, como ela havia me falado, era possível notar nos arredores a diferença em relação ao local onde residia Laura. Eram casas belíssimas, embora a de Laura também fosse bela. No entanto, aquelas ali pareciam de outro porte, mais suntuoso. Procurava com os olhos a casinha da pobre Consuela, entre as demais que apareciam à medida que avançávamos.

É que, na Aruanda, o espírito escolhia viver num local de conformidade com seus gostos; cada um idealizava o lar de acordo com a inspiração, o momento, os sentimentos e as emoções que lhe caracterizassem. E não havia nenhum juízo de valor, caso alguém optasse por viver num apartamento na região central da cidade, num bangalô singelo nas montanhas, nem tampouco numa mansão. Em suma, cada cidadão buscava viver em local mais compatível com sua identidade energética, e isso sem nenhuma culpa ou sentimento de inferioridade, ou mesmo de superioridade. Todos tinham igual acesso a tudo.

Esperei por alguns instantes ver a casa de Consuela, o local onde ela escolhera viver com maior simplicidade. Ela trazia estampada na face uma expressão que inspirava tamanha comiseração que concluí que, no caso dela, lhe fora imposto viver num casebre próximo àquelas elegantes casas do bairro residencial, a fim de aprender alguma lição.

— Puxa, como são bonitas as residências aqui — comentei. — E aquela casa ali, então?

Apontei para uma construção que sobressaía, de contornos majestosos. Devia ter sido projetada por algum arquiteto renomado. As linhas sofisticadas da edificação, muitos vidros ou coisa parecida, rodeada por enorme jardim, com trepadeiras que recaíam sobre as laterais da mansão. Algo que impressionava os sentidos. Uma beleza clássica. Assustei-me quando Consuela se dirigiu justamente para aquele local. Acompanhei-a com meus pensamentos em revoada. Será que ela conhecia os moradores? Me apresentaria aos donos?

— Vamos, gajo! Mas não se assuste, está tudo *una confusión*; não tenho tempo de arrumar nada. Sinto até vergonha de lhe receber em minha humilde morada...

Meu Deus! Era o lar de Consuela!

— Ai, como sofro aqui. Fico envergonhada com meus vizinhos. Ainda bem que eles são almas boas e entendem minha escolha de viver num lugar tão singelo — falava quase chorando e num tom tão dramático que parecia realmente estar padecendo horrores.

— Mas Consuela... — ameacei falar alguma coisa enquanto entrávamos na belíssima casa onde morava. Ela me interrompeu:

— Nem me fale, Ângelo! Nem precisa falar! Bem que eu merecia algo mais elaborado, mas devo ser um exemplo de humildade para os que sofrem. Até tentei ser diferente — respirava fundo, enquanto eu ficava abismado com tanto requinte, embora sem opulência, mas assim mesmo com tremenda beleza à volta. — Mas sabe como são as coisas por aqui, não? A gente tem de se esforçar ao máximo para ser referência perante aqueles que sofrem e os mais simples de coração.

A mansão — era esta a palavra correta para descrever a morada "humilde" de Consuela — era uma obra de arte em si mesma. Tudo à volta, ainda que o ambiente interno revelasse um quê minimalista, era de extremo bom gosto. Quadros impressionantes nas paredes lembravam obras de Salvador Dalí, Pablo Picasso e El Greco, além de outros desse naipe. Consuela notou minha admiração pelas obras de arte e logo, logo se explicou:

— São cópias muuuito mal feitas. Não tenho méritos para ter um original destes autores...

Impressionei-me com a beleza das obras. Não havia como não admirar algo tão majestoso. Inspirava qualquer espírito e arrebatava a visão. Aliás, pouco a pouco percebi que toda a casa se assemelhava a uma galeria de arte. Embora no formato de uma residência, cada pormenor ali fora disposto de modo a conceber uma galeria com a exposição de alguns dos mais renomados artistas espanhóis. Havia obras atribuídas a Diego Velásquez, Francisco de Goya, Joan Miró e outros mais, talentosamente distribuídas pelas paredes. Em meio àquilo tudo, móveis que remontavam a épocas diferentes, conforme os cômodos da residência e galeria. Não tive dúvidas: Consuela, com toda aquela "humildade", era alguém ligado à arte, talvez curadora de algum dos museus da cidade. Mas ali ela era toda humildade, simples como ninguém. E pensar que, por um momento, acreditei que ela realmente estivesse falando de si com sinceridade, sobre a renúncia em viver num lugar paupérrimo por escolha própria.

Ainda quando eu formulava esse pensamento, quase me derretendo numa gargalhada mental, ouvi o suspiro e o barulho do leque de Consuela atrás de mim. Na verdade, fiquei tão absorto pela beleza do lugar e pelas obras esplêndidas que nem me dei conta do tempo que transcorrera desde que entrei naquele ambiente tão simples...

— Veja como sofro aqui, Ângelo! Eu mesma escolhi viver neste casebre cheio de objetos antigos. Nada de superficialidade; acho que tudo deve refletir a beleza interior, a simplicidade de alma que vai dentro de nós – e falando assim, enquanto me virava para ela, ainda não acreditando no que via, na sua casinha tão singela, continuou. – Sei que você me entende. Afinal, meu amigo, nós, pessoas como eu e você e alguns poucos espíritos no mundo, sabemos o que significa viver num local totalmente diferente da nossa natureza; algo assim – enxugou uma lágrima invisível no canto do olho, respirando fundo e em profundo lamento –, incompatível com nossos mais secretos gostos e elevação. Mas tudo bem. Já falei para o velho que aceito de bom grado a tarefa de que fui incumbida.

Ela exagerava caricaturalmente na expressão de sua humildade infinita. Meu Deus!... Como adorava a cada hora viver na Aruanda. Havia lugar para tudo e todos, sem cobranças de santidade – aliás, era o que mais faltava ali, em minha amiga sofredora. Virando-se rapidamente, com leque em punho, o sofrimento parece ter cedido com extrema rapidez a outro estado de espírito.

– Vamos tomar uma bebida, Ângelo. Acho que você merece, depois de tanto penar.

E me trouxe minha bebida favorita, meu sagrado e aromático vinho madeira.

— Claro que não é nada comparável aos nossos vinhos de Espanha, mas...

— Eu aceito este sofrimento, Consuela! Eu aceito! — falei, irônico.

E ela, brindando charmosamente, deixou de lado as brincadeiras e exageros ao levantar a taça do mais puro cristal e sorvermos, juntos, o delicioso vinho com o sabor mais acentuado que já provei em toda minha vida de encarnado ou desencarnado.

— Como disse o velho, meu amigo, aqui é o mundo original e tudo aqui é muito original mesmo; o da Terra é que é a cópia. E lá, pelo que sei, para aproximar-se ao máximo do que temos no mundo primitivo e original, as bebidas precisam ficar em barris de carvalho, passar por um processo especial, envelhecer e *otras pequeñas cosas*. E tudo isso somente para se aproximar do sabor original, que é este *acá* — ela falava numa mistura de espanhol e português ou um portunhol perfeito. Rimo-nos gostosamente. E eu apreciando o extremo bom gosto do lugar, até que alguém se anunciou. Era o velho, como ela chamava Pai João.

Ele vinha acompanhado de um sujeito estranho. Aliás, pela primeira vez vi alguém que não me pareceu habitante do lugar. Era alto, esguio, cabelos longos e um olhar curioso, aliás, muito mais curioso do que o meu.

— Este é um amigo encarnado, Ângelo! Está aqui desdobrado, fora do corpo, e o trouxe para que possa conhecê-lo — informou Pai João, após cumprimentar Consuela.

Fomos apresentados, e o sujeito à minha frente pareceu encantado como eu pelo estilo de Consuela, impresso em cada detalhe da decoração.

— Puxa! — exclamou. — Isto aqui é pura Espanha...

— E como não, *chico?* — respondeu Consuela, tomando o rapaz pelo braço e mostrando-lhe cada cômodo.

Enquanto isso, eu e Pai João conversávamos.

— Não imaginava que Consuela vivesse num lugar destes, lindo assim.

— Era o sonho dela quando chegou aqui na Aruanda, meu filho. Queria fazer uma galeria de arte e viver e respirar em meio à arte. Ela queria respirar beleza e viver assim, recebendo visitantes que quisessem aulas de arte espanhola. Então, nada melhor do que construir uma residência que servisse também como galeria. Consuela é um dos espíritos responsáveis, na universidade, pelas aulas de arte. Ela conhece muito bem a história da arte, não somente espanhola, como também de outros países da Europa. É mestra no assunto, e não se assuste se algum dia a vir por aí desfilando ao lado de Pablo Picasso, que vez ou outra vem nos visitar em nossa comunidade. Consuela conhece muito bem a colônia dos artistas e tem relacionamento estreito com eles. Mas prefere, como diz, esconder-se por trás de seu manto espanhol da mais profunda humildade.

— É, dá para notar a simplicidade dessa pobre alma — brinquei, rindo gostosamente.

— Mas você notou o rapaz aí? Nosso amigo encarnado? Queria muito que você o conhecesse melhor. Seria de muita valia para seu futuro trabalho.

— E quem é ele? Alguém em especial?

— Alguém que servirá a você de instrumento e companheiro de trabalho, ao mesmo tempo.

— Não entendi.

— Não precisa se apressar, meu filho. Mas como ele é o instrumento que trabalhará junto a você, compete-lhe aproximar-se dele, fazer amizade, estabelecer laços e moldá-lo, como se molda uma escultura, já que estamos falando de obras de arte. Pense nele sobretudo como um amigo e aproxime-se o máximo que puder. A partir de hoje, ele virá aqui, a nossa cidade, pelo menos três vezes por semana. Nós o traremos através do desdobramento, enquanto estiver dormindo. Frequentará nossa universidade e, assim, você terá maior tempo para aproximar-se devidamente e fazer do médium um instrumento mais afinado. Mais tarde, Zarthú, nosso amigo do colegiado, lhe trará mais detalhes a respeito dele.

— Ele é médium? Sabe que está aqui na Aruanda? Tem consciência disso?

— No momento, não! Tivemos o cuidado de interferir em sua consciência, de maneira que as lembranças ficarão impressas, porém inacessíveis quando estiver em vigília. Somente no momento oportuno ele se recordará do encontro com você. Por ora, é o que basta a ele. Mas vocês precisam aproximar-se um do outro.

— Então ele é médium... Que estranho é o sujeito.

— Bem, é o que temos no momento. Você verá o porquê assim que estiver mais próximo dele. Terá mais ou menos 10 anos para prepará-lo e achegar-se o máximo possível de nosso amigo. Depois... bem, o trabalho intenso, os desafios naturais do intercâmbio. Coisas assim, como diria Consuela — ao falar nela, acercou-se de nós novamente, ainda de braços dados ao médium. Mas ele parecia estar absorto com tudo ao redor. E quem não estaria?

— E o rapaz aí, Pai João? Ele sabe do trabalho que o aguarda?

— Sabe sim, meu filho. Ele conviveu com os guardiões no período entre vidas e sabe muito bem o que o aguarda. Só que a mente dele foi preparada antes de reencarnar para que as lembranças aflorem no momento certo. Mas não lhe resta dúvida quanto à tarefa que tem a desempenhar.

— Quer dizer que neste exato momento ele não tem consciência do trabalho que nos aguarda?

— É por aí! — respondeu Pai João, sorrindo para o rapaz. — Ele é um velho amigo. Cuide bem de fazer uma amizade sólida e não se assuste com o jeito dele. Com o tempo, irá se acostumar.

— Como assim? Acostumar?

— Você descobrirá com o tempo — Pai João riu, discretamente. — No mais, você será apresentado em breve à equipe encarnada com quem trabalhará. Mas vamos por partes; cada coisa tem sua hora.

Levantei-me e entabulei uma conversa com o rapaz, enquanto Consuela, com todo aquele sofrimento íntimo, confabulava com Pai João, talvez sobre alguma matéria que ministrava na universidade local. Vez ou outra, ela nos fitava com olhar enigmático. De repente, o rapaz começou a dissolver-se à minha frente, e fiquei intrigado com o fenômeno. Pensei logo no jeito do espírito Joseph Gleber, sair assim, sumindo feito fantasma...

— Ele está com fome, Ângelo. Por isso o corpo físico o puxou de volta. Neste momento, um dos guardiões o acompanha até a base física. Não se preocupe. Esta é uma das coisas com que você terá de se acostumar.

— Com esse tipo de sumiço? Essa dissolução total, completa, irreversível?

— Não, *chico!* — intrometeu Consuela, rindo e abrindo seu leque de maneira estrondoso. — Com a fome dele! É algo sobre-humano...

E Pai João, juntamente com Consuela, riu uma risada que dava gosto de ouvir, embora eu não entendesse nada naquele momento. Mas descobriria brevemente o que significava tudo isso que envolvia o rapaz médium. Havia outras surpresas também... muitas outras. Afinal, seriam 10 anos de preparo! E estavam apenas no início.

Depois de algum tempo conosco, numa alegre conversa, Pai João convidou-me:

— Bem, Ângelo, está na hora de irmos. Temos ainda alguns amigos para lhe apresentar. Acho que terá uma noite muito intensa por aqui.

Despedimo-nos de Consuela, que abanava seu leque suspirando de tanta humildade, enquanto enxugava uma lágrima sentida e invisível, e saímos Pai João e eu rumo às choupanas ali perto, localizadas num dos bosques nos arredores da cidade.

Eu via beleza em tudo, mas as choupanas e chalés eram algo especial. A harmonia arquitetônica fazia jus ao nome de construção ecológica. Muitas árvores no entorno, jardins belamente floridos, crianças por todo lado... Mesmo sendo noite na Aruanda, eu as via alegres, festivas e sempre acompanhadas de algum adolescente, que talvez fosse a forma como os educadores se mostrassem a elas, acompanhando-as de perto. Imagino que assim se sentissem mais à vontade.

Havia dezenas e dezenas de espíritos nos aguardando num local a curta distância de uma choupana em particular. Parecia-me um lugar de reunião ao ar livre, uma espécie de praça ou uma clareira em meio a matas e bosques e à estonteante paisagem natural ao redor. Seria alguma reunião planejada, também com a finalidade de me orientar, ou somente uma recepção, por parte de espíritos que não conhecera ainda?

Grande era a movimentação no ambiente. Muitos espíritos estavam ali reunidos, naquilo que parecia ser alguma comemoração. E havia algo a comemorar em toda a cidade, pelo jeito. Pelas conversas, deduzi que era apenas o início de uma série de eventos em toda a comunidade, a fim de homenagear alguém ou comemorar algo. Era o começo das festividades.

Estranhamente para mim, ao menos pelo que observei à primeira vista, naquele recanto havia somente espíritos com aparência de índios brasileiros, sul-americanos e norte-americanos, além daqueles que se mostravam como negros de várias etnias. Os peles-vermelhas vestiam-se com trajes que lembravam, em alguma medida, as vestimentas típicas de suas nações indígenas, ao passo que os sul-americanos traziam mantas de cor branca, creme ou amarela jogadas sobre o corpo. Nenhum deles usava os célebres penachos ou qualquer apetrecho comumente observado nos indígenas dos diversos povos ali representados. Tão despojado quanto as vestes era o porte da maior parte daqueles seres, embora se notasse em alguns um tipo espiritual garboso, que sugeria representarem uma hierarquia mais alta no sistema de vida daquela comunidade.

Os negros chamavam a atenção pela aparência. As mulheres, na maioria, vestiam trajes típicos africanos, coloridíssimos, com os cabelos estilizados e adornando belamente a cabeça. Outras vestiam-se conforme o costume observado nas baianas típicas de Salvador e do Pelourinho, embora sem excesso de balangandãs. Era uma vestimenta linda de se ver, de uma alvura inacreditável, ou então em tons pastel, especialmente amarelo suave. Os bordados e rendas eram de uma riqueza e um nível de detalhes encantador. Sempre, como tudo o que via na Aruanda, a beleza e a elegância dominavam, tanto na aparência quanto na expressão.

Alguns dos espíritos apresentavam-se nitidamente com aparência de mais idade que os demais, porém sem que o peso dos anos lhes roubasse vitalidade, como ocorre com a maior parte das pessoas idosas na Crosta. Empertigados, esguios em sua maioria, denotavam certo charme, vestindo ternos e costumes claros, muitos em tecidos semelhantes ao linho, o que lhes conferia uma aparência tropical ou descontraída. Outros tinham roupas mais simples, porém de extremo bom gosto. Não vi nenhuma extravagância por ali, como de resto.

Fiquei por alguns momentos observando ao redor, enquanto limpava meus preciosos óculos de morto metido a vivo entre os imortais. Pai João deixou-me à vontade por alguns instantes, pois decerto sabia de minha curiosidade e de como eu examinaria cada detalhe. Ele, o pai-velho, sempre muito elegante em sua forma de se apresentar, vestia terno branco e tinha cabelos e barba bem aparados, como se fosse para uma festa importante. E, afinal, era uma festa muito importante, como logo pude descobrir.

Quando Pai João voltou-se para mim, sorridente e animado, vinha juntamente com uma senhora que aparentava ter entre 60 e 65 anos de idade, embora com o viço de uma jovem mulher. Óculos grossos, como se precisasse deles para enxergar alguma coisa. Sabia que ela não precisava; no entanto, talvez fosse um costume trazido da última experiência física. Adornada belamente com roupas que lembravam as baianas praticantes do candomblé, todas de renda, encimava-lhe a cabeça um lenço ornamentado e disposto de maneira um tanto exótica. Teria algum significado aquele adereço? Alguns colares de contas coloridas enfeitavam-lhe o pescoço, mas de maneira discreta. A composição toda inspirava bom gosto e harmonia.

— Meu Deus!... — pronunciei, num misto de admiração e surpresa. — Será quem estou pensando? Será mesmo?

Pai João sorriu novamente, em silêncio, enquanto a mulher veio me abraçar num abraço longo, demorado, cheio de vida, calor e energia.

— Esta é nossa querida Maria Escolástica, a nossa Menininha — disse Pai João, apresentando-nos formalmente. Como admirava essa personalidade e como queria encontrar-me com ela!

— Salve, meu filho! — falou-me Menininha, com um sorriso cativante, irradiando uma luz suave em torno de si, como se fora iluminada pelas estrelas.

Enquanto ela colocava o braço em torno do meu, fomos em direção aos outros representantes daquelas culturas tão incompreendidas pela maioria dos encarnados, mas que ocupavam um lugar de destaque entre os filhos da

Aruanda. Achegaram-se a nós alguns espíritos de cultura indígena, os quais me foram apresentados por Pai João:

— Estes são nossos amigos Pena Verde, Pena Branca, Tupinambá, Nuvem Vermelha, Cobra Coral e Nuvem Cinzenta. São nossos amigos de longa data e representam diversas hierarquias espirituais dentro das nossas tarefas na Aruanda. Podem ser chamados de caboclos ou, simplesmente, por seus nomes de procedência indígena. Fique à vontade, Ângelo.

Notei que alguns traziam o semblante muito sério. Outros sorriram, embora a firmeza dos traços e a aparência que inspirava certa altivez, própria daquela gente. Ao sorrir, mostravam uma dentição invejável. Nenhum deles usava a plumagem costumeiramente observada em fotografias e gravuras dos livros. Fui convidado a ficar ao lado de Menininha e Nuvem Vermelha, além de dois outros espíritos de procedência africana, que me deixaram muito à vontade.

Parecia que algum evento estava prestes a começar. Todos silenciaram-se e alguns se posicionaram a nosso lado, porém de forma a ver muito além, de onde parecia vir uma nuvem se movimentando, aproximando-se da plateia de espíritos. Não demorei muito a perceber que a nuvem era, na verdade, um grupo de espíritos, que vinha deslizando nos fluidos da Aruanda rumo ao local onde estávamos. Cavalgavam velozes cavalos, que pareciam galopar em pleno ar, até se colocarem à nossa frente, como um exército de índios — estes sim, com o figurino completo, conforme os costumes de cada tribo. Julgo que houvesse pelo menos 5 mil espíritos em completo silêncio, dispostos como tropas numa formação perfeita, como se fossem guerreiros prontos para o combate.

À nossa frente, enquanto eu permanecia ao lado da mais bela das oxuns, o Chefe Tupinambá tomou a iniciativa e leu algum tipo de manuscrito, talvez uma reedição da antiga carta de um velho cacique, dirigida aos homens brancos. Desta vez, porém, eu a ouvia redirecionada, como um apelo aos espíritos de índios, caboclos e peles-vermelhas, concitando-os a trabalhar e ajudar os irmãos de humanidade. A cada palavra eu me emocionava, em cada letra podia ver, viva, a memória de um povo. E foram estas as palavras pronunciadas pela boca de um cacique, de um espírito cuja vida se voltara para a ajuda àqueles que um dia massacraram seu povo e suas esperanças:

— Em nome do Grande Espírito do universo, queremos hoje assegurar a amizade, a benevolência e a generosidade de todos os caboclos com os homens da Terra. Embora saibamos que o homem no mundo dificilmente imagina o que nos inspira a amizade, estaremos a seu lado no momento de despertamento da consciência espiritual. Se algum dia as armas dos homens tiraram nossa terra e nos tiraram nossa gente, temos a compreensão de que foi uma transição necessária para estabelecer uma nova etapa na vida dos povos do mundo. Nossa palavra e nossa dedicação são como as estrelas; não empalidecem nunca.

"Aqui na Aruanda, na terra dos caboclos e de todas as gentes, sabemos a grandeza e o valor dos nossos céus, do ar que respiramos e do calor que aquece nossas almas. Aqui sabemos que não somos donos da pureza do ar ou do brilho da água. Somos apenas espíritos que os preservam, e que um dia utilizamos tais recursos em favor de nosso povo. Toda a Terra e seus habitantes são e serão sempre sagrados para nossa gente, do mesmo modo como a Aruanda representa para nós o céu onde os guerreiros se reúnem em nome do sagrado, em nome da vida e do Grande Espírito.

"Cada folha reluzente, todas as praias de areia, cada véu de neblina nas florestas escuras, cada clareira e todos os insetos a zumbir são sagrados em nossa Aruanda, tanto quanto na Terra que amamos, segundo as sagradas tradições e crenças dos nossos ancestrais.

"Sabemos que o homem no mundo não compreende nosso modo de trabalhar em seu favor; os religiosos muitas vezes nos rejeitam, pois desconhecem o valor de nosso conhecimento ou não acreditam que possamos ter sabedoria. Mas não importa! Eles, nossos irmãos brancos e de muitas raças, ainda ignoram que um torrão de terra é igual ao outro. Que somos todos iguais perante o Espírito do universo.

"A terra é nossa irmã, é nossa amiga e, depois de cultivá-la com sabedoria, o homem branco a deixará renovada para sua descendência, e virá ele também algum dia para a Aruanda, onde verá o fruto de seus dias e o valor da natureza à sua volta. É preciso preparar os homens para a plantação da sabedoria, numa Terra que será a herança para seus filhos, e o respeito a ela reverterá em seu próprio benefício.

"A lembrança dos antepassados e a ciência dos espíritos garantirá aos nossos irmãos na Terra o direito de viverem num mundo renovado, quando então, talvez, possamos retornar em novos corpos, um dia, para ajudar nossos irmãos a semearem um novo tempo, uma nova humanidade. As cidades dos homens, cheias de vida e de conhecimento, precisam de nós, a fim de lhes garantirmos uma vida de paz — não a paz enganadora do silêncio, mas a paz que será construída com muito trabalho, suor e nossa contribuição.

"Não se pode encontrar paz sem a tomada de consciência da vida espiritual, sem saber que somos todos espíritos, filhos do Grande Espírito, e assim respeitar nossa divina herança.

"Aqui na Aruanda é o lugar onde atualmente podemos ouvir o desabrochar da folhagem na primavera, o zunir das asas dos insetos ou o barulho da revoada dos pássaros; é onde podemos conviver de maneira pacificada com o lobo, o leopardo e a serpente. E aqui é o lugar a partir do qual inspiraremos o ser humano para que possa aguçar seus ouvidos e voltar a ouvir voz do Grande Espírito dentro de si mesmo; quem sabe reaprender a ouvir a voz dos rouxinóis e da cotovia?

"Sei que nossos espíritos preferem ouvir o suave sussurro do vento sobre as águas e sentir o cheiro da brisa, purificada pela chuva ao meio-dia, com o aroma do pinho, da alfazema ou do limão. Mas voltaremos à Terra para levar essas aragens benfazejas aos sentidos de nossos irmãos brancos; é nossa tarefa protegê-los de seus inimigos íntimos ou espirituais. Quem sabe auxiliemos os homens no mundo a voltar seus sentidos para as paisagens internas, até que um dia possam vir para a Aruanda, ou para outras terras no espaço, reaprendendo a viver como filhos do Grande Pai.

"Sabemos que o homem, nosso irmão, carece de valores que somente daqui, da Aruanda, podemos lhe inspirar. Assim como o ar é precioso para o homem vermelho, porque todos os seres vivos respiram o mesmo ar — os animais, as árvores e as flores —, os homens nossos irmãos também são preciosos para nossos espíritos, e os abraçaremos como irmãos quando aqui aportarem, depois de atravessar o grande rio da vida.

"Somos considerados por muitos como selvagens, que não compreendem como as descobertas e invenções do novo mundo dos brancos possam ser mais valiosas que a natureza, da qual nós, peles-vermelhas, usufruímos um dia na medida certa, o suficiente para sustentar nossa própria existência.

"Que é o homem sem nossa ajuda? Poderá sobreviver a si mesmo? Aos seus inimigos íntimos e espirituais? O homem precisa de nós, os caboclos, os índios, os considerados selvagens, e de todos os que habitam a Aruanda, de todas as gentes e todos os povos, para que não morra de solidão espiritual. Não podemos permitir que o que aconteceu e acontece com os animais na Terra aconteça também com os homens, seus filhos e seus espíritos. De alguma maneira, temos de ajudar nossos irmãos a sobreviver, sem afetar a vida em torno de si. Sobreviver com o máximo de qualidade que lhe for possível. Para isso, nossas falanges de espíritos da natureza precisam limpar o ambiente psíquico da morada humana, senão dentro em breve será difícil para o homem branco respirar no próprio mundo onde vive. Lembremos, meus irmãos índios, peles-vermelhas, puris, caboclos de todas as nações indígenas, que tudo quanto fere a Terra, fere também os filhos da Terra, os próprios homens, nossos irmãos.

"Se vossos filhos viram um dia os próprios pais humilhados na derrota, ante a exterminação de nossa raça, é hora de nossos guerreiros, que sucumbiram sob o peso da vergonha ao florescer a civilização dos brancos, recuperarem sua glória, ajudando o mesmo homem a manter viva a chama da fé no Grande Espírito e manter a Terra em paz.

Um dia retornaremos ao mundo em novas roupagens e precisamos auxiliar agora, a fim de encontrarmos um mundo pelo menos um pouco melhor do que aquele que deixamos.

"De uma coisa sabemos com absoluta certeza, caboclos: o homem branco vem do mesmo Grande Espírito que nós todos viemos, e um dia, com certeza, ele irá descobrir que nosso Deus é o mesmo Deus. Julga, talvez, que pode ser dono Dele, da mesma maneira como desejou possuir a própria terra e outros seus irmãos. Então, avante, guerreiros de Aruanda! Vamos em direção à morada dos homens, vamos com nossos arcos e flechas, nosso grito de guerra, limpando o caminho espiritual de todos os povos, de todas as gentes e ajudando nossa raça — a raça humana — a melhorar-se, a sobreviver e viver com harmonia, mesmo ante a realidade invisível que muitos ainda desconhecem."

Encerrando sua fala, Tupinambá aproximou-se de Menininha e falou, emocionado:

— Nosso tributo de gratidão em nome de todos os líderes espirituais de nossa terra, do povo de Aruanda, à mais doce de todas as oxuns, à mãe espiritual da nossa Aruanda.

Não havia como não se emocionar. Chorei, chorei, deixei abertas as represas da alma e mergulhei meu espírito naquela sabedoria milenar expressa ali, nas palavras de um caboclo, um dos habitantes mais respeitados da cidade dos espíritos.

Pai João, tomando agora a palavra, falou para mim, enquanto as falanges de espíritos se revezavam, indo e vindo no espaço, numa coreografia realizada sobre nossas cabeças, de modo a nos deixar perplexos perante o movimento que faziam, num tributo a Mãe Menininha, que visitava a Aruanda numa passagem para outros planos, outras dimensões celestes. Pai João aproveitava a comemoração feita pelos espíritos para me esclarecer:

— Na Aruanda, trabalhamos com uma diversidade cultural muito grande. Os espíritos que dirigem esta falange de caboclos e índios são, na verdade, espíritos mais experientes, que viveram sob o sol de outros continentes, continentes perdidos. Geralmente, Ângelo, apesar de vestirem a roupagem espiritual dos povos que floresceram nas Américas, como a dos índios norte-americanos e tupiniquins, entre outros, trata-se de grandes iniciados do passado e de antigas civilizações. Detentores de um conhecimento ancestral invejável, muitos deles assumiram a conformação de pais-velhos, bem como de chefes, xamãs e outras figuras representativas dessas raças. Com isso, intentam auxiliar esses povos em sua caminhada de aprendizado e crescimento espiritual. Muitos, inclusive os chefes de falange dos espíritos que viveram no Brasil como índios, não quiseram reencarnar entre os homens da civilização moderna. Preferiram retornar à Terra em meio a esses povos considerados primitivos ou ultrapassados, justamente porque aí encontraram um espírito virgem, por assim dizer, tal como a pedra bruta, isto é, não enredado pela maneira como os homens brancos construíram sua cultura e civilidade. Mas, sobretudo, porque entre os índios encontraram solo fértil para deitar nos corações a semente da sabedoria milenar.

Enquanto as comemorações da noite prosseguiam, homenageando a ialorixá das mais representativas da cultura afro, Pai João prosseguiu:

— Temos aqui, em nossa cidade, os espíritos mais representativos das nações tupinambá, tupi-guarani, apache, comanche, *navajo, dakota, sioux, pawnees* e *miccosukee,* entre outras tribos, além de representantes dos antigos astecas e maias, também considerados civilizações e espíritos primitivos por alguns, que desconhecem o verdadeiro sentido da ciência e da sabedoria desses povos. Muitos estudiosos ou iniciados da ciência pretérita — magos brancos, sacerdotes e outros sábios — assumiram voluntariamente a vestimenta perispiritual de caboclos daquelas tribos, assim como de negros de etnias africanas, e hoje são os grandes representantes desses espíritos perante o governo oculto do planeta. Quando chegam a se manifestar através de médiuns, nas poucas vezes em que travam contato com os habitantes da Crosta mais diretamente, levam mensagens gerais, de cunho moral e direcionadas à comunidade, e não propriamente a pessoas em particular.

Como minha curiosidade sobre o tema havia sido despertada com todo o vigor, perguntei a Pai João algo que me causava certo incômodo:

— E qual é a especialidade desses espíritos nesta dimensão da vida, já que conservam a aparência e o conhecimento oriundos de suas experiências como indígenas?

— Aqui, meu filho, temos imensa variedade de contribuições que eles prestam a nossa comunidade e a outras do espaço. Falando de maneira abrangente, os caboclos são grandes guardiões, defensores da lei e da disciplina, que combatem as falanges do mal ou daqueles que se opõem ao progresso e ao bem comum. Se necessário, investem contra as bases das sombras, principalmente os índios puris e os antigos guerreiros em geral. Com o poder de manipular eficazmente as energias da natureza, representam uma força considerável, ante a qual se dobram os agentes do mal. Os comandantes e líderes caboclos são detentores de grande magnetismo e, por essas razões, entre outras, são respeitados e temidos pelas entidades do mal, desde os chamados quiumbas até mesmo os magos antigos, que ainda persistem em empregar seu conhecimento em oposição ao progresso do mundo.

"Alguns, mais ligados à libertação e à reeducação do ser humano, lideram falanges que trabalham com o sentimento e as emoções, operando diretamente na ruptura de imantações magnéticas que vinculam indivíduos a formas-pensamento e entidades perversas. Entre os mestres ou líderes espirituais dessas falanges, há muitos cientistas que, sendo conhecedores da natureza, atuam nos laboratórios da Aruanda e de outras comunidades do espaço, de modo a auxiliar a humanidade. Contudo, quando se mostram a médiuns encarnados ou em outros momentos, como sucede agora, transfiguram-se e assumem a aparência que mais lhes faz sentido, de acordo com o que realizarão."

— E com relação ao que se passa aqui, meu pai, o que está ocorrendo, na realidade? O que se comemora com a presença de tantos de espíritos, verdadeira legião de seres que aqui comparecem esta noite? Noto que chegam mais e mais espíritos de todo recanto da cidade.

Pai João, olhando mais a meu lado, apontou para Menininha e falou:

— Os representantes das culturas negra, indígena e outras mais de nossa cidade vêm prestar reverência e homenagem à mais conhecida e respeitada missionária da cultura afro no Brasil. Oxum nos honrou passando o último ano aqui conosco, na orientação de muitas almas advindas desse celeiro cultural; aproveitou a estadia em nossa comunidade para realizar conferências dirigidas a grande número de espíritos. Hoje recebe nossa homenagem e despedida. Daqui, logo partirá rumo a altos planos, em regiões por nós ainda desconhecidas.

— Lembro-me bem da música, ou melhor, da oração de Dorival Caymmi dedicada a ela.

E Menininha, a meu lado, apertou meu braço discretamente, como dizendo para não comentar nada mais. E me calei. Mas não poderia deixar de lembrar aquela maravilha de saudação, de homenagem e reverência à personalidade missionária da oxum do Gantois.

Logo após, os espíritos negros, africanos, baianos e outros representantes da cultura afro, desfilaram, tocaram atabaques e outros instrumentos, ao som dos quais muitos interpretaram uma coreografia maravilhosa em pleno ar; em seguida, desceram majestosamente à frente da sacerdotisa do Gantois, iluminando os céus da Aruanda. Enquanto a saudavam, flores iluminadas caíam sobre toda a plateia de espíritos; pétalas de rosas exalavam um perfume indescritível e derramavam-se sobre nós. Reverenciavam a oxum mais bonita entoando canções numa língua que me era desconhecida; elas falavam da generosidade, do trabalho e da grandeza dessa alma que viera ter com seu povo na cidade dos espíritos. Pais-velhos, mães-velhas, caboclos e tantos mais se uniam numa sinfonia da cultura negra e dos orixás, e apresentavam-se na mais bela comemoração que já presenciei até hoje.

Depois de tudo, ainda ouvindo ao fundo as músicas e melodias entoadas por uma espécie de coral de seres de procedência nitidamente africana, eis que surgiu alguém entre nós, descendo do alto. Fazia-se acompanhar por mais de uma centena de espíritos de ex-escravos, negros e mulheres vestidos de maneira *sui generis*, de conformidade com os costumes do candomblé de *kêtu*. Caminhando numa estrada de flores — rosas brancas, lírios e outras mais, que se mesclavam ao formar um tapete iluminado e perfumoso —, vinha a entidade com os braços abertos na direção da oxum mais bela entre todas as oxuns. Menininha se despedia da Aruanda para rumar a outros sítios do universo. Uma voz melodiosa, que tocou o coração de todos nós, formava o pano de fundo para se despedir da alma iluminada que desceu até aquele lugar abençoado, à semelhança de um diamante encravado entre as estrelas do firmamento.

Menininha abraçou cada integrante das nações africanas ali presentes, abraçou e abençoou cada uma das entidades representativas das comunidades da Aruanda. Na ponta do rastro de luz que descia sobre todos, ela alçava voo a outros recantos do mundo espiritual — insondáveis, ao menos por ora, ao menos para nós. Não houve quem não ficasse profundamente tocado diante daquela cena. Pela primeira vez, vi Pai João chorar. Os demais caciques, xamãs e líderes espirituais das falanges da Aruanda ajoelharam-se respeitosamente, saudando a mulher que, com seus encantos e encantados, deixou sua marca eterna no coração e na vida de tanta gente.

Naquela mesma noite, em homenagem à mais linda estrela da Bahia e em nome do colegiado de espíritos da Aruanda, Pai João inaugurou uma reserva natural, um museu a céu aberto num dos lugares mais belos de nossa cidade espiritual, que foi batizado de Museu Natural Menininha do Gantois. Tratava-se de um tributo aos negros ex-escravos, aos povos que trabalharam e viveram sob o regime da escravidão e, uma vez libertos, brilhavam, muitos deles, como estrelas na eternidade, mas principalmente na Aruanda, pois era este o caso de grande parte de seus habitantes. Ao longe, os tambores rufavam, e novo espetáculo de dança contemporânea era realizado por artistas da cultura afro, que saíram bailando atrás da comitiva que conduzia oxum a seu *orum*.[15]

Aruanda estava em festa. Pais-velhos, mães-velhas e outros cidadãos reuniam-se para conversar sobre as características daquele museu e para apreciá-lo, uma vez que fora

[15] *Orum*. Do ioruba: *mundo dos espíritos, Além*.

especialmente projetado, nos mínimos detalhes, visando representar os povos da mãe África com o máximo de deferência. Tremulando sob o pórtico dos orixás, as bandeiras de todas as nações do continente africano formavam um espetáculo à parte.

Retirei-me da multidão de espíritos verdadeiramente emocionado. Vi os pais-velhos caminhando e confabulando entre si, muito embora não se portassem da maneira caricata comumente observada nos terreiros, isto é, curvados e usando palavreado de pessoas idosas e sem escolaridade. Ao contrário, apresentavam-se eretos e articulados, cada qual se vestindo segundo as preferências pessoais. Alguns trajavam terno branquinho, parecendo de linho, enquanto outros seguravam um cajado, ou então uma espécie de bengala, e outros, ainda, simplesmente andavam, portando-se como um idoso saudável dos dias atuais. Demonstravam uma beleza incomum, uma alegria e um sorriso contagiante.

Muitas vezes, presenciei gargalhadas entre eles, talvez observando este ou aquele aspecto das coisas a seu redor ou, quem sabe, do comportamento excêntrico de certos espíritos. Pude vê-los, naquele momento e em outros, geralmente em intensa atividade por todo o ambiente social da cidade. Pelo que pude notar, gostam muito de se vestir de branco, inclusive as mães-velhas, tanto as que se mostram negras como as que se apresentam como brancas. Assim, não encontrei aqui apenas pretos-velhos e pretas-velhas. Também havia ali muitas brancas-velhas; muitas índias idosas, que conservavam esse aspecto porque talvez lhes recordasse algum momento precioso que viveram em alguma de suas existências.

Ainda quando eu fitava os habitantes daquela joia espiritual a que chamávamos Aruanda, Pai João aproximou-se de maneira lenta, quem sabe para não atrapalhar minhas reflexões. Pela primeira vez, percebi sua aproximação sem precisar me virar para vê-lo. Ri intimamente de alegria, pois já conseguia entrar em contato com a aura do outro espírito, percebendo-lhe a presença. Caminhando a meu lado por um bom tempo, sem dizer palavra, Pai João respeitou meu silêncio até que lhe dei um sinal, um pensamento apenas, e ele falou:

— Estes são os fundadores da nossa cidade, meu filho. Representam os povos que um dia aportaram do nosso lado da vida e ergueram as bases de uma civilização na parte mais etérea dos fluidos do planeta. Tenho certeza de que um dia, num futuro bem próximo, você dará voz a muitos deles através da pena, da escrita, falando das belezas da imensidade ao mundo dos nossos amigos encarnados, ajudando a retirar o véu do preconceito, que nubla a mente de muitos dos filhos da Terra.

— Eu, Pai João? Não me sinto preparado para uma tarefa de tamanha responsabilidade. Diante de tudo que têm me mostrado, da realidade dos guardiões, dos pais-velhos, caboclos e outras entidades que trabalham pelo bem da humanidade neste mundo invisível, sinto que terei de reaprender muita, muita coisa. Toda minha cultura mostra-se ínfima perante a riqueza e a diversidade cultural que encontrei aqui.

— Pois é, meu filho, todos temos muito a aprender. Mas é preciso ter coragem para devassar o mundo invisível sem a visão preconceituosa e deturpada que muitos fazem da vida espiritual. Em breve, você será chamado à luta. Novos horizontes se abrirão a seu olhar espiritual, e nós, os mensageiros da Aruanda, jamais o abandonaremos.

Abraçando-me como a um filho, senti-me aconchegado nos braços amigos da entidade que aprendi a admirar e respeitar, sob o nome de Pai João de Aruanda. Quando abri os olhos, depois desse aconchego de almas, vi a nosso lado o médium que o pai-velho me apresentara em casa de Consuela. Estava junto dela e fora trazido ali pela própria espanhola, que viera participar da festa.

Ao longe, as estrelas do firmamento pareciam festejar a passagem de Menininha pela Aruanda, ao passo que por toda a cidade havia festa, música e apresentação de vários artistas da imensidade, muitos advindos de outras cidades espirituais. Fervilhava de gente nossa comunidade.

Levando em conta a presença de Pai João a meu lado, de Consuela e do rapaz com o qual deveria me habituar, com vistas a uma parceria, aproveitei para passear pela cidade e conhecer aspectos da vida espiritual ainda ignorados. Era uma oportunidade ímpar para entrar em contato com espíritos de procedências as mais variadas, analisar aspectos da cultura espiritual em incontáveis pormenores e matizes; enfim, me enturmar, como diriam alguns amigos na Terra. Eu renascia entre as estrelas, mesmo que para renascer tenha sido necessário morrer primeiro, a fim de despertar para esta tão intensa vida, em outra dimensão.

8

SENHORES DO CAOS

STAMOS CANSADOS DE esperar os acontecimentos na Terra! — falou o guardião Antony Heppkins para a guardiã Merlíades, com um timbre de voz que demonstrava irritação. — Já há um ano temos vigiado bem de perto a situação e visto como se complica dia a dia a política e as relações internacionais desses países que o guardião superior pediu que observássemos. Estamos praticamente sem notícias sobre o que nossa base principal na Lua tem avaliado, visando intervir na região em que detectamos a possibilidade de um conflito iminente. Gostaria de saber se Jamar já está no lado oculto da Lua, se preparando para a intervenção ou, ao menos, se obteve permissão do governo do planeta para isso.

A base móvel dos guardiões continuava girando sobre a região espiritual no Oriente Médio, entre a península da Arábia e o Irã. Mais precisamente, a fortaleza voadora dos guardiões policiava a corrente astral em determinado ponto, localizado geográfica e estrategicamente acima do Golfo Pérsico. O comando da estação móvel estava sob a responsabilidade da guardiã Merlíades, especialista nos conflitos da região. Um dos especialistas de plantão, espírito bastante experiente em matéria de possibilidades mentais e telepatia, de nome Ashter, tentava captar pensamentos ou formas-pensamento dos líderes dos países vizinhos e dar-lhes as devidas interpretações. O resultado das observações era encaminhado diretamente para a base principal dos guardiões, situada no satélite natural da Terra. A mente de Ashter permanecia atenta ao que ocorria junto aos governos da região: Emirados Árabes, Arábia Saudita, Bahrein, Kuwait, Qatar, Irã e Iraque. Tanto Ashter quanto Merlíades eram especialistas na cultura, na mentalidade e na política dessas nações.

— Recebemos ordem de esperar e ficar de olho na região, pois há um conjunto de fatores que indica a presença de magos negros e alguns outros representantes de poder do submundo a se concentrar nesta região astral. Um conflito é iminente, não há dúvida.

Antony Heppkins passou a mão entre os cabelos perfeitamente aparados, de cor acobreada, num claro gesto de impaciência.

— Está bem, está bem, Ashter. Acontece que eu sou um guardião, e não um animalzinho que fica sentado à espera do dono, nem me presto a ficar inerte enquanto forças da oposição se reúnem, colocando em risco a segurança energética do planeta.

— Sua fala significa algum tipo de insinuação sobre a responsabilidade de nosso comandante, Jamar? Porque, se for assim — intrometeu-se Merlíades —, sua postura será interpretada como insubordinação e indisciplina, guardião.

Antony pediu desculpas pela forma como falara ao especialista e tentou se justificar. Mas a guardiã era intransigente e não permitiu que ele continuasse com a postura inquieta. Passou-lhe uma reprimenda à altura da responsabilidade assumida por eles. Alguém na base voadora deu uma gargalhada estridente, descontraindo o ambiente.

Os especialistas em visão à distância Mário Pitanga e Simon Ormutz entreolharam-se, mas ficaram quietos. O primeiro era *expert* em política internacional, e ambos pertenciam ao grupo de força psíquica do exército especial dos guardiões. Admiraram-se de que Antony tivesse ficado tão quieto assim após a repreensão da guardiã, pois lhe conheciam o jeito de agir e reagir às situações. Com a cara mais inocente do mundo, depois de um tempo mais longo, Antony fez um comentário, como se não houvesse falado nada anteriormente:

— A base lunar está cada vez mais capacitada. Parece que Anton e seus auxiliares recebem a cada dia mais e mais tecnologia de dimensões superiores. Imagino até que saibam de algo iminente e comprometedor sobre esta região do planeta.

Outra base móvel dos guardiões, ainda que de proporções bem maiores, orbita o planeta, em velocidade pouco maior do que a da rotação da Lua, porém em sentido contrário a este movimento, a uma distância aproximada de 200 mil quilômetros da superfície do planeta. Isto é, pouco mais da metade da distância que separa a Lua da Terra. Nessa base, outros guardiões observam detidamente a ação de entidades perversas e sombrias que tentam influenciar de modo decisivo a estrutura de poder nos governos do mundo. Existem várias bases espalhadas estrategicamente pela região astral da Terra. A base sob o comando de Merlíades era uma das mais importantes, pois se localizava estrategicamente num dos pontos de maior conflito do Oriente Médio e, afinal, de todo o globo. Todos os guardiões nesse centro de operações especiais usavam o mesmo uniforme, e dificilmente se distinguiria o posto ocupado por eles através de sinais externos.

— Como faremos para intervir no caso de uma guerra entre os países envolvidos no jogo de poder desta região?

— Já disse anteriormente — falou Merlíades, sabendo que seu nome era alvo de brincadeiras entre os guardiões, pois era de procedência persa, algo que a maior parte não entendia, de modo que soava estranho aos ouvidos deles. — Só agiremos depois que nosso comandante Jamar trouxer as ordens da Lua. Até lá, faremos todo o possível para entender a situação por aqui, anotar cada lance que ocorre nos bastidores da vida, no que tange aos países observados, e, com base nisso, elaborar estratégias de ação para sugerir no caso de deflagrarem a guerra que se esboça no horizonte.

Antony tentou mais uma vez interferir:

— Conforme vinha dizendo... — esboçou ele.

Mas a guardiã foi mais ágil e ardilosa e, pela primeira vez, Merlíades o surpreendeu, quase mudando o rumo da conversa ou, talvez, dando-lhe novo enfoque:

— Que tal pedirmos a Jamar que entre em contato com a Aruanda? Como se trata de uma metrópole itinerante, ou seja, que pode se deslocar nos fluidos do planeta, talvez possam nos auxiliar mais diretamente nesta região.

Antony ainda refletia sobre o que pretendia dizer quando o novo comentário de Merlíades modificou completamente o rumo de seus pensamentos. Mas como lhe era característico em certos momentos, pensava uma coisa e falava outra completamente diferente. Dessa forma, somente Merlíades e Ashter, capacitados a se aprofundar nos pensamentos de outros, conseguiram interpretar de forma correta o que o guardião queria efetivamente dizer. Os demais ficaram sem compreender o sentido de suas palavras:

— A esta altura, a situação deve ser ainda mais difícil em relação aos espíritos das regiões sombrias, já que os magos se intrometem junto com cientistas que desenvolveram a habilidade hipnótica... Talvez somente especialistas consigam ficar imunes aos hipnocomandos desses seres. Se Aruanda enviasse alguns de seus peritos!

Merlíades olhou para Ashter, trocando impressões que ficaram somente no nível mental mais profundo, imperceptíveis aos demais guardiões.

— Entrarei em contato imediato com Jamar — falou a guardiã, de certo modo reconhecendo a habilidade de Antony em prever certos lances de um conflito de caráter mais abrangente. — Com certeza ele saberá como proceder ao entrar em contato com os administradores da metrópole.

Antony sorriu intimamente. De alguma forma conseguira influenciar a opinião da guardiã. Ele tinha absoluta convicção acerca da urgência que cercava os acontecimentos. Enquanto Merlíades assumia o posto de comunicação da base, Antony comentou num tom mais baixo que o usual:

— Se continuarmos sentados só observando, talvez ocorra uma tragédia muito maior do que esperamos. Os governantes da região e de outros países que lhes são antagônicos talvez sejam induzidos por comandos hipnóticos dos especialistas da oposição. Os magos e cientistas do astral inferior não brincam em serviço. Não podemos ficar dando uma de espiões, apenas. Temos de advertir as diversas cidades no espaço, a fim de ficarem em prontidão, pois uma guerra se precipita e não sabemos a extensão dos danos nem a quantidade de espíritos que poderão abandonar o corpo físico de maneira brutal. Eis um problema difícil de enfrentar, até mesmo para os poderosos guardiões.

O especialista Simon Ormutz acrescentou:

— Temos de contar com a estação móvel dos guardiões, que descreve a órbita em torno do planeta. Com seu potencial de trabalhadores e especialistas, talvez consigamos interferir decisivamente no palco dos conflitos.

Foi nesse momento que Ashter comentou, talvez soando como se estivesse advogando a causa defendida por Antony:

— Como você disse, amigo, a base móvel descreve uma órbita em torno do planeta, mas, obedecendo ao conjunto de forças naturais do orbe, não pode nem acelerar nem reverter sua trajetória. A base não pode se virar constantemente para a Crosta. Por isso, acho acertada a presença de uma metrópole que possa controlar seus movimentos para onde quer que sejam necessários. Além da Aruanda, temos mais duas outras cidades espirituais que podem nos socorrer. Uma está sobre os céus da Europa e outra, sobre a Antártida. Elas também podem se deslocar, em caso de necessidade.

Ashter conseguiu convencer os guardiões com seus comentários. Mais uma vez, Antony riu silenciosamente. Ele sabia da urgência da situação. O Golfo Pérsico era um barril de pólvora prestes a explodir.

Quando Merlíades conseguiu contato com a base dos guardiões, localizada em regiões mais profundas do plano astral, Jamar já estava atento e imediatamente convocou enorme contingente comandado pelo oficial Watab. A nave ou, melhor dizendo, o carro voador que transportava um contingente invejável de guardiões da noite tinha mais ou menos 300m de diâmetro e era protegido por um gigantesco campo energético, imperturbável e impenetrável. Representava um poder que não poderia ser ignorado pelas forças do mal e da oposição à política do Cordeiro. Havia um transmissor montado no portentoso aeróbus, desenvolvido especificamente para enfrentar tempos de guerra. Emitia constantemente um chamado para diversas cidades e colônias astrais, principalmente as mais próximas da região onde o confronto se desenhava.

Próximo ao local onde ficava o transmissor, numa sala mais ampla, estava um destacamento de vanguarda dos guardiões, que partiria rumo aos lugares críticos e a determinados países, que haviam se aliado para enfrentar a possibilidade da guerra, mas que, no final, teriam participação mais intensa. Estados Unidos, Grã-Bretanha, França, Arábia Saudita, Egito e Síria eram os alvos principais para onde o grupo seria enviado, na tentativa de administrar ou amenizar a provável intervenção internacional na região. Outro comando de guardiões ficou de prontidão junto aos governos do Irã e da antiga União Soviética, procurando incitá-los de alguma forma a intervir, numa tentativa de paz entre os países envolvidos. O conflito do Golfo estava armado, e as forças dos guardiões, de prontidão, deslocavam seu exército composto de espíritos das diversas falanges: mongóis, legionários de Maria, guardiões da noite e outros especialistas. Além do mais, aguardavam uma equipe de pais-velhos peritos no trato com os magos, pois a região espiritual nas imediações do evento que se precipitava constituía um ponto de concentração de antigos magos das remotas civilizações da Pérsia e da Babilônia.

A nave dos guardiões percorria o espaço dimensional entre os planos astral e físico, cercada pelo campo defensivo iluminado numa cor azul-turquesa intensa, que a protegia contra qualquer ataque. A Aruanda, respondendo ao chamado dos guardiões, deslocava-se, qual fortaleza poderosa, movida por forças gravitacionais direcionadas e devidamente controladas por técnicos especialistas. Enquanto realizava uma manobra ligeira, imperceptível aos habitantes da comunidade, foram evacuados mais de 5 milhões de espíritos visitantes, que estavam na cidade apenas para estudo ou lazer. Restaram apenas os habitantes da cidade.

O conflito no plano físico era dado como certo, principalmente devido às posturas do ditador da região, que se envolvera em antigas disputas territoriais. Ele assumia esse posicionamento naquele momento histórico perigoso com a desculpa de defender sua política de preço do petróleo. Além disso, exigia absurdas indenizações do país vizinho.

No meio daquele confronto de dimensões espirituais e históricas foi que tive meu primeiro contato com as forças que costumeiramente os guardiões chamam de forças da oposição. Esse termo fora cunhado para designar as hostes inimigas do bem, contrárias à política do Cordeiro, nome dado ao governador espiritual da humanidade, mais conhecido entre os homens pelo nome de Jesus Cristo.

Estava a bordo do poderoso comboio, que mais parecia uma nave de guerra. Havia especialistas por todo lado. Da Aruanda, chegaram também diversos pais-velhos, que, tão logo se materializaram no ambiente da nave, transformaram a vestimenta perispiritual, de modo a assumir a aparência que tiveram em encarnações mais recuadas, como magos brancos e sacerdotes dos colégios iniciáticos antigos. Precisavam enfrentar os magos que se reuniam numa localidade entre os rios Tigre e Eufrates, onde no passado existiu importante centro de iniciação espiritual.

O enorme comboio se colocou acima dos Montes Taurus, na Turquia, numa região logo ao norte da ilha de Chipre, e aí fixou a base dos guardiões. Antes mesmo que fosse decretada a guerra, Pai João, secundado por sua equipe especialista no trato com os magos, juntamente com Jamar, localizaram uma base dos temíveis magos negros numa dimensão subcrostal que ficava abaixo da região de Al-Qurna, no sudeste iraquiano. Ali foram concentrados os esforços dos guardiões e dos pais-velhos. As cidades espirituais do Velho Mundo foram todas acionadas para ficarem em estado de alerta, caso houvesse descarregamento de uma cota extra de ectoplasma na atmosfera espiritual do planeta, devido aos prováveis desencarnes em massa. Havia muita tensão no ar.

Voltando sua atenção para mim, Jamar falou, não me dando margem para discordância:

— Você permanecerá conosco por um pouco de tempo, Ângelo. Não convém que se exponha diretamente e de maneira intensa ao embate de forças discordantes. Pelo menos, ainda não. Portanto, não estranhe se, depois de algum tempo, o convidarmos a retornar à cidade e ficar ao abrigo das energias aqui desencadeadas.

— Mas eu gostaria de participar...

— Como eu disse — acentuou Jamar —, ficará certo tempo conosco, mas não podemos colocar em risco sua integridade espiritual, pois é recente sua estadia conosco. É preciso entender que nem tudo pode ser conforme queremos.

Não havia como debater com o guardião. Meu anjo protetor não deixava dúvidas quanto à sua decisão. Só me restava calar e torcer para que pudesse ver a maior parte dos lances do conflito iminente. Precisava recolher informações, mas não sabia até que ponto minha presença seria útil a mim ou prejudicial à ação dos guardiões. Eu esperaria.

Num plano dimensional próximo à Crosta, diversos servidores do Cordeiro se reuniam na base móvel dos guardiões, o grande comboio, com o intuito de discutir temas importantes para o momento, em que a guerra era por demais significativa e determinava, no cômputo do tempo, o início de uma nova etapa do processo de seleção e colheita, como se referiam ao período intenso de atividades vivido pela humanidade. Jamar expedira um boletim no qual, além da dar notícia dos acontecimentos que se desenrolavam no plano dos homens, convocava as comunidades do espaço a somarem esforços para enfrentar os horrores de uma guerra iminente e de graves consequências globais. Vieram representantes de várias colônias e cidades do Além, reunidos em prol da humanidade. Entre os espíritos ali presentes, Merlíades e Antony, Asher e outros mais da equipe aguardavam os próximos lances.

Entre os desafios apresentados tanto por Jamar quanto por Semíramis e Pai João, estava a necessidade de ampliação das áreas adjacentes às cidades espirituais e colônias do plano astral. Era preciso capacitar as cidades vibratoriamente mais próximas da Terra a receber os milhares de espíritos que desencarnariam em condições traumáticas e em pequeno espaço de tempo. E isso não exclusivamente naquela guerra que fora decretada pela insanidade de um tirano, mas também em cataclismos como terremotos, *tsunamis*, maremotos e outros mais, cuja incidência aumentaria. A isso se somariam outros conflitos bélicos e revoltas, atentados e outros atos de violência, patrocinados pela insensatez humana, redundando no aumento do número de desencarnes em massa.

— Precisamos invocar o auxílio dos espíritos construtores, pois haverá necessidade de ampliar as áreas de socorro nas colônias, cidades espirituais e metrópoles do plano astral mais perto da Crosta — falou Pai João, agora numa roupagem fluídica diferente da habitual. — Os chamados postos de socorro, localizados em regiões inóspitas do conhecido umbral e em dimensões mais densas, não somente devem ser ampliados, como também devemos formar mais trabalhadores. Temos na Aruanda o cadastro de numerosos seres, ainda encarnados, que poderão servir de auxiliares desdobrados. Colocaremos nossos registros desses filhos à disposição das diversas cidades e colônias do astral.

Olhando atentamente os espíritos que participavam da reunião emergencial, o pai-velho continuou, acentuando mais ainda suas palavras:

— As várias cidades espirituais que se apresentaram para colaborar nos eventos críticos que enfrentaremos precisam aprimorar a rede de comunicação, estabelecendo intercâmbio eficiente entre elas tanto quanto com todo o sistema de cidades do plano astral do planeta, a fim de receber e compartilhar recursos e orientações do Alto. Uma rede de comunicação estreita e funcional deve entrar em operação urgentemente.

Após dar um tempo para os diversos espíritos processarem as ideias, o pai-velho continuou:

— Nós, da Aruanda, podemos oferecer nossa universidade e seus diversos departamentos para a formação de trabalhadores, que poderão ser encaminhados para servir nas diversas frentes de batalha espiritual. Nosso amigo Anton, um dos representantes maiores dos guardiões, enviará o registro de médiuns e trabalhadores de diversos países, a fim de que se faça um apelo para que unam seus esforços neste momento crítico.

Quanto a mim, ficava o tempo todo somente ouvindo, pois ainda não tinha adquirido nenhuma habilidade para me dispor como servidor nesta hora grave. Observei como os representantes de algumas cidades espirituais estavam muito sensíveis ao que se desenrolava no Oriente Médio.

Foi quando Semíramis tomou a palavra e complementou a fala de Pai João:

— Algo também me preocupa a partir deste momento, que, para nós, é somente o início das provações coletivas. Falo, ainda, sobre a necessidade de preparação das cidades espirituais. A readequação das cidades e a capacitação de mais trabalhadores precisam ocorrer de maneira planejada e inteligente, a fim de formarmos trabalhadores com competência e discernimento, e não somente com boa vontade. Assim, teremos a possibilidade de socorrer e amparar os seres que desencarnarão com o máximo de habilidade e eficácia.

“Não podemos esquecer que quem virá da Terra nos próximos anos, em levas ou desencarnes coletivos, será proveniente das experiências mais variadas, no que concerne a religiões e cultos. Então, pergunto: como promover a adoção de uma linguagem que, se não todos, ao menos a maioria compreenda? Creio que precisamos nos reunir, tanto os administradores quanto os líderes de equipes das diversas cidades, a fim de ajustar um método eficaz de cumprir a missão que está diante de nós, além de estabelecer uma cadeia de auxílio mútuo, levando em conta os desafios de abrigar e conduzir milhares de espíritos que reclamarão amparo.”

Entendi que nem para os espíritos mais experientes era fácil lidar com culturas espirituais tão diversas como as que existiam em torno do globo terrestre. O problema cultural e religioso persistia, além da sepultura, como um grande desafio, agravando-se nos momentos de crise espiritual e resgates coletivos.

Ainda com o mesmo pensamento, Astrid pediu a palavra para comentar:

— Sei que pode ser prematura esta proposta, principalmente numa hora de urgência como esta, mas aproveito a presença de representantes das diversas comunidades do espaço para fazer um apelo. Precisamos enfrentar um desafio muito grande, mas que, encarado em conjunto, pode surtir um resultado valioso e facilitar o trabalho no futuro. O desafio que vejo se esboçar é o de inspirar os servidores e aprendizes dos diversos cultos e religiões, principalmente os de cunho espiritualista, onde ocorra atividade mediúnica ostensiva, a se unirem e deixarem de lado as diferenças em prol de um ideal maior.

Notei que alguns espíritos se entreolharam, pois, entre os que faziam parte da assembleia naquele momento, alguns não pertenciam a ramos que admitiam declaradamente a prática mediúnica. Havia, por exemplo, cinco espíritos representantes da crença católica, provenientes de cidades espirituais que foram construídas dentro desse ideal, além de dois membros de colônias de feição manifestamente evangélica. E a palavra de Astrid pareceu mexer muito com eles. Pai João, habilmente, conseguiu deixá-los mais à vontade, embora vissem alguns dos espíritos da Aruanda com certa reserva. Mesmo assim, colaboraram ante o apelo dos guardiões e se colocaram prontos a servir. Pelo menos ali e naquele momento, deixaram de lado os pontos de vista discordantes para auxiliar como podiam.

Além deles, pais-velhos, caboclos e espíritos que se apresentavam neste momento com forma diferente da habitual, todos atenderam ao chamado deflagrado pelos guardiões. Havia colaboradores do extremo oriente asiático, médicos do espaço e espíritos comprometidos com o bem ligados à religiosidade do povo brasileiro. Ainda se viam espíritos procedentes de alguns países da Europa, inclusive do leste europeu, que ali se reuniam também para ajudar quanto pudessem. Todos conversavam sobre estratégias para aumentar o contingente de trabalhadores, reurbanizar diversas cidades do Além, preparando-as melhor para receber, educar e auxiliar, da melhor maneira possível, os espíritos da Terra.

Receberam de bom grado a proposta de Jamar e João Cobú, bem como de Antony, Ashter e Merlíades, que participavam da reunião na base voadora dos guardiões. Não somente naquele momento crítico da guerra que estava em andamento, embora em fase inicial, mas também nos eventos futuros, precisavam aprofundar a união. Os espíritos especialistas precisavam de mais colaboradores com o máximo de capacitação e responsabilidade, mas sobretudo que não ficassem brigando por seu ponto de vista sobre a vida espiritual.

Disse João Cobú, acentuando a opinião de espíritos que trabalhavam sob a feição espiritual de pais-velhos:

— Temos de ficar muito atentos, pois do lado de cá ainda temos nossas diferenças culturais e espirituais muito marcantes e, principalmente nesta região onde estamos agora, no Golfo Pérsico, a diversidade cultural e religiosa é enorme. A composição étnico-linguística é na maior parte árabe, com uma minoria curda. Devemos estar atentos ao lidar com esses espíritos, uma vez que mais de 90% da população de encarnados e desencarnados teve ou tem formação religiosa islâmica. Mais ainda: pelo menos nesta região, a maior parte de nossos amigos muçulmanos, de um e outro lado pertencem à facção xiita. Assim como os demais, todos dignos de consideração em nossos planos de auxílio, constituem um povo cioso de seus costumes e interpretações religiosas, que perpassam de forma marcante todos os aspectos de sua vida.

"Também é importante lembrar que é necessário atuar nos países que se opõem ao regime e à política do ditador que começou o conflito, isto é: Estados Unidos, Reino Unido e os outros — cerca de 30 nações — que formam a coalizão liderada pelos norte-americanos. Seus governos precisam ser acompanhados por nossos representantes.

Sabemos que este será um marco importante, que determinará o início de um período de lutas intensas para os povos da Terra. Então, meus amigos, é hora de selecionar os espíritos mais competentes e que mais entendem de política internacional, pois devemos manter contato com os líderes mundiais e, de todas as maneiras possíveis, buscar amenizar a situação que se desenha. Não podemos esquecer que, entre os representantes espirituais da cultura islâmica, temos valiosos colaboradores, tanto entre desencarnados quanto entre encarnados. Fora do corpo, muitas vezes, estes podem colaborar com mais celeridade, sem as rivalidades que vemos entre os homens."

Fiquei olhando a expressão dos espíritos ali presentes; não havia como não notar certa aversão aos membros da cultura islâmica. Esse sentimento, ao que tudo indicava, havia se dilatado para este lado da vida. Ou seja, aqui também vi que, entre os representantes de diversas cidades espirituais, havia aqueles nos quais persistia alguma nódoa de preconceito. Os religiosos, principalmente, pareciam ter dificuldade de se liberar dos pontos de vista pessoais e doutrinários, de comungar com quem pensava diferente ou rezava por uma cartilha distinta. Mesmo assim, eram espíritos dispostos a servir, a auxiliar nos momentos de crise política e espiritual. Talvez observando o mesmo que eu, foi Jamar quem tomou a decisão:

— Distribuirei especialistas da noite que trabalham mais intensamente com as lideranças mundiais ao lado dos respectivos líderes de cada país envolvido no conflito. Sabemos que, por trás das ações de diversos governos do mundo, existem inteligências sombrias, espíritos inteligentes e astutos, principalmente magos negros, que intentam dominar o planeta, de alguma maneira. Por isso, acho mais apropriado que sejam os guardiões a assumir essa responsabilidade em particular. Mas também porque — acentuou Jamar —, como guardiões, não podemos agir motivados por doutrinas religiosas ou atitudes sectárias. Nossos parceiros são todos os homens de boa vontade, ou melhor, aqueles que se irmanam em prol da humanidade. Os pais-velhos, como especialistas da nossa metrópole na abordagem dos temíveis magos negros, sugiro que assumam essa questão mais intensamente. Quanto aos demais, durante a guerra, dediquem-se ao aspecto que mais lhes diz respeito.

Todos concordaram. A decisão de Jamar havia trazido certa tranquilidade a alguns representantes de outras cidades espirituais. Eles não teriam de lidar diretamente com questões que certamente emergiriam, em razão da diversidade cultural e religiosa dos espíritos que seriam envolvidos na guerra iminente.

Mudando de assunto de um momento para outro, Jamar apresentou uma proposta aos iniciados da cidade dos espíritos ali presentes:

— Aproveito a oportunidade para pedir a colaboração dos habitantes da Aruanda. Estamos de posse de mapas que indicam uma base muito preciosa dos nossos velhos conhecidos magos negros. Como muitos iniciados são exímios magnetizadores, conhecedores de leis do mundo oculto que muitos espíritos, mesmo alguns especialistas, desconhecem, venho pedir-lhes a contribuição. Não se faz necessário apenas desarticular recantos usados pelos magos. Será preciso também levar a eles o ultimato concernente tanto a esta guerra em andamento, que terá uma repercussão insuspeita na sociedade dos encarnados, quanto aos efeitos desse acontecimento na estrutura de poder nas regiões inferiores. Para essa missão, não vejo nenhuma categoria de espíritos mais indicada que os pais-velhos.

Após longa discussão que se seguiu, a respeito da política na região e da influência mental e espiritual dos espíritos do mal sobre governos e governantes, ficou bem claro que os pais-velhos teriam toda a autonomia para agir nos ambientes inferiores, onde determinados magos mantinham bases e laboratórios. Ficou acertado que Pai João organizaria a equipe, juntamente com mais três pais-velhos, além de recorrer a um médium para auxiliá-los na tarefa, desdobrado, caso precisassem de energias mais animalizadas ou de uma cota de ectoplasma mais intensa, algo que não pode ser descartado quando se trata de ações visando aos magos negros.

Deixando o grupo debatendo a situação que ocorria no campo de lutas no plano dos encarnados envolvidos com a política, entre os cidadãos dos países comprometidos no conflito, Pai João retirou-se e eu o segui, sempre observando, muito embora intimamente receoso, ainda ignorando os ardis dos chamados magos.

João Cobú acionou alguns guardiões ligados a seu trabalho, depois de analisar documentos compartilhados por Jamar, muito importantes para os próximos lances do conflito em dimensão próxima à Crosta. O pai-velho soubera de uma reunião de um grupo de magos que pretendia fazer frente aos chefes de legião das sombras, nas eternas disputas entre facções existente dentro da oposição; para cumprir o intento, eles tentariam arregimentar forças entre os encarnados, após os conflitos que patrocinavam e inspiravam diretamente. Como o império do mal a cada dia era questionado e parecia soçobrar como uma nau num oceano em tempestade, havia diversos grupos pretendendo formar um domínio à parte; estruturas de poder de uma política cada vez mais delirante. Por isso, aqueles magos ousaram influenciar um de seus médiuns ou, melhor dizendo, uma de suas marionetes no plano físico. Resolveram, também, lançar mão de outros instrumentos humanos, preparando-os para desencadear uma guerra mais mortal e absurda. Recorreram a um governante do Oriente e outro do Ocidente; ambos seriam o estopim para o que intentavam.

Esses espíritos precisavam saber que os representantes do Cordeiro, os guardiões, estavam atentos e tinham condições de intervir de forma a cercear a ação dos magos nas zonas umbralinas e na superfície, entre os chamados vivos.

Aceitando a incumbência apresentada por Jamar em nome do governo oculto do planeta, os pais-velhos partiram em direção às regiões ínferas, que conheciam muito bem, enquanto equipes socorristas iam e vinham, de um lado a outro, preparando-se para receber as vítimas da guerra. Entrementes, num plano muito mais sutil, espíritos construtores começavam o trabalho de expansão da estrutura espiritual da Aruanda, visando ao acolhimento de almas com determinada identidade energética que viriam da Terra. Da mesma forma, outras equipes trabalhavam em outras colônias e cidades do astral, ampliando as estruturas de trabalho, como hospitais e campos de apoio, forjando mais equipamentos e arregimentando número maior de trabalhadores.

Os calendários da Terra marcavam o dia 17 de janeiro de 1991 quando um maciço ataque aéreo dava início a uma represália à terra dos califas. Depois disso, mais de meio milhão de soldados foram enviados à guerra, que geraria um pesado tributo de dor abrindo caminho para outras batalhas que viriam trazer o terror a um povo que sofreria por longo tempo com um governo aterrador. Foi esse, exatamente, o dia em que descemos rumo ao recanto do abismo onde se refugiavam os temíveis obsessores do submundo da escuridão.

Ao transitar por regiões inóspitas e seguir diretamente a um dos redutos assinalados nos mapas cedidos pelos especialistas do mundo superior, os pais-velhos chegaram a um entroncamento energético que parecia esconder a tal base do grupo sombrio. E foi aí, exatamente, que encontraram o precioso segredo guardado a sete chaves pelos magos negros.

O local parecia uma caverna, incrustada numa rocha da paisagem astral, em regiões profundas da subcrosta. No entanto, por fora, a tal caverna gozava de um disfarce: uma espécie de crosta de musgo a envolvia, embora fosse uma vegetação um tanto distinta daquela composta por elementos conhecidos do reino vegetal. Em alguns minutos de observação, um dos médiuns que nos acompanhava, desdobrado e acompanhado de um dos pais-velhos, sentiu suas forças se esvaírem. Algo decididamente sugava suas energias, deixando-o quase desacordado, em questão de minutos. Foi o pai-velho conhecido como Rei Congo quem o socorreu, eliminando de sua aura os elementos sutis exalados pelo musgo. Tratava-se de um gás, além de outros elementos invisíveis, perfeitamente sentidos pelo médium; pareciam ser expelidos de dentro da caverna disfarçada. Passaram-se mais de duas horas até que ele recobrasse os sentidos e a lucidez fora do corpo. Por várias noites retornaria àquele campo de batalha espiritual, até que o conflito estivesse decidido.

Enquanto eu anotava tudo, observando sempre cada detalhe e cheio de curiosidade, João Cobú acercou-se de dois pais-velhos — todos modificados em sua forma espiritual, que se transfigurara na aparência de antigos magos — e fizeram o reconhecimento da área. Certificaram-se de que se tratava exatamente do local apontado pelos mapas dos especialistas.

Os elementos da flora astral ali presentes guardavam a característica de absorver energia e fluido vital de qualquer médium eventualmente desdobrado. Talvez fosse uma modificação da substância componente dos vegetais, produzida em laboratório pelos magos que dominavam o local. Além do perigo que representavam para os viventes, havia indícios de que entidades vampiras estivessem a postos, também disfarçadas, para a guarda daquele sítio. O que não combinava de forma alguma com uma base dos magos era o fato de haver um campo de forças envolvendo o lugar, rebrilhando discretamente, de maneira tal que somente espíritos mais experientes como os pais-velhos pudessem percebê-lo, pois era quase invisível. Isso naturalmente era obra de entidades que lidavam mais diretamente com a ciência, e não de magos negros, cuja especialidade era a manipulação de forças mentais e seres elementais, além de algumas leis do mundo oculto, desconhecidas da maioria. No entanto, ali estava o tal campo. Erguia-se como uma cúpula em torno da montanha onde estava incrustada a caverna. Teriam de ter cuidado, pois a natureza daquele campo era ignorada.

Após observações mais acuradas, o espírito conhecido como Pai Joaquim notou que aquele campo fazia com que a montanha toda — e não somente a entrada da caverna, que descobriram por acaso — assumisse aspecto diferente, como se desaparecesse ou fosse aplainada e se misturasse à paisagem no entorno, formando um ilusório vale profundo. Esse era o segredo do estranho campo de força: ocasionava no observador uma espécie de alucinação e, por isso mesmo, suscitava dúvidas sobre o que ele via, se era realidade ou uma ilusão dos sentidos. A montanha ora estava ali, diante dos olhos de quem observasse, ora deixava de existir, pelo menos visualmente, revelando um extenso vale. Leve tremeluzir marcava o momento em que a formação desaparecia, como se o campo energético estivesse prestes a entrar em colapso. Tratava-se de um recurso antigo, empregado por certos magos ao criar ilusões, imagens e projeções mentais, de maneira a confundir quem quer que fosse. Caso os pais-velhos estivessem corretos em suas percepções e conclusões, a base dos magos propriamente dita estaria ainda a considerável distância; ali era somente a entrada, camuflada e repleta de perigos e armadilhas criados pelos donos do lugar. Não poderia ser de outra forma, pois assim agiam os magos tradicionalmente, segundo Pai João pôde explicar. E foi ele quem assumiu a frente do grupo, tão logo Pai Joaquim relatou a descoberta.

Primeiramente, João Cobú fez um pedido diretamente à Aruanda e a Jamar para que enviassem mais guardiões e especialistas. E parece que Jamar já estava de prontidão, atento a tudo e a todos os detalhes, pois não tardou a chegar o reforço requerido. Na sequência, os pais-velhos se colocaram em pontos estratégicos em torno da montanha, mesmo que sua visão se alternasse com a do vale projetado pelos magos. O representante do colegiado da Aruanda deixou o médium que doava energias animalizadas necessárias ao trabalho, sob a custódia dos guardiões, por ora evitando que fosse exposto desnecessariamente.

Foi somente depois de confirmar que ele estava em segurança que os pais-velhos começaram a bater no solo do astral com seus cajados, que, segundo mais tarde vim a saber, eram condensadores energéticos de grande potência. A batida cadenciada e cada vez mais ritmada, mais forte e intensa provocou a queda do campo vibratório que envolvia a montanha sagrada dos magos, o local que escondiam de quem a observasse. A cena lembrava a entrada dos israelitas na terra prometida de Canaã, quando Josué, o comandante guerreiro, sitiou a cidade de Jericó. Na ocasião, os soldados de Israel marcharam de modo cadenciado em torno das muralhas e, ao tocarem trombetas, também obedecendo ao ritmo determinado por seu líder, as muralhas da cidade ruíram.[16] Assisti a algo semelhante, e não era obra de magia, mas de uma lei da física, porém levada a cabo numa região astral bem próxima da Crosta, por competentes guerreiros da luz, que sabiam manejar com maestria seus instrumentos de trabalho disfarçados de cajados ou coisa similar.

Ao som dos instrumentos utilizados na ofensiva ao laboratório dos magos negros, ocorreram fenômenos dig-

[16] Cf. Js 6:1-20.

nos de nota. À medida que os cajados se chocavam contra o chão, despejando no solo astral energias por mim desconhecidas na ocasião, a estrutura energética do campo de força cedia, pelo poder e conhecimento dos pais-velhos.

Primeiramente, surgiram faíscas; pequenos raios pipocaram em diversos pontos da redoma energética, como se a técnica empregada houvesse provocado curto-circuito em equipamentos que regulavam a estabilidade da fonte mantenedora da proteção eletromagnética da base oculta. Logo após, ocorreram explosões em locais onde o campo tocava o solo astral, para em seguida todo o complexo ruir, ao som cadenciado dos cajados dos pais-velhos, que desencadearam forças acumuladas em seus instrumentos, as quais penetraram o solo sob a redoma com poderosa vibração.

Assim que a estrutura energética ruiu, causando um ruído estrondoso, instaurou-se verdadeiro colapso nas defesas das entidades, que não contavam com a presença ali, na região, de pais-velhos e altos iniciados de templos do passado remoto. As entidades vampiras foram vistas; seu disfarce pôs-se a descoberto no mesmo instante em que a redoma dos magos se desmantelou. Ao notarem que ficaram sem a proteção da invisibilidade temporária, ensaiaram um ataque aos guardiões, pais-velhos e ao próprio médium desdobrado. O vivente era o alvo mais cobiçado, pois, sendo detentor de força vital, desejavam a todo custo vampirizá-lo. Entretanto, a providência tomada por Pai João, convocando o reforço de guardiões, mostrou-se eficaz.

A equipe de sentinelas que veio da Aruanda assumiu a frente e, sem nenhum escrúpulo, investiu contra os espíritos vampiros. Resultado: nem sequer as entidades esboçaram o ataque e logo foram completamente dominadas pelos guardiões, que as atacaram com poderoso arsenal magnético de armas elétricas, que despejavam raios sobre a turba de obsessores, causando entorpecimento dos sentidos espirituais. Adormeceram logo que foram atingidos pelas descargas das mais de 50 armas. Em meio a gritos e pontapés, desferidos pelas entidades vampiras que escaparam ao furacão dos raios narcotizantes, os sentinelas enviados de Aruanda os prenderam magneticamente, de maneira que não mais pudessem representar qualquer perigo para a equipe.

Entrementes, os pais-velhos cessaram o movimento com os cajados, pois a vibração no solo astral poderia fazer toda a caverna ou sua entrada ser destruída.

Meu coração parecia querer sair pela garganta, de tal forma fiquei envolvido pela situação e, honestamente, com medo do desfecho que se daria. Se já naquele ponto da jornada encontramos tamanha resistência das entidades que defendiam os magos, que dizer, então, dos próprios magos negros? Confesso que meu primeiro contato com as regiões inferiores não foi nada confortável nem tranquilo para mim. Por muitos dias, permaneceria revendo aquela cena na cabeça.

Ao tempo em que esses acontecimentos ocorriam nas regiões sombrias próximas à Crosta, Anton resolvera sair da base principal no satélite lunar e visitar o campo de guerra. Juntamente com Jamar, conversava com um dos guardiões do Oriente, sob a supervisão de Zura, a respeito da situação dos países envolvidos no conflito do Golfo Pérsico e sobre o que essa guerra representava para o futuro político e socioeconômico do planeta. O Oriente Médio causava grande preocupação nos guardiões naquele momento; além de Iraque e Kuwait, palco dos conflitos, observavam Israel e as demais nações palestinas, e sobretudo países árabes da África setentrional, como Egito e Líbia. Falavam sobre os ditadores que cairiam e aqueles que seriam fantoches manipulados pelos magos negros no exercício do poder.

Nos EUA, na sede da ONU, na Grã-Bretanha e no restante dos países aliados, poderosos guardiões montavam guarda, pois sabiam que tais países remeteriam tropas cada vez mais letais para a região. Havia uma movimentação intensa dos dois lados da vida. Os especialistas de Jamar desarticulavam estruturas erguidas em torno dos governantes, em seus gabinetes de governo — aparatos engendrados pelos magos negros e seus asseclas. Os habilidosos representantes do poder em lugares ocultos sabiam bem como manipular os homens, que acreditavam piamente na própria autonomia ao tomar decisões. Havia, no entanto, um fluxo de influência intenso, por meio da habilidade hipnótica dos magos, antagonizando Oriente e Ocidente, a ponto de cumprirem o intento de desencadear uma guerra que assinalaria o início de um período de agravamento das animosidades, gerando intensas dores e provas para a população global.

Enquanto isso ocorria nos bastidores da política internacional, os guardiões interferiam. Após confabular com Anton, que trazia informações preciosas da base principal dos guardiões, Jamar assumiu a dianteira pessoalmente. Elevou-se ao ar com sua aura rebrilhando como potente irradiação magnética, e todos os guardiões o viram elevar-se como um anjo guerreiro. Plainando sobre o local do confronto, sobrevoou cidades importantes do Oriente Próximo enquanto rasgava os céus do planeta, rumando ao cerne da guerra de Saddam Hussein.

Ao mesmo tempo, Watab e um grupo de guerreiros dirigiram-se ao continente norte-americano, postando-se lado a lado com George H. W. Bush, ocasião em que liberaram agentes do governo das garras de entidades associadas aos magos, bem como desarticularam sofisticados equipamentos das sombras, instalados diretamente na Casa Branca, sede do poder estadunidense, a fim de manter a força hipnótica sobre os homens daquele governo e de muitos outros da coalizão. Mas a ação de Watab não se limitava a esse continente. Ele ia e vinha numa velocidade alucinante, entre o continente norte-americano e o palco dos confrontos, no Golfo Pérsico, sempre que era necessária uma atuação mais decisiva e conjunta com o chefe dos guardiões.

Jamar mergulhou no cerne do conflito. Quando desceu sobre o abrigo de Hussein, mais de 20 magos, de plantão ao lado do ditador, viram a luz imortal brilhando, a emanar potentes forças magnéticas, enquanto o guardião desembainhava a espada e rasgava, com um só golpe, o campo de força formado por magos e científicos em torno do comandante iraquiano. Uma comitiva de magos elevou-se a alguns metros do solo, emitindo vibrações intensas contra o guerreiro que descia em nome da política do Cordeiro. Um deles conseguiu atingir Jamar com a irradiação poderosa e quase fatal ao seu equilíbrio, não fosse o fato de tal golpe ter sido desferido exatamente contra o mais capacitado chefe da segurança espiritual. Jamar desviou-se para o flanco esquerdo, enquanto duas outras entidades o envolveram num campo vibratório potentíssimo. O guerreiro contorceu-se, envolto numa energia desconhecida, que cerceava seus movimentos. Gargalhadas foram ouvidas ressoando no ambiente enquanto o guardião detinha seu voo e concentrava-se. Mais alguns minutos de completa imobilidade e ele literalmente explodiu o campo de forças, imediatamente começando a girar, cada vez mais rápido, pegando o grupo de magos desprevenido. Duas entidades aparentemente especialistas em ciência apontaram o alvo, que se libertara do robusto campo energético, mirando nele com armas invencíveis, segundo consideravam. Jamar parou o giro em torno de si mesmo, notando que um furacão parecia varrer a base inimiga.

Enquanto isso, na Crosta, acontecia a operação que ficou conhecida como Tempestade no Deserto. Duas ousadas empreitadas ocorriam simultaneamente. Em um e outro lado da vida, acontecimentos singulares marcariam o fim de um período sangrento de batalhas.

O guardião da noite concentrou-se mais uma vez e, em voo rasante, zinguezagueando, despistou a artilharia dos científicos e pairou suavemente, como se usasse paraquedas, logo acima das cabeças dos magos e seus aliados. Observou com olhar atento as entidades que envolviam Saddam e ficou impassível ao que ocorria, num tremendo esforço de concentração. Aguardava as notícias de Pai João e sua equipe de iniciados, que se encontravam nas regiões inferiores do planeta, a fim de dar o golpe final. Os magos não entenderam a repentina imobilidade do guerreiro. Não suspeitavam do que sucedia mais abaixo vibratoriamente, entre os seus aliados no submundo, no lugar onde a guerra era arquitetada pelos detentores do poder na região.

Em outros recantos do mundo, guardiões especialistas assumiam controle sobre a situação, no que tange aos líderes governamentais. Nos Estados Unidos, envolviam Colin Powell, o então militar de mais alta patente no Departamento de Defesa, e o Comandante-em-Chefe General Norman Schwarzkopt; além deles, cercavam o ministro da defesa egípcio Mohamed Tantawi, assim como o premiê britânico John Major e o rei saudita Fahd. Ao lado desses e de outros expoentes do poder temporal, grupos de 5 guardiões foram estrategicamente posicionados, no intuito de aniquilar qualquer ação dos magos dirigida a esses membros da comunidade internacional, peças-chave no conflito em curso, visando desfazer o que pudessem da estrutura de domínio hipnótico sobre eles. Do mesmo modo, guardiões cercaram as famílias dos atores principais da guerra. Mohamed Hussein Tantawi recebeu especial atenção dos guardiões, pois, através dele, magos mais habilidosos montaram um aparato especial, desmantelado com dificuldade. Pretendiam usá-lo mais intensamente em seus planos na região.

Jamar, ainda impassível acima dos magos no escritório de Saddam, acompanhava tudo, dando ordens aos seus oficiais, à distância, a fim de que tomassem as devidas providências e liberassem o marechal egípcio da influência articulada pelos magos. A partir de então, trariam diariamente o estrategista desdobrado a uma das bases dos guardiões, na tentativa de explicar-lhe os lances e as implicações do conflito que se desenrolava, e conscientizá-lo da importância de sua ajuda no futuro político da região. Todavia, dependiam do Marechal Tantawi sintonizar-se com a proposta dos guardiões.

Semíramis, acompanhada de mais 10 especialistas e algumas guardiãs lideradas por Astrid, partiram em direção à Arábia Saudita, montando guarda junto ao Rei Fahd bin Abdul Aziz Al-Saud. Ali Semíramis reuniu suas guardiãs e libertou o rei das amarras impostas por um grupo seleto de magos. Desdobrando-o, ela lhe apresentou uma proposta de reformas políticas, visando desencadear a receptividade a novas interpretações da religião islâmica. Semíramis e Astrid pessoalmente se envolveram com Fahd e sua equipe mais próxima, na tentativa de conduzir o governo a uma visão mais aberta. O resultado dessa ação, era claro para elas, somente seria visto no futuro, a partir de 30 anos. Mas as sementes foram ali plantadas, enquanto os guardiões competiam com o grupo de magos da antiga Babilônia que montavam quartel no palácio do governo. Watab, requisitado por Semíramis, encarregava-se pessoalmente das questões políticas mais prementes, inspirando Sua Majestade a dar apoio à campanha para liberar a região das forças de Saddam.

Jamar coordenava tudo, envolvido em seu campo de energia particular. Dali, conversava mentalmente com cada equipe disposta em vários recantos do mundo. Os magos hesitavam, sem saber o que fazer, impotentes para atingir o guardião.

Pai João, por sua vez, acompanhava tudo por meio da conversa mental do guardião da noite. No cenário do planeta, na Crosta, a situação geopolítica exigia providências imediatas. Mais de 30 mil mortos e muito mais de 70 mil feridos na guerra despejavam na atmosfera uma cota maciça de ectoplasma, decorrente dos desencarnes coletivos que ocorriam em meio a uma atmosfera de medo, dor e sofrimento indizíveis. Carga tóxica de proporções monumentais derramava-se na região astral. Ante essa realidade, a cidade de Aruanda entrou em ação.

Na estrutura psicofísica da metrópole itinerante, havia duas grandes torres ou antenas: uma, erguida em direção ao alto, captava energias advindas de regiões superiores; a outra descia abaixo da superfície da cidade dos espíritos, em direção à Terra. Ambas foram acionadas. A inferior absorvia o conteúdo energético de diversas regiões do Golfo, sugando a cota excedente de fluido vital, exsudada em razão das mortes violentas de milhares de vítimas. Ao se concentrar o excesso de energia na base da estrutura da Aruanda, evitava-se que tal recurso fosse utilizado pelos magos como combustível para suas atividades repulsivas. Ao mesmo tempo, espíritos de antigos caboclos, em conjunto com os legionários de Maria, realizavam verdadeira varredura astral, dispersando, no ambiente astral, elementos residuais da guerra. De outro lado, equipes de espíritos socorristas levavam grande contingente de seres para a periferia da Aruanda, onde eram atendidos por pais-velhos e mães-velhas, além de índios, que auxiliavam os seres recém-desencarnados fazendo com que adormecessem, visando evitar tragédias desnecessárias em nossa dimensão. Após serem atendidos em caráter de emergência, eram conduzidos a outras cidades e colônias do espaço, mais capacitadas a lidar com indivíduos daquele perfil espiritual, os quais deixavam o corpo no campo de batalha. A Aruanda não era o destino final desses espíritos, mas ali eram atendidos e levados aos mares, às cascatas e florestas, a fim de reabastecerem as forças nos recantos naturais da metrópole.

Fora construída ampla rede de auxílio entre as cidades espirituais. Caso alguém do plano físico pudesse ver, observaria naves portentosas decolando com inúmeros espíritos a bordo, voando em direção a outras cidades da imensidade, onde os desencarnados seriam mais detidamente amparados. Muitos deles nem sequer puderam ser ajudados, pois preferiram ficar prisioneiros nos campos de combate, jungidos mentalmente à dor e ao sofrimento, à angústia e à sede de vingança. Todavia, mesmo ali, junto aos escombros de guerra, comunidades foram levantadas e espíritos benfeitores auxiliavam no resgate e na assistência a quantos quisessem ajuda.

Jamar coordenava tudo, mentalmente ligado a todas as equipes, enquanto Anton dava cobertura com seu destacamento de especialistas.

No momento em que os pais-velhos adentraram o grande laboratório de experiências paracientíficas dos magos negros, encontraram o horror estampado no olhar de um dos nove iniciados do passado. Pareciam hipnotizados diante de uma câmara, onde flutuavam à sua frente figuras representativas de membros do alto escalão de diversos governos mundiais.

Uma substância gelatinosa parecia se adaptar e revestir o corpo espiritual totalmente deformado dos seres diante de nós. Um deles sobressaía aos demais. Era curvo, alto, sem cabelos; tinha a pele totalmente ressequida e enrugada. Nitidamente exercia um domínio fantástico sobre os demais, que se localizavam num nível abaixo deste que parecia ser o líder. Estranho manto descia sobre as costas do ser hediondo à nossa frente. Estremeci.

A cor dominante no ambiente era roxa, a fim de favorecer a concentração dos magos. Eles acreditavam estar totalmente a salvo de quaisquer invasores, e essa crença tão forte, decerto alimentada por boa dose de presunção, não permitiu que percebessem de imediato nossa aproximação. Ademais, estavam sobremodo concentrados nos líderes mundiais, a tal ponto que tudo o mais escapava a seu conhecimento.

O mago alfa, como chamei mais tarde aquele que sobressaía aos demais, sem dúvida alguma era o chefe do grupo. Pai João confirmou tal fato. Olhos negros sombriamente expressivos, porém estáticos, davam-lhe um aspecto bizarro e ao mesmo tempo temível. Os globos oculares refletiam a luz do ambiente, muito embora não se deixassem inebriar. Apesar do aparente transe em que se achava seu dono, aqueles olhos denotavam um processo mental complexo e tremendo, ao qual se agarravam com afinco o mago e sua equipe de iniciados. A alma desse ser parecia um oceano abismal de superlativos de horror — e tal realidade transparecia em seu olhar. Um fanatismo hediondo, calcado no desejo de governar o mundo, jorrava na atmosfera mental que absorvia o grupo, mas sobretudo da aura do mago sobre o qual concentrávamos a atenção. Qualquer tentativa de expressar com exatidão o conteúdo de seu ser, ou de descrever a força empregada para impor suas ideias fanáticas e extravagantes seria improdutiva. Os pensamentos exalados e as imagens mentais que eram refletidas no ambiente, como se fossem *flashes* ideoplásticos, falavam por si sós acerca da degeneração daqueles espíritos e da impossibilidade de exprimir através de qualquer vocábulo a hediondez das intenções que alimentavam. Conectavam-se entre si de tal maneira que davam a impressão de ser uma única inteligência.

Parte da mente dos magos, condicionada e dirigida pelo chefe da horda, estendeu para além de si laços mentais, os quais se alongavam até outros países, passando por uma dimensão invisível aos sentidos humanos. A consciência dos nove dirigia-se exclusivamente aos chefes de estado e seus auxiliares mais próximos, principalmente àqueles que serviriam de modo mais direto aos planos de transformar a guerra em algo nunca antes visto pelos humanos encarnados; de levá-la a proporções inéditas, se não inimagináveis. A vantagem que detinham sobre os governantes era exatamente a invisibilidade e a capacidade nada desprezível de estimular e influenciar, a partir de sua dimensão, as mentes que se lhes associavam, num processo complexo de obsessão ou compartilhamento de intenções. A consciência diabólica do mago que chefiava a quadrilha armazenava as informações colhidas no contato parapsíquico estabelecido com as autoridades dos países em foco. Enquanto isso, comandantes de esquadras, generais, ministros de guerra e estadistas de nações como Estados Unidos, França, Reino Unido, Bélgica, Egito, Canadá, Paquistão e algumas outras coligadas desempenhavam suas atividades totalmente induzidos ou hipnotizados pelos magos, que se conectavam integralmente a suas marionetes, jogando uns contra os outros, na tentativa de fazer a guerra alastrar-se por territórios cada vez mais amplos, até finalmente tomar os cinco continentes.

De repente, Pai João e um grupo de iniciados de primeiro grau, representantes de um alto colegiado de sacerdotes que compunha a equipe proveniente da Aruanda e de outras cidades, dirigiram a atenção, em conjunto, ao mago principal. O fluxo mental dos pais-velhos, antigos sábios e sacerdotes, penetrou como lanças ou tentáculos na mente altamente concentrada do mago negro. Um pesadelo sacudiu a consciência do ser demoníaco, ao perceber uma intrusão mental em seu ambiente psíquico. O subconsciente agitou-se e rebelou-se, mas os pais-velhos não seriam demovidos de seu intento tão facilmente. Concentraram-se mais e mais intensamente. Verdadeira batalha espiritual se travava numa dimensão que eu desconhecia por completo.

O consórcio de mentes hediondas foi por fim rompido, devido à pressão psíquica, num embate que já durava mais de três horas. A tensão espiritual pareceu atingir o clímax quando os magos começaram a gemer, agonizar, sem que fosse interrompido, de maneira definitiva, o processo mórbido de influência à distância que exerciam sobre os líderes internacionais.

Um dos magos, entretanto, não suportou a intromissão mental levada a cabo pelos mensageiros da Aruanda. Estremeceu mais que os oito restantes e, sobressaltado, sucumbiu, acordando do sonho-pesadelo, do estado de transe autoinduzido a que se entregara juntamente com os demais. Cambaleou, caiu ao chão, recobrando a consciência muito lentamente e percebendo que seu reduto fora descoberto, que havia seres poderosos interferindo em seu lúgubre plano de dominação. A concretude do que acontecia pareceu detonar uma bomba mental no íntimo de seu cérebro extrafísico. O ser sucumbia à dor, uma dor indescritível. A constatação peremptória de que seus planos haviam sido descobertos e, mais ainda, de que havia representantes dos poderosos guardiões ali, no reduto mais sagrado dos magos, lhe fez sentir como se um pedaço de metal incandescente tivesse sido cravado no próprio peito. Mas não havia como acordar os outros do transe a que estavam entregues.

Pai João voltou-se para o mago que rolava no chão de pavor e dor e intensificou seu pensamento sobre ele, de maneira a amenizar o efeito que sentia na mente em franco colapso. Tentáculos mentais apalpavam a sede da consciência do mago negro, que, incapaz de evitar a torrente de pensamentos intrusos do mago branco, buscava escapar a todo custo da força que lhe invadia o ser, rasgando-o e desnudando-o, de forma a patentear-lhe as intenções tão abertamente. Pai João concentrou ainda mais o pensamento e conseguiu afastar o pavor e o medo que dominavam o mago negro, que o levavam à beira da loucura. O famigerado ser tombou definitivamente, impotente diante da força mental que o assaltara e dobrara. Assim que o mago se prostrou, Pai João voltou a somar-se a Vovô Rei Congo, Pai Joaquim e os demais espíritos, altos iniciados do passado. Era noite na esfera dos homens.

Nesse exato momento, Jamar tornou a movimentar-se como se fosse um pião, girando em volta de si mesmo. O movimento repentino surpreendeu os magos. O guardião desembainhou sua espada e ergueu-a no ar num gesto ameaçador. Dela saíram raios, relâmpagos, e, por algum mecanismo ignoto, o instrumento do guardião da noite rasgou o espaço dimensional à sua frente, subitamente engolindo os temíveis magos que montavam guarda no gabinete de Saddam. Jamar elevou-se novamente e rumou ao pelotão de guardiões que guardava posição no gabinete de governo norte-americano.

Entrementes, os pais-velhos liderados por Pai João concentravam ainda mais a atenção nos outros magos. Estes pareciam totalmente absortos. Os pais-velhos concentravam-se progressivamente, penetrando mais e mais em sua mente. A comunicação do grupo do terror com os governantes manipulados, levada a efeito pela obstinada associação dos magos, finalmente sofreu a ruptura necessária, muito embora os sacerdotes da destruição ainda mantivessem estreita sintonia entre si, auto-hipnotizados e hipnotizando, de alguma maneira. No momento em que o elo mental se quebrava e os principais alvos eram libertos da ligação aterradora, a força de coalizão atacava mais uma vez, no plano físico. O patriarca do grupo de magos não saberia explicar, depois, como o consórcio mental fora invadido, como outra união de mentes, investida de habilidades psíquicas superiores às suas, se imiscuíra nessa rede de comunicação.

O monstro principal, o ser mais hediondo que eu conhecera até aquele momento, o principal dos magos, ameaçou se mexer, embora não conseguisse expressar nenhum pensamento perceptível, nem tampouco emitir qualquer som. Apenas abriu quase lentamente demais os olhos negros e sombrios, que refletiam o mais obscuro dos sentimentos. Abriu-os sem poder entender o que se passava ao redor de si. Demorou um tempo dilatado até que lograsse sair do transe ao qual se entregara. Nesse momento, os olhos cheios de um terror impossível de descrever pareciam transformar-se em fogo, num fogo ameaçador, porém impotente para queimar além da própria consciência. As veias em sua cabeça calva e enrugada pareciam querer arrebentar, tamanha a concentração e o nervosismo. As jugulares tremiam no pescoço e a criatura infernal contorcia-se toda, ao perceber o que sucedera a seu precioso grupo. De repente, ante um influxo de pensamento mais tenaz dos pais-velhos, o ser à nossa frente imobilizou-se por completo. Olhos vítreos, se eu não soubesse se tratar de seres fora do corpo, poderia jurar que ele estava morrendo, desencarnando. Não obstante, não havia como deixar de notar que o coração da estranha criatura, se é que ainda possuía um coração, batia de forma alucinante, quem sabe por sentir-se sobrecarregado das emoções descontroladas e ensandecidas de seu dono.

Em determinado momento, quando os pais-velhos se deram as mãos, formando uma ligação ainda mais intensa que anteriormente, uma substância gelatinosa e cinzenta, com rajadas negras, parecia verter do corpo de cada mago, como se estivesse se derretendo.

— Meu Deus! — exclamei, em voz alta, num misto de pavor e curiosidade...

À minha visão inexperiente de recém-chegado da dimensão física, era como se seus corpos se desintegrassem. Mais tarde, soube que os magos negros rejeitam a reencarnação durante séculos e até milênios, de modo que os corpos deformados ao extremo são mantidos tão somente pela força do pensamento, eventualmente favorecido pelo auxílio de alguns equipamentos, como era o caso daquela horda, em particular. Uma vez que a guerra mental lhes esgotava as reservas energéticas, as células perispirituais se desestabilizavam ante a força mental dos pais-velhos, que buscavam promover a todo custo o colapso do consórcio de pensamentos das entidades perversas. Parte da substância semimaterial constituinte de seus perispíritos dissolvia-se, desagregava-se perante nossa visão espiritual. Os magos resistiam à ação dos pais-velhos, porém, ao empregar o poder mental para defender-se ou atacar os pais-velhos, sucumbiam a qualquer tentativa de conservar a forma espiritual.

Forte abalo sacudiu a montanha onde estava incrustada a caverna. Muitos espíritos de vampiros, que se esgueiravam na escuridão, caíram ao chão, à medida que os próprios magos negros deixavam-se tombar, um a um, devido à concentração mental dos pais-velhos. Um série de abalos sacudia ainda mais fortemente a montanha, no mesmo instante em que os magos se agitavam e estremeciam no chão. Pareciam sofrer violento ataque epiléptico; convulsionavam-se em estertores. Um dos magos, após o incrível fenômeno que eu presenciara, abriu os olhos finalmente e, ao divisar os representantes da Aruanda, iniciados tal como ele, mas embaixadores de um poder superior, deu um grito assustador, aterrador e logo desmaiou.

Mais tarde, ao conversar com Jamar, Watab, Semíramis e os demais para saber o que ocorrera nos outros campos da luta em que estiveram trabalhando, não consegui tirar a imagem dos magos negros de minha cabeça. Fiquei por muitos dias impressionado e requisitei voltar ao Hospital do Silêncio para novas sessões de magnetismo. Precisava me recompor. Porém, Pai João notou minha dificuldade em absorver tantas informações e evocou para me auxiliar um guardião que respondia pelo nome de Sete. Este conduziu-me aos pórticos de Aruanda e, em meio aos campos e à natureza, fui me retemperar, aguardando o desfecho da guerra, que, no futuro breve, Jamar me relataria. Era demais para mim, naquele momento. Deveria estudar muito, avançar no aprendizado, mas eu sinceramente vibrava, delirava de alegria por poder pertencer a tal grupo de pessoas, comprometidas com o bem da humanidade.

Entre as estrelas da Aruanda, prossegui meu aprendizado, confiante de que, futuramente, quem sabe em alguns poucos anos, pudesse compor de maneira definitiva a equipe de guardiões ou de agentes da justiça divina. E este era um motivo muito especial para que me dedicasse aos estudos. Tinha a eternidade pela frente, e a Aruanda como pátria.

9

CIDADE DOS GUARDIÕES

RANSCORRIDO CERTO TEMPO após entrar em contato com a realidade espiritual, pude notar que toda verdade tem o lado sombra e o lado luz, e que lado sombra não significa necessariamente lado ruim, negativo, como se precisássemos lhe atribuir juízo de valor. Também descobri que há algo que nos impele a compreender e conviver com nosso próprio lado sombra, incita-nos a aceitar que somos como somos, que faz parte de nós o elemento humano, vulnerável, permeável, comum a todos os seres. Tanto quanto existe em nós o aspecto divino, superlativo, transcendente, com infinitas possibilidades, embora não esteja completo, ainda. Ele requer dedicação para crescer e frutificar. Contudo, desenvolver nossas habilidades divinas não implica matar, negar ou sufocar nossa humanidade, nem mesmo nosso lado sombra.

Foi assim que descobri um aspecto interessante. Se por um lado os mentores, os chamados Imortais, podem ser classificados como o que há de mais representativo em matéria daquilo que chamamos de luz — por falta de um termo mais refinado ou preciso —, por sua vez os guardiões sintetizam a justiça, a equidade, o fiel da balança. Portanto, lançando mão de uma alegoria — igualmente devido à escassez de vocabulário para melhor caracterizá-los —, talvez possamos chamá-los de lado esquerdo de Deus.

Traçando um paralelo, a Aruanda não é somente o que vi nos planos mais sublimes, nesse meu primeiro contato com a vida além. Aruanda é também a região escura, onde os guardiões têm seu refúgio, seu campo de experiências e de trabalho. Aruanda é também orum, o Céu ou as regiões mais sublimes ainda, das quais somente ouvi falar; Aruanda é a erraticidade para uns, o lugar mais sagrado para outros. Pode ser, simplesmente, o paraíso sem formas, o mundo mental, sobre-humano, onde as aparentes discordâncias, os aparentes paradoxos se encontrem, fundam-se, unam-se, de tal maneira que humano e divino façam parte de uma só entidade; que luz e sombra sejam vistas com a mesma naturalidade, despidas da visão moralista e maniqueísta que elege um como bom e outro como ruim.

Verifiquei que estar em sintonia com o Alto não significa obrigatoriamente concordar com tudo que vem do Alto, não implica pensar de modo idêntico, tampouco formatar o cérebro, seja físico ou extrafísico, para falar o mesmo idioma espiritual ou professar a mesma doutrina filosófica. Há beleza na diversidade. Há uma beleza terrífica nas sombras, tanto quanto há algo de atemorizante na luz, dependendo da cor e da intensidade que tiver, até porque luz nem sempre significa claridade. Descobri muitas coisas nesse pouco tempo de vida no Além.

Mas minhas descobertas não pararam por aí. Foi quando me reencontrei com minha filha Maria que me dei conta de que meu lugar não era entre os anjos, nem os santos, nem mesmo entre os Imortais:

— E agora, meu pai? Qual será o próximo passo? Que fará a partir daqui?

— Não há mais como ficar aguardando as oportunidades aparecerem. Creio, Maria, que terei de criar minhas próprias oportunidades. Que tal ir comigo à universidade?

— Não poderei, meu pai. Me desculpe! Porém, tenho de compartilhar algo com você.

— Não me diga que vai voltar ao mundo físico, isto é, reencarnar?

— Não é isso, meu pai. Eu vou morar em outra cidade espiritual!

— Como assim? Por que não fica aqui, na Aruanda?

— Desde o início eu sabia que não poderia ficar aqui. Os administradores me chamaram apenas para ajudá-lo, de alguma forma, a se sentir em casa. Mas não é aqui o meu lugar. Tenho outro tipo de aprendizado diferente do seu.

— Não sei o que dizer, Maria...

— O melhor de tudo é que poderemos nos ver, como ocorre na Terra quando as pessoas que se amam moram em cidades diferentes.

— Mas para que local você irá? Já sabe em qual cidade ficará morando, aprendendo e estudando?

— Vou para uma região mais próxima da Terra, vibratoriamente. Já fui visitar o local. É uma colônia, na verdade; não uma metrópole grande como esta. Mas preciso ir para lá, pois tenho muitos laços afetivos que preciso reatar, e as pessoas com quem devo conviver mais de perto, tanto quanto as experiências que preciso vivenciar, sei que as encontrarei por lá. Mas o seu lugar é aqui. Um dos guardiões me falou, papai. Sabia que você seria preparado para algo importante.

— Não importante, filha, mas necessário. Prefiro pensar assim. Mas se você já se decidiu, acho que devo lhe oferecer apoio, como sempre. Bom, pelo menos temos carros voadores e comboios através dos quais podemos nos locomover entre as dimensões. Não estaremos isolados, de qualquer forma.

— Além do mais, podemos nos falar constantemente, através dos aparelhos de comunicação.

Maria convidou-me a acompanhá-la até o local onde pegaria o veículo para viajar até a cidade onde passaria a residir. Fomos rumo a um tipo de aeroporto. Batizei-o de astroporto, por estar no limiar das dimensões astral e espiritual, propriamente dita, ou dimensão mental. O lugar era surpreendente. Via-se grande diversidade de veículos voadores, alguns enormes para os padrões terrenos. Observei desde equipamentos voadores mais simples, semelhantes aos helicópteros da Terra, embora sem as hélices, até outros imponentes, de formato totalmente diferente daquele que vira na cidade. O espaço onde estavam pousados era circular. E os carros voadores não precisavam taxiar, à semelhança do que ocorre com os aviões na dimensão física. Tão somente levantam voo na vertical e, depois, deslizam na direção do local desejado. Os maiores equipamentos de voo eram de formato esférico, imponentes, de proporções realmente singulares. Não soube qual a finalidade deles, mas com certeza deveriam ter uma função específica, e eram poucos esses gigantes da técnica astral. Vi também veículos menores, pilotados por espíritos experientes e tripulados por guardiões. Com estes eu já havia tido contato quando fomos visitar a base dos guardiões.

Tanto Maria quanto eu estávamos maravilhados com as possibilidades técnicas dos espíritos. Decerto eu acabaria descobrindo para que servia cada tipo de veículo. Por ora, precisava desfrutar da presença de minha filha. E foi num *hall* muito grande, uma espécie de sala de embarque, onde centenas ou até milhares de seres chegavam e partiam da Aruanda, que me despedi de minha filha, uma despedida sem dor, sem sofrimento, apenas com leve quê de melancolia ou saudosismo antecipado. Não cheguei a pensar que ela se integraria aos trabalhos apresentados a mim pelos guardiões. Ela nem sequer participou de alguma das visitas que fiz ou de qualquer reunião junto comigo.

Maria tivera um papel naquilo tudo. Ela apareceu logo no início de minha chegada e em seguida sumiu, talvez para entrar em contato com sua própria realidade espiritual. No meu caso, me envolvi de tal maneira com as novas experiências que acabei não sentindo mais a saudade imensa de Maria que sentira nos últimos momentos de minha vida no mundo físico. Eram tantas as coisas apresentadas a mim que a saudade em si ou foi disfarçada em meio aos acontecimentos ou, então, diluíra-se definitivamente. Como eu sabia que minha filha e eu não estávamos mortos, nem terminantemente separados, com efeito essa constatação serviu para diluir de vez qualquer resquício de aperto emocional. Estávamos vivos, e isso era o que importava.

Após me despedir de Maria, dirigi-me à universidade. O prédio principal era um edifício imponente, com uma arquitetura que lembrava bastante um templo rosacruz em sua fachada ou, quem sabe, os traços egípcios. Era dotado de pórticos impressionantes e um pátio muito maior do que qualquer universidade que eu conhecera na Terra. Os demais prédios apresentavam aspecto que me remetia aos museus da velha Europa.

Havia muitas cúpulas e a arquitetura privilegiara a construção de vários salões e bibliotecas. O prédio central era cercado por jardins muito bem cuidados e as flores que ornamentavam a entrada cintilavam como pedras preciosas de muitas cores. Havia estátuas dispostas como num grande museu, formando extenso corredor, e fontes e chafarizes refrescantes, tudo com intenso movimento de pessoas por todo lado. De modo geral, os espíritos movimentavam-se em grupos. Raramente se via alguém sozinho. A cor dominante nas construções era o dourado, embora outras se mostrassem em alguns arranjos na cidade universitária. Sim, trata-se de verdadeira cidade o complexo educacional.

Dentre os vários edifícios, escolhi aquele onde encontraria meus orientadores. Logo que me aproximei do *hall* de entrada, fui recebido por um dos dirigentes do local. Novamente percorri os olhos em derredor e me apaixonei pelo conjunto que via. Tive a nítida sensação de que nunca me cansaria de observar os prédios clássicos, os quais provavelmente exigiriam semanas a fim de serem completamente conhecidos.

Ao longe, envolvendo o conjunto da obra, havia muros altos, que se estendiam em forma de meia-lua. Sobre os muros, mantendo considerável distância entre si, havia observadores ou atalaias, como se diz por aqui. Encarregam-se de noticiar quando chegam visitantes de outras cidades ou colônias, além de organizar as diversas manifestações dos alunos, que, de tempos em tempos, constituem grupos para realizar práticas e estudos no pátio principal.

O preceptor notou minha curiosidade e quanto me deliciava observando o ambiente em volta. Talvez mais para captar minha atenção, comentou:

— Ora, ora, Ângelo! Então já sabe da notícia?

— Notícia? Que notícia? Vim apenas discutir sobre o curso intensivo. Fui informado de que deveria procurar a direção da universidade.

— Ah! Me desculpe se interferi, adiantando a surpresa.

— Que surpresa, meu amigo? Vamos, fale! Não me mate de curiosidade...

— Não há como matar ninguém aqui, Ângelo... Você já morreu, lembra?

— Você me entendeu — falei, quase morrendo de verdade. A curiosidade era meu fraco.

— Então, vamos até a recepção e logo saberá. Não quero quebrar o encanto. Lá encontrará alguns amigos.

Desisti de perguntar alguma coisa mais. Resolvi que iria direto ao setor responsável para discutir, se fosse o caso, meu projeto de estudos na Aruanda.

No momento em que adentramos o ambiente — um local arejado, com janelas grandes, através das quais era possível contemplar todo o pátio da escola —, notei a presença de alguns espíritos que já haviam sido apresentados a mim. Além de Jamar, estavam ali Júlio Verne, Watab e outros mais.

Jamar, alto, forte, cor de bronze, ficou segurando a espada, um instrumento de alta tecnologia que ele parecia não largar, como se estivesse o tempo todo preparado para entrar em ação. Seus olhos penetrantes fitavam ao longe ou profundamente, como se devassassem o interior da alma da gente. Outro guardião se encontrava ali: era Zura, dos legionários de Maria, ao qual fui apresentado em seguida. A indumentária do sentinela era algo que impressionava. Ele era a imagem de um guerreiro das hostes celestiais. Um gigante! Corpo maciço, acobreado, cuja aura brilhava como um relâmpago, semelhante à de Jamar. Refulgia com a luz que o envolvia, de maneira que lhe percebi a elevação. Assim como o guardião da noite, trazia um instrumento em forma de espada, que segurava apoiada no chão, descansando uma das mãos sobre ela.

Fiquei preocupado, pois não sabia que havia necessidade de tantas pessoas importantes assim; além do mais, minha intenção era somente discutir meu programa de estudos no curso intensivo.

— Estamos esperando por você, Ângelo. Temos novidades muito interessantes que lhe dizem respeito, pessoalmente — principiaram.

— Não me digam que desistiram de mim?!

— Nada disso, meu amigo — falou Jamar enquanto eu cumprimentava a todos, e me postava ao lado de Júlio Verne.

— Conversamos entre nós sobre a necessidade de você se especializar em alguns assuntos. A tarefa que lhe cabe requererá intenso preparo, que já começou aqui na cidade. No entanto, como sabe, nossa metrópole engloba outros campos de trabalho e laboratórios de experiência.

— Não sei aonde você quer chegar.

— Bem, você conheceu nossa base de trabalho nas regiões inferiores. Podemos dizer que é uma parte da Aruanda, embora seja mais um tipo de faculdade, onde os espíritos se preparam em regime intensivo para tarefas mais expressivas e determinadas. Lá, Ângelo, é onde julgamos que você terá mais campo para aprender e aprofundar-se em situações com as quais conviverá no futuro, e que farão parte de seu mapa de estudos.

— Então não vou mais viver aqui na cidade?

— Bem, não é exatamente o que pensamos, amigo — adiantou-se um preceptor responsável pelo estudo de filosofias na universidade. — A cidade dos guardiões ou base de apoio está sendo ampliada. Você não a reconhecerá quando lá chegar. Após os eventos da última guerra e do embate contra os filhos da noite — os magos —, fez-se necessário ampliar a estrutura do quartel dos guardiões. Por isso, a chamamos agora de cidade, e não somente de base.

— E de certo modo ela é uma extensão da Aruanda, embora não esteja na mesma dimensão — falou Watab, olhando para Júlio Verne, que pedia a palavra.

— Temos de convir que, se você se encarregará de levar notícias ao mundo dos chamados vivos sobre o que existe além das fronteiras do romantismo espiritual, então terá de travar contato direto com a realidade, tal qual ela é. E nada melhor do que ficarmos juntos numa região como a que se encontra a cidade dos guardiões — uma espécie de antecâmara da Aruanda, um posto avançado em regiões mais densas.

— Isso me preocupa — falei meio sem jeito diante da proposta. — Já estava me acostumando com a boa vida aqui na metrópole...

— É amigo, isso aqui vicia qualquer um. Não há como não se habituar com coisa boa.

— Mas temos de convir que sua tarefa, de maneira específica, será muito mais abrilhantada com uma estrutura de aprendizado ligada diretamente ao palco das lutas mais ardentes que temos levado a cabo nas regiões inferiores. Ademais, entre os guardiões, você contará com uma infraestrutura muitíssimo especializada. E poderá visitar a Aruanda quando quiser, além de ter aqui o seu refúgio pessoal, junto ao lago, onde foi construída sua morada.

— É, não há do que reclamar. Se é assim, estou de pleno acordo.

E falando baixinho, como se tentasse evitar que os demais ouvissem, Júlio Verne comentou com outro espírito ali presente:

— Como se houvesse opções disponíveis...

Ignorando a observação, que para mim foi apenas um gracejo, ousei perguntar sobre determinada coisa que não ouvira ninguém mencionar, até então:

— Como me disseram que eu teria de preparar o médium com o qual devo trabalhar no futuro, como ficará essa aproximação? O rapaz será conduzido também para as regiões inferiores, ao invés de vir aqui para a cidade?

— Primeiramente, meu amigo, é bom que saiba um pouco mais sobre os companheiros de trabalho na dimensão física.

— Mas não será somente com uma pessoa, um médium, que trabalharei?

— Bem, de maneira mais íntima, sim. E falo de intimidade no sentido de compartilhar pensamentos e emoções com o rapaz que lhe servirá de intérprete. No entanto, nenhum trabalho se realiza somente com um trabalhador. Você terá de se afinar com o pequeno grupo de pessoas que lhe servirá de apoio entre os encarnados. Trata-se dos companheiros do médium com o qual trabalhará; isto é, terá de preparar a equipe também, e não apenas o médium.

— Mas não seria mais fácil o ambiente da metrópole para que o médium fosse preparado? Cheguei a encontrá-lo aqui algumas vezes... Talvez por aqui se sentisse mais à vontade...

Jamar olhou para mim de maneira significativa, como se estivesse perdendo tempo precioso. Mesmo assim, ele prosseguiu calmo, dando-me mais detalhes:

— Ocorre o contrário, Ângelo. O rapaz que terá que preparar para ser seu intérprete, e nosso também, sente-se mais à vontade nas regiões inferiores. Com o tempo conhecerá a história dele no período entre vidas e compreenderá melhor o que lhe falo. Por outro lado, não é nada fácil desdobrar o médium e elevar a frequência do seu corpo espiritual, a fim de que se manifeste em nossa metrópole com consciência plena ou suficiente. Esse tipo de ação exige enorme dispêndio de energia de nossa parte. Como ele terá de se inscrever num curso regular do lado de cá da vida, além, é claro, de participar de algumas tarefas conosco, ficar no plano mais próximo à Crosta é muito mais fácil para ele — e também para nós. Afinal, ele pertence a este lugar, ao mundo dos guardiões. E na escola que estruturamos na zona de apoio, mais próxima à superfície do orbe, terão a disposição não somente as matérias e materiais para estudo e aprendizado, como também poderão entrar em contato, na nova cidade dos guardiões, com espíritos de longa bagagem, no que tange às incursões a planos mais densos.

No momento não entendi bem o que Jamar pretendia com sua explicação, mas senti que era o melhor para mim. Só aos poucos clarearam as coisas que antes não faziam sentido para meu espírito. Foi quando Zura prosseguiu com o pensamento de Jamar:

— Para quem quer se especializar, os planos mais densos oferecem recursos de aprendizado que não encontramos em nenhuma outra dimensão. O contato com zonas de impacto e com seres mais ou menos materializados, imersos numa realidade próxima ao que encontramos no mundo dos encarnados, evoca certa familiaridade. Verá como seu agente no mundo dos encarnados, quando em desdobramento junto aos guardiões, guardará mais lembranças do que entre as estrelas da Aruanda.

— Mas eu poderei voltar à cidade quando quiser, para me retemperar?

— Se você conseguir sozinho... — insinuou Watab, de maneira reticente. Ou seria irônica?

— O que você quer dizer com isso? — perguntei, ligeiramente desconfiado.

— Você descobrirá, Ângelo. Chegar à nossa cidade não é tão fácil assim. Lembra-se de como chegou aqui? Foi trazido pelos guardiões. Por Jamar, pessoalmente.

Fiquei meio ensimesmado, pensando na oferta de estudos junto aos guardiões e nas implicações de toda a proposta. Afinal de contas, não teria obrigatoriamente que concordar de imediato, mas como havia ali seres responsáveis e mais esclarecidos que eu...

— Está bem. Vou aceitar a proposta de estudo na base de apoio dos guardiões. Depois, durante minhas tarefas por lá, talvez entenda melhor o que quiseram dizer. Aceito!

Jamar olhou os demais com certo brilho no olhar. Em todo caso, ficaria mais perto dele e dos novos amigos que fiz na Aruanda. Uma vez que não perderia minha morada na cidade, deduzi que, à medida que o tempo passasse, poderia regressar, com a ajuda de Jamar, à cidade que para mim era como o paraíso. Se eu tinha uma tarefa pela frente, que tudo fosse feito em função dessa tarefa.

Deixei a universidade cheio de expectativas, já que compartilharia da presença de Jamar, Watab, Zura e dos demais guardiões de modo mais próximo e permanente. Embora as belezas da cidade dos espíritos, segundo o que meus amigos explicaram, a cidade dos guardiões era parte da Aruanda, um entreposto dos espíritos que se comprometiam com a humanidade, com o bem da humanidade. Então, apesar da diferença marcante, tanto na paisagem ao redor quanto na distância vibratória, se comparasse a Aruanda ao local onde eu residiria, veria que estávamos conectados intimamente devido aos ideais.

— Ah! Ângelo, me esqueci de lhe falar. Terá em nossa cidade uma espécie de instrutor, que poderá auxiliar até que você se adapte aos fluidos mais densos e ao tipo de vida mais ou menos militar de nossa cidade. Como estamos localizados em dimensão hostil, temos de manter certo rigor no tocante ao modo de vida e aos hábitos, pois nossa cidade é uma espécie de cidade universitária e militar, onde especializamos muita gente para lidar com vibrações mais densas e pesadas ou espíritos mais inteligentes, embora em oposição à política do Reino.

Um instrutor! Não imaginava precisar de alguém mais intimamente ligado a mim, mas, considerando o tipo de fluido com os quais deveria me habituar, até que a ideia não era tão sem fundamento. E lá fui me despedir de Consuela, de Laura e dos amigos que fiz neste meu primeiro momento na Aruanda. Quando conversava com Consuela, ela me surpreendeu:

— E pensa que vai para a cidade dos guardiões sozinho? Pelo que fiquei sabendo, um grupo numeroso de espíritos irá junto para formar a equipe com a qual você vai trabalhar. E conte comigo! Toda vez que sair algum veículo em direção às regiões mais densas, procurarei ir junto ou enviarei notícias de nossa humilde morada — como sempre, Consuela dramatizava.

— Que espíritos são esses? Você os conhece?

— Claro que conheço alguns, mas é uma turma muito grande. Acho que você os conhecerá assim que chegar. Espero que dê tudo certo. Assim que vier se retemperar nos ambientes de nossa cidade, seu lugar estará arrumadinho, tudo no lugar, esperando por você.

Despedi-me dos amigos, menos de Pai João, pois ele nos guiaria até a base dos guardiões, a cidade dos sentinelas, localizada nas regiões mais densas. Estava ansioso para me ver entre o pessoal de Jamar, no local que visitara antes.

Tão logo entrei no veículo, que estava na espécie de hangar de onde partiam os aeróbus, entrou uma mulher em tudo diferente de todas as outras que eu conhecera nos primeiros tempos na Aruanda. Parecia muito mais uma pessoa encarnada do que desencarnada. Algo era diferente nela. E a familiaridade com que conversava com os guardiões indicava serem velhos conhecidos. Mais tarde, soube que se chamava Irmina Loyola e era um agente dos guardiões entre os chamados vivos. Atuava fora do corpo junto aos representantes da Aruanda, em várias frentes de trabalho. Somente mais tarde eu viria a saber que ela fazia parte da equipe. Aliás, a equipe dos guardiões era muito grande e contava com várias pessoas encarnadas, que, durante o sono físico, colocavam-se a serviço dos emissários da justiça divina. A rede de trabalhadores em torno do planeta era algo incrível e, mais ainda, não dependia de religião nem de serem os envolvidos pessoas religiosas. Bastava estar sintonizado com a proposta de auxiliar a humanidade de maneira intensa e genuína.

A primeira reunião que presenciei foi presidida pelo espírito Joseph Gleber, que deu início à sessão com um comentário que me abriu a mente, de maneira inusitada, para questões até então desconsideradas por mim. Ele fez um convite para que eu presenciasse, juntamente com Irmina e mais dois médiuns encarnados em desdobramento, alguns eventos relativos ao movimento espírita. Seria importante conhecer as características do movimento, pois em alguma medida me envolveria com espíritos espíritas ou médiuns espíritas. Pai João participava silencioso da reunião, e um grupo de mais de 100 guardiões estava ali também, demonstrando interesse no assunto.

— Com certeza não será nada agradável para vocês perceberem que os amigos encarnados mais envolvidos com a renovação do pensamento e o esclarecimento espiritual não são nada resolvidos entre si — falou o médico de procedência alemã. — Por essa e outras razões, vocês precisam ficar atentos, pois inicialmente enfrentarão resistência cerrada entre aqueles que dizem representar a luz do progresso espiritual. Notarão, também, que, embora falem em progresso e evolução do pensamento, meus irmãos encarnados no movimento espírita são, de modo geral, os mais resistentes a novas ideias e à própria característica renovadora e inovadora da mensagem espiritual.

Sinceramente, não entendi como pessoas que afirmavam divulgar ideias renovadoras e representar um movimento de libertação pudessem, em algum nível, combater ou ao menos contrariar o objetivo da mensagem que diziam propagar. Não tivera ainda contato mais íntimo com espíritas. Será que eu teria surpresas pela frente?

De qualquer forma, para mim, e quem sabe para os demais espíritos ali presentes, seria ótima a oportunidade de ter contato estreito com a realidade de integrantes do movimento com o qual lidaríamos. Tratava-se da primeira aproximação direta; experimentaria a primeira impressão do campo de trabalho em que militaria.

Joseph Gleber deu prosseguimento à sua fala, discorrendo sobre a ocasião que teríamos de observar o diálogo entre um dirigente encarnado em desdobramento e seus mentores. Pediu que reparássemos na dificuldade enfrentada pelos espíritos responsáveis pela tarefa educativa dos agentes encarnados ao lidar com as limitações e crenças pessoais dos pupilos. Após a breve introdução, continuou:

— Os eventos que marcam o final do século XX no planeta Terra indicam que, apesar de certas conquistas no âmbito dos movimentos religiosos — tanto aqueles declaradamente espiritualistas, que trabalham abertamente com a mediunidade e a comunicação com o Invisível, quanto os que não admitem tal prática —, apesar do progresso alcançado e admitido entre os representantes das ideias renovadoras, no tocante a diversos campos da ciência espiritual, ainda há muito a ser feito, quando se considera o objetivo de levar uma visão nova e mais dilatada da vida além-túmulo. Há muito campo a ser desbravado e muitos mitos a serem dissipados ou desconstruídos.

“Também se pode pensar o seguinte, a partir do estudo mais aprofundado do movimento renovador da alma humana. Levando-se em conta as manifestações de religiosidade do povo brasileiro, em particular, e as nuances que lhes são próprias; considerando-se os avanços do movimento espírita no âmbito mundial e as ações e reações que observamos no panorama interno desse movimento; tomando-se por base o relacionamento entre médiuns, oradores e demais elementos que se declaram divulgadores da terceira mensagem, chega-se a uma conclusão inequívoca: o movimento espírita está em crise. Numa crise sem precedentes.

“Os espíritas mais religiosos — que se inspiram em homens-mitos, em indivíduos que tomam como referência de santidade e comportamento, quase beatificados pelos conceitos católicos importados para a prática espírita, que engendram sua visão de espiritualidade — combatem qualquer um que ouse mostrar uma visão mais ampla da realidade espiritual e procure lhes alargar os horizontes. Outros, os que se dizem mais científicos, pretendem fazer um espiritismo sem espíritos, uma quase-igreja, palco de disputas, de teorias pseudocientíficas, de pretensões de pessoas que se acham na vanguarda das interpretações mais acaloradas e atuais.

“Por outro lado, aqueles que ficam no meio, que tentam fazer um movimento de qualidade, estabelecendo uma ponte entre ambos os lados, a partir do conhecimento de verdades de ponta, que chegam cotidianamente através da mediunidade, mas que sabem serem relativas, são atacados pelos dois outros setores.”

Joseph Gleber deu um tempo ao grupo reunido na cidade dos guardiões, de modo a avaliarmos a natureza do movimento com o qual iríamos interagir mais intensamente. Em seguida, continuou:

— Os mais estudiosos, aqueles que se permitiram ir além das ideias cristalizadas ou meramente reproduzidas e mimetizadas, que ousaram ultrapassar conceitos engessados e práticas farisaicas, na medida em que procuraram o pensamento evolucionário e progressista do codificador do espiritismo, iniciaram uma transição. Somente com muita coragem e estudo é que são capazes de avançar nas observações a respeito de outros sistemas de vida nas dimensões mais próximas à Terra.

"É tarefa impostergável desta equipe de espíritos aqui reunida levar ao conhecimento dos meus irmãos encarnados a realidade tal qual ela é, ou ao menos um retrato dela que seja o mais fiel possível. É fundamental descortinar, diante da visão de quem queira se aprofundar nas observações e estudos, a possibilidade de anteverem o trabalho de certas inteligências mais sofisticadas, embora voltadas para uma ética seriamente questionável. É necessário que meus irmãos encarnados percebam as implicações dos chamados processos psíquicos complexos, no tocante às obsessões, e possam ir um pouco adiante.

"Vocês terão a oportunidade e a responsabilidade de mapear o trabalho de inteligências extracorpóreas em regiões inferiores, na subcrosta e no grande abismo. Este ousado empreendimento espiritual será uma das maiores tarefas apresentadas a vocês. Mas não se enganem, pois o fato de se fazerem porta-vozes de conhecimento mais dilatado, ou de levarem ao mundo suas experiências mais árduas do lado de cá, será visto como ameaça por aqueles que se encontram cristalizados, cujas mentes encaixotadas pararam numa fase que já deveria ter sido ultrapassada. Paradoxalmente, temem pelo progresso e querem manter o movimento renovador estacionário."

Fiquei pensando, após as palavras de Joseph. Se, por um lado, nós estávamos fora do corpo físico, de certa maneira incólumes aos comentários malsãos que poderiam advir de nosso trabalho ou das avaliações a seu respeito, o que seria dos nossos agentes, os médiuns e a equipe que nos representaria no mundo? Por certo não seria nada fácil para eles. Olhei para o lado, onde se encontravam dois de nossos amigos encarnados em desdobramento, e fiquei imaginando quanta coragem e determinação deveriam ter, necessariamente, para dar a cara a tapa em nosso lugar. Exatamente isso, pois seriam eles a receber as agressões verbais e os ataques nervosos dos opositores do progresso; mais ainda, a estar na mira da raiva explícita daqueles que se sentissem ameaçados com o resultado de nossa parceria. Respirei fundo, apreensivo quanto ao futuro de nossos amigos no plano físico.

Enquanto tais pensamentos passavam em minha mente, o espírito amigo retomava a fala, antes de nos liberar para observarmos certos acontecimentos importantes, a fim de que formulássemos nossa visão acerca do contexto espiritual com o qual entraríamos em contato.

— Dia após dia, surgem novos grupos, comandados por legítimos representantes do progresso da humanidade e do movimento espírita. Grupos formados por cientistas da alma, pesquisadores de certas verdades, médiuns que se sentem na responsabilidade de desmistificar as crendices a respeito do plano extrafísico, e muitos outros, que se especializaram no trato com os habitantes da dimensão extrafísica em algum tipo de abordagem da problemática humana.

"Finalmente – disse com maior ênfase –, grupos de pessoas que representam organizações não espíritas, de outras filosofias e religiões, cujo tronco não está diretamente ligado à gênese do espiritismo, despertarão também para a necessidade de se unirem num movimento de vanguarda mundial, a fim de aprofundar as observações e experimentações que investigam o mundo invisível.

"Contudo, várias batalhas estão em curso e são travadas entre aqueles que deveriam representar o Cordeiro de Deus no mundo. Embora todos estejam à procura de melhores instrumentos e instrumentalidades para serem ativos colaboradores da renovação planetária, perdem precioso tempo ao brigar entre si, disputar posições ilusórias ante as vistas de muitas lideranças e, quem sabe, esperar aplauso e possível beatificação da parte dos homens. Enxameiam as pretensões à conquista de um suposto poder e o desejo de alguns médiuns de ser considerados missionários; graças a Deus, porém, essa postura não maculará a face verdadeira da mensagem, que paira acima das manifestações humanas e do próprio movimento criado pelos homens.

"Esse estado de coisas, comum em agrupamentos humanos – mas não esperado entre os representantes do

Cristo, embora presente entre eles —, desperta a atenção de seres da oposição tanto quanto daqueles que defendem os ideais nobres esboçados pelo espírito Verdade. De um dos lados, o desejo de conhecer mais profundamente as fraquezas dos opositores; de outro, o empenho em pesquisar, catalogar tais fraquezas, visando dar novo fôlego ao movimento, de modo a investir no lado bom de cada indivíduo."

Talvez porque estivéssemos muito envolvidos com a temática apresentada e, mais ainda, porque a situação enunciada nas palavras do espírito amigo diziam respeito diretamente ao trabalho que realizaríamos a partir de então, parece que ele compreendeu como suas palavras despertavam em nós uma emoção muito intensa. O médico Joseph Gleber deu por encerrada sua participação nessa parte de nosso aprendizado, deixando que Jamar e sua equipe nos conduzissem nos próximos passos do contato com a realidade íntima de alguns trabalhadores espíritas. Decididamente, nosso aprendizado, nosso curso intensivo havia começado.

Dando-nos a conhecer certas particularidades do ambiente espiritual onde nos movimentaríamos ao levar o fruto de nossas observações por intermédio da mediunidade,

Jamar compartilhou conosco, através de uma projeção tridimensional, certos arquivos dos guardiões mostrando alguns poucos lances em dois momentos e dimensões diferentes. As imagens pareciam tão palpáveis que me lembro de pensar que dificilmente saberia distinguir se era uma projeção ou um fato observado *in loco.*

— Dentro em breve a humanidade se verá às voltas com uma crise muito mais de ordem espiritual, diferentemente da que ocorre nestas três ou quatro décadas que marcam o final deste milênio e o início do outro, a qual abala as estruturas sociais e econômicas do mundo — dizia um espírito representante de esferas superiores ao amigo de trabalho. E a conversa entre ambos denotava certa preocupação com os parceiros encarnados.

— Sim, essa crise talvez anuncie e preceda acontecimentos mundiais de consequências muito graves, como ainda não se verificou na história atual da civilização. Veja a Guerra no Golfo, por exemplo. Não foi uma guerra como outra qualquer; ela representou muito mais do que se poderia imaginar. Marca o início de eventos cósmicos, de alcance mundial. E não há como ignorar que o movimento espiritualista precisa se erguer sobre bases de verdadeira fraternidade e dar as mãos para enfrentar momentos decisivos da vida coletiva. Os representantes do Alto ora encarnados talvez sejam inspirados a deixar de lado as brigas e disputas, que só têm servido para diminuir a marcha do progresso, que é inevitável.

— Muitas vezes, me parece que o processo de espiritualização da humanidade patrocinado pelo movimento espírita dá sinais de estar em crise, pois deveria ser algo que ocorresse com maior agilidade e com a união daqueles que interpretam a mensagem consoladora e de espiritualidade no mundo. Creio que, atualmente, o movimento dos espíritas desempenha um papel importante na história do mundo, mas não podemos deixar de considerar os médiuns e demais figuras atuantes desse movimento, de forma particular.

— Na batalha que nos aguarda em prol da implantação definitiva do Reino[17] sobre a Terra, temos de considerar certas diferenças entre os representantes do Cristo no mundo: espíritas, umbandistas, esoteristas ou espiritualistas, de forma abrangente. Creio que, por ora, essas parti-

[17] Cf. Mt 4:23; 6:10,13; 8:12; 13:19,38; 24:14; Ap 17:12.

cularidades exigem de nós maior investimento, investigações mais aprofundadas, pois as pessoas que se encontram à frente do trabalho e aquelas que seriam chamadas a participar mais ativamente nesse movimento mundial têm ficado perdidas, em meio às disputas particulares. Lutam contra fantasmas.

Um dos espíritos, mais ligado à área de educação do espírito, compartilhou sua apreensão:

— Nós, os espíritos, não podemos nos furtar a essa luta. Muitas vezes, sentimo-nos incapazes de interferir. A forma de pensar de muitos de nossos representantes no mundo é tão diferente da nossa que eu, pessoalmente, me vejo aflito diante da maneira de pensar e agir daqueles que deveriam ser nossos médiuns e parceiros.

— Sei como se sente! Muitas vezes, nossos médiuns, tanto quanto bom número de dirigentes, se sentem atacados toda vez que enviamos recursos em forma de conhecimento, a fim de que se instrumentalizem melhor. Ignoram que estão no meio de uma batalha espiritual e querem viver na fantasia; preferem a visão romântica da vida espiritual, cheia de fantasias quanto a seus mentores e à realidade. Há de chegar o dia em que os espiritualistas, e os espíritas em particular, reconhecerão que esse tipo de reação não poderá ser considerado sadio nem útil para o futuro do movimento renovador. Chegará a hora em que perceberão que é necessário se preparar com conhecimentos mais detalhados e aprofundados, que queremos enviar para a esfera física, pois precisam estar cientes das táticas dos opositores do progresso no mundo.

Nesse momento do diálogo, um dos amigos espirituais se posicionou mais intensamente:

— Ninguém se mantém firme numa guerra de âmbito mundial e caráter espiritual, com graves consequências, sem conhecer e mapear o território do inimigo, sem ter consciência das possibilidades, dos truques, enfim, da capacidade que este detém. Nossos parceiros no mundo verão que precisam atualizar e aprimorar a metodologia de abordagem do mundo extrafísico, o conhecimento e, sobretudo, o comportamento que adotam perante aqueles irmãos que pensam de maneira diferente. Caso contrário, os espíritas correrão o risco de se diluir entre as diversas seitas e religiões do mundo, perdendo a característica principal, que é o caráter progressista e de revelação da doutrina que abraçaram.

— Esperamos que chegue o momento em que esses diversos representantes da verdade relativa de ponta, que estão encarnados no mundo, convivam com respeito e consideração uns pelos outros. Até lá, pelo menos para nós, teremos muito trabalho, muito esforço. Precisamos conhecer e acompanhar de perto a forma como se comportam os representantes do Cordeiro de Deus, a fim de darmos um impulso novo, rumo à união de todos no ideal que deveria ser comum.

— Sei, amigo — falou um dos espíritos. — Mas se a nós nos preocupa a situação do movimento espírita e espiritualista em geral, há também interesse por parte dos espíritos representantes da oposição, pois igualmente almejam conhecer mais de perto nossos pupilos, mapear as reações psicológicas e as respostas de nossos parceiros, os médiuns e demais agentes do movimento. Querem saber se eles são realmente prepostos do Cristo ou simplesmente se comportam como inimigos uns dos outros.

Após as imagens do diálogo entre os embaixadores das ideias progressistas, outras imagens foram mostradas, agora ilustrando o grupo oposto e oposicionista às ideias de espiritualidade. Num outro lugar, em outra dimensão, novo diálogo, novas personagens:

— Você deverá fazer uma excursão ao acampamento do inimigo. Esses religiosos de carteirinha pretendem instrumentalizar-se, tentando enfrentar-nos. Desconhecem nossas possibilidades reais. Pensam que estamos parados no tempo, como eles ficaram por décadas. Enquanto permaneceram isolados do progresso espiritual, concentrando a atenção apenas em alguns de seus médiuns e em receitas de paz, de espiritualização e de santidade, e alçando as questões sentimentais e emocionais ao primeiro plano, nós progredimos em nossos métodos, atualizamos nossa tática.

Fiquei impressionado ao perceber a tecnologia dos guardiões. Não contentes em enviar um tipo de agente duplo à base dos inimigos do bem, dos espíritos que faziam oposição ao que chamamos sistema do Cordeiro, também gravaram cada palavra dita por eles — inclusive, percebíamos as emoções presentes no diálogo das entidades sombrias. Presenciar os diálogos e as emoções dessas entidades fez com que eu visse nossa tarefa sem nenhum romantismo, tal qual seria: um desafio, e dos grandes.

— Eles pensam que estamos ainda na época da inquisição — falava a entidade. — Acham que estamos com o pensamento voltado para as questões internas do seu movimento, enquanto já formamos aliados no mundo todo, entre os representantes das nações. Estes seguidores do Cordeiro estão parados no tempo. Sabem que o mundo físico progride, usam de tecnologia modestamente avançada na esfera física e, ainda assim, muitos imaginam que do lado de cá continuamos com os mesmos métodos de 100 anos atrás. Esse pensamento vem bem a calhar para nossos propósitos. Sem querer e sem saber, eles colaboram conosco ao defender técnicas ultrapassadas, ao combaterem entre si, deixando-nos mais à vontade para agir.

— Ou, então, não agir. Pois, se ficam combatendo entre si, deixam pouco serviço para nós. Se autodestroem. E o que é melhor: em nome da própria filosofia e verdade que julgam defender.

A partir desse ponto da conversa entre as inteligências sombrias, pude entender o que planejavam — e eu vira somente uma pequena parte do véu ser levantado. Pude entender, também, por que aqui, na cidade dos guardiões, era mais fácil nos instruirmos acerca desses detalhes, que possivelmente nem interessassem à maioria dos espíritos com os quais convivíamos na Aruanda. Aqui poderíamos ficar mais à vontade, nos aprofundar nas observações e estudar a metodologia empregada pelos seres que faziam frente ao progresso espiritual da humanidade.

Prosseguindo na conversa, um dos espíritos interessados em minar o movimento de renovação continuou:

— Temos de observar de perto alguns dentre eles, que têm despontado como representantes de uma ciência dos superiores. Muitos espíritos foram chamados a reencarnar no mundo com o objetivo de levantar o véu da ilusão que encobre a visão espiritual dos dirigentes e dos defensores da pureza. Precisamos ficar atentos, catalogar todas as informações que pudermos ter a respeito desses enviados e de seus seguidores.

"Enquanto observamos, continuaremos nossa investida, nosso investimento em escala mais ampla, mundial. Novas lideranças devem subir ao poder entre os representantes das nações; novas alianças devem ser feitas entre os políticos, pois os emissários do Cordeiro rejeitam a ideia de se envolver na política humana. Gradativamente, estabeleceremos bases e sintonia com os homens públicos, representantes do povo. Afinal, ninguém no movimento espiritualista costuma se preocupar em abordar as questões espirituais desses líderes mundiais.

"À medida que inspiramos disputas e dissensões entre os defensores das ideias do Cordeiro, e durante os conflitos pessoais daí decorrentes, trabalharemos em silêncio, preparando o caminho para a hora do anticristo. Quando os parceiros do Cordeiro despertarem para a realidade, já teremos dominado muitas mentes representativas."

Vi o ardil dos planos excêntricos das entidades perversas. E pretendiam muito mais.

— Mas também faremos com que nossas ideias penetrem nesse movimento, e não só em nossos aliados. Enviaremos alguns hábeis hipnotizadores de multidões, a fim de defenderem nossos interesses de dentro das fileiras desse movimento. Queremos estabelecer alianças em todo lugar.

— E o que farei, de minha parte? Tem alguma tarefa especial para mim? — perguntou uma das entidades sombrias.

— É claro, nobre colega — respondeu o interlocutor, dando estrondosa gargalhada. Suas unhas afiadas, como garras, raspavam a mesa que lhe servia de suporte. — Preciso que você nos represente, fazendo apenas observações. Quero que siga de perto as reações de alguns representantes do movimento do inimigo e nos traga todas as impressões. Não interfira, não gaste suas forças com eles. Aja com prudência, com extrema habilidade política. Queremos apenas mapear o movimento deles, a fim de sabotarmos, mais tarde, qualquer plano que nos pareça ameaçador. Isto é, queremos informações sobre as reações dos parceiros do Cordeiro, pois aí, na hora certa, agiremos com a estratégia mais eficaz.

Olhando significativamente para os olhos negros e fundos de seu colega, disse:

— Entrego-lhe especialmente o cadastro de alguns que, temos certeza, foram enviados com objetivos bem definidos, para tarefas no mundo. Quero o máximo de sigilo, de detalhes e de acerto em suas observações.

"As informações contidas nas fichas dos trabalhadores que serão investigados foram colhidas durante anos de silenciosas observações por parte dos chamados 'olhos' ou agentes duplos. Foram mapeadas emoções, sentimentos, reações e atitudes desenvolvidas em cada atividade, desde a profissional até o envolvimento social e familiar de cada um. Essas fichas constituem, na verdade, mapas mentais muitíssimo detalhados."

Depois do diálogo ocorrido em regiões inferiores e ignotas da dimensão extrafísica, o emissário da escuridão partiu em direção ao mundo dos homens. Tinha muito o que observar, catalogar, registrar. Por enquanto, nada mais! Afinal, não deveria gastar tempo, por ora, combatendo os representantes do Cordeiro. Estes estavam muito ocupados entre si; digladiavam, disputavam títulos e posições, aplausos e reconhecimento. Muitos representantes do abismo e das regiões inferiores poderiam tirar férias, não fossem seus planos mais ambiciosos, em âmbito planetário. Os espíritas e espiritualistas, segundo entendiam, estavam numa luta sem precedentes contra si mesmos; perdiam longo tempo fazendo relatórios que condenavam os próprios companheiros de ideal; divulgavam ideias uns sobre os outros de modo que mais pareciam inimigos. E essa atitude os espíritos das sombras aplaudiam.

Fiquei abismado ao entrar em contato com aquela realidade. Não teria podido sequer supor o que nos aguardava no futuro, especialmente dentro do próprio movimento espiritualista. Ao ouvir o diálogo das entidades perversas, seu planejamento estratégico inteligente e minucioso, fiquei a imaginar como nossos parceiros no plano físico seriam atacados. Precisávamos realmente estabelecer uma frequência mais íntima, um tipo de relacionamento mais estreito, uma rede de proteção eficiente, a fim de amparar nossos agentes encarnados quando as ideias que apresentaríamos fossem levadas a público. Finalmente, eu começava a ter uma ideia mais exata do que os guardiões me falaram sobre o preparo da equipe que deveria trabalhar em sintonia conosco.

— Diante da iminente crise de valores que ameaça os religiosos e as religiões do mundo, incluindo os espiritualistas — iniciava nova cena —, faz-se urgente conhecer não somente as armas e o potencial dos inimigos do bem, do Reino, mas também suas fraquezas. É preciso, além disso, tomar ciência do que ocorre em nossas próprias fronteiras, quais elementos temos dentro de seu perímetro, a fim de averiguar se podemos contar com obreiros conscientes e munidos do conhecimento do Alto ou se devemos lidar, ainda, com irmãos envolvidos em intrigas da política religiosa, que grassou nos séculos passados. Diante de desafios em escala cada vez maior, urge conhecer nossas forças internas, como movimento de renovação, de novos homens. Em breve, como humanidade, teremos de nos submeter a provas e desafios que porão em cheque nossa pretensa espiritualidade, quando o mundo enfrentar os momentos difíceis da transição planetária.

"Sabemos que as provas às quais seremos submetidos nos próximos anos deixarão para trás quaisquer outras que o povo de Deus, os filhos do Reino tenham passado até então. As revelações a respeito das artimanhas da oposição, dos espíritos das sombras, já começam a se disseminar. De acordo com o que ouvi em conversas de entidades que se opõem à política do Reino, não há como negar que estamos em pleno campo de batalha espiritual.

"Muita gente ainda dormita em meio a expressões de boa vontade, embriagada com conceitos religiosos ultrapassados. Contudo, somente o conhecimento amplo e irrestrito das questões ligadas ao grande conflito espiritual que está em curso — desde as armas empregadas na batalha de mentes e emoções até as estratégias da guerra que se passa nos bastidores da história humana — é que será capaz de proporcionar uma visão acurada e mais precisa dos desafios inerentes ao tempo em que vivemos.

"No aspecto subjetivo, apenas a firmeza oriunda do conhecimento de nossas próprias dificuldades íntimas tanto quanto de nosso potencial poderá proporcionar a vitória certa contra as ciladas do inimigo, pois, como assevera o apóstolo dos gentios: *Não temos de lutar contra a carne e o sangue, e, sim, contra os principados, contra as potestades, contra os poderes deste mundo tenebroso, contra as forças espirituais da maldade nas regiões celestes”.*[18]

As imagens se sucederam, e outro aspecto foi revelado na projeção dos guardiões. O ambiente agora era outro. Creio que Jamar queria acabar, de uma vez por todas, com qualquer fantasia que alimentássemos em nosso espírito a respeito de possíveis facilidades na tarefa pela frente. O que vimos a partir dali era algo que merecia nossa reflexão; os guardiões e aprendizes estavam todos atentos para o que se passava em três dimensões.

— Vamos trazer nosso amigo Jaime até aqui — falou um dos espíritos responsáveis pela orientação do movimento espírita na região. Era nada mais, nada menos do que Cícero Pereira, o eminente professor que se dedicara ao movimento doutrinário. Cícero estava preocupado com a atitude de Jaime em relação a um grupo espírita envolvido na divulgação das ideias de renovação. O grupo se formara por orientação superior e fazia o possível para firmar-se,

[18] Ef 6:12 (Todas as citações extraídas de: BÍBLIA de referência Thompson. Edição corrigida de Almeida. São Paulo: Vida, 1995.)

em sua estrutura energética, a fim de cumprir as orientações que recebia de mensageiros da dimensão invisível. O pequeno grupo ainda teria um papel a desempenhar no Brasil, principalmente; de maneira mais precisa, traria novos elementos para que o movimento pudesse repensar sua metodologia de trabalho e seu compromisso com as esferas de espiritualização da humanidade.

Jaime, dirigente regional, fizera-se inimigo público número um desse grupo e de alguns de seus representantes, em particular. Segundo víamos na projeção, ele não admitia que alguém ou algum grupo pudesse obter a expressão que o pequeno agrupamento estava conseguindo em meio às outras casas espíritas.

— Não podemos permitir que Jaime, que é um bom trabalhador, se equivoque assim quanto aos compromissos espirituais de nossos irmãos. Nós o traremos à nossa dimensão e veremos o que se pode fazer. Dialogaremos quanto for possível, pois, sem se dar conta, combate nossos representantes, seus irmãos.

A projeção mostrou a ação dos benfeitores durante o período de sono do dirigente espírita. À noite, um dos espíritos responsáveis dirigiu-se à cidade onde residia Jaime, um trabalhador dedicado, porém equivocado e envolvido na política interna do movimento espírita. Quando a equipe espiritual de trabalhadores, coordenados por Anastácia, adentrou o ambiente da casa de Jaime a pedido de Cícero, a situação que encontraram não era nada boa.

O ambiente doméstico estava repleto de criações mentais, que fervilhavam em torno do quarto de Jaime. Ele dormia, mas não um sono tranquilo, pois parecia estar mergulhado em rancor, expresso através das imagens que compunham seu quadro íntimo. Anastácia, ao ver a situação, realçou a importância deste trabalhador, no que tange aos atropelos de seus desafios pessoais, íntimos, os quais estavam definindo, muitas vezes, suas reações no movimento de que participa:

— Jaime está envolvido em fantasias herdadas de seu passado espiritual. Ficou preso aos conceitos de domínio e agora amarga as imagens mentais que criou e às quais se enredou — falou Anastácia ao outro espírito.

— Também, pudera. Segundo temos notícias do histórico pessoal, Jaime foi alguém muito ligado ao catolicismo no passado. Parece que ele se ajustou perfeitamente ao papel de sacerdote da igreja.

— É, meu amigo, temos muitos ex-católicos reencarnados no movimento espírita. Por um lado isso é bom, uma vez que têm oportunidade de reavaliar sua visão a respeito de espiritualidade; por outro lado, trazem os resquícios do passado para a prática espírita. Nesse caso, veja como Jaime ressuscita a velha fórmula católica de gerir os centros espíritas. Ele não permite nada novo, nem qualquer coisa que não passe pelo aval daquilo que convencionou chamar de *movimento oficial*, em contraste ao conceito errôneo que convencionou e que chamou de *movimento paralelo*.

— Não entendo essa coisa de movimento paralelo, Anastácia.

— Nem você, nem ninguém. Trata-se de uma invenção de dirigentes espíritas que querem dominar o movimento, de espíritos católicos que reencarnaram para atrapalhar a marcha do espiritismo. Qualquer pessoa ou centro espírita que porventura se destaque nas pesquisas ou no trabalho que realiza e que não baixe a cabeça e peça bênção àqueles que querem ditar normas aos demais, é tachado de *paralelo*. Isso é apenas política rasteira que fazem, a fim de manter um *status* que não têm mais e, além disso, uma posição insustentável para a época atual.

Ao ouvir o diálogo das entidades que tentavam auxiliar Jaime, pude vislumbrar melhor o que nos aguardava no porvir. Não seria fácil nossa tarefa. Jamar parecia saber disso muito bem, pois não nos poupou, nem sequer aos médiuns desdobrados, de ouvir um pouco mais.

Deixando de lado os comentários sobre a política de alguns dirigentes, os dois espíritos dirigiram-se a Jaime. Dispersaram as formas mentais invasivas que gravitavam no interior do ambiente doméstico e, em seguida, Anastácia magnetizou Jaime, com passes longitudinais lentos. À proporção que o magnetismo agia sobre o homem deitado, seu corpo espiritual desdobrava-se na dimensão extrafísica, com aparência bastante diferente. Parecia um sacerdote católico, em toda a sua roupagem, vestido com indumentária representativa para as convenções daquela religião.

— Meu Deus do céu! — pronunciou Nélio, assustado com o rompante do homem desdobrado.

Jaime trazia sob o braço um exemplar de *O livro dos espíritos,* de Allan Kardec — algo que não combinava com a roupa de sacerdote.

— Olá, meu amigo! — falou Anastácia. — Aguardamos você para uma conversa séria a respeito de nosso movimento. Mas, antes, acho que podemos modificar sua aparência. O que acha?

Olhando para si mesmo, Jaime-espírito também se assustou com a roupagem fluídica que trazia estampada em sua aparência perispiritual. A um comando de Anastácia, Nélio magnetizou lentamente Jaime, tentando modificar-lhe a aparência ou a indumentária com que se apresentava. Mas não conseguiu completamente. Alguns elementos pareciam resistir ao magnetismo.

Olhando para o companheiro espiritual, Anastácia falou:

— Parece que a postura do sacerdote católico está tão arraigada que, mesmo sob ação externa, não há como desvencilhá-lo daquilo que para ele representa uma insígnia de poder. Não obstante, não poderíamos deixá-lo totalmente como estava, pois essa figura reforça em seu psiquismo uma posição que não mais detém e que é por demais pretensiosa. Vamos levá-lo conosco.

As imagens projetadas se modificaram totalmente. Vimos outro ambiente. Irmina parecia incomodada com a situação. Talvez porque ela, entre todos nós, era a única que não teria nenhuma ligação direta com o movimento espiritualista. Mas diante de um olhar significativo de um dos guardiões, ela se aquietou. A projeção continuou por mais algum tempo.

Jaime foi conduzido pelos dois espíritos amigos a um ambiente da dimensão extrafísica onde poderia se expressar aos benfeitores e também ouvir algo que o fizesse refletir.

— Queremos conversar um pouco com você, meu amigo — introduziu o companheiro espiritual que pretendia orientá-lo.

— Não vejo por que me trouxeram aqui; tenho muita coisa a fazer no movimento espírita. Mas, aproveitando a oportunidade, trago algumas considerações para as quais pretendo pedir medida urgente da parte de vocês — o homem desdobrado fazia suas reivindicações.

Aprendi muito nesses poucos momentos em que presenciava a gravação que os guardiões exibiam. Era interessante observar a postura de alguém fora do corpo, ver o modo pelo qual se expressava como espírito, e não somente como encarnado.

— Consideramos a situação do movimento espírita e sabemos que muitas casas espíritas têm surgido e se destacado, buscando atuar conforme as diretrizes recebidas de nossa dimensão — falou um dos espíritos mentores do movimento regional. — Segundo informações que detemos, provenientes de planos mais superiores, nosso movimento carece de urgente união, e muitas casas, como naus num oceano, precisam de apoio a fim de se sustentarem, visando às tarefas que lhes reserva o futuro.

— Existem muitos que estão formando grupos fora do movimento de unificação. Fazem um movimento paralelo e tentam fazer espiritismo de uma forma diferente — argumentou Jaime.

— Mas como pode haver unificação sem união, meu amigo? Como pretender que todos falem a mesma linguagem quando colocam argueiros nos próprios olhos, que impedem de ver as próprias limitações, a deficiência na maneira de se comunicar com irmãos do mesmo ideal ou, ainda, as barreiras de caráter político, atinentes à administração do movimento? Será que não seria hora de, ao menos, escutar aqueles que você classifica como participantes de movimento paralelo?

— Não adianta diálogo. Veja o caso da casa espírita com a qual tenho lidado pessoalmente. Atrevem-se a publicar livros, divulgar eventos e, ainda por cima, têm ganhado terreno e público executando um trabalho espiritual para o qual não nos pediram permissão, nem sequer nos informaram.

— Mas qual é o papel dos dirigentes do movimento espírita? Seria ditar normas de conduta para os centros? É gerir internamente aqueles grupos que surgiram com uma proposta inspirada pelo Alto, embora você mesmo confesse não se dar ao trabalho de conhecer tal proposta?

Ignorando o que o amigo espiritual dizia, Jaime prosseguiu com seus argumentos:

— Os dirigentes dessa casa, por exemplo, não têm competência para decidir a respeito de livros que devem ser lançados em nome da Doutrina. Estão causando confusão e abordam assuntos polêmicos; querem divulgar o trabalho do médium deles sem que o conteúdo dos livros passem por nosso crivo, o conselho doutrinário.

Eu não sabia que existia um conselho doutrinário. Sinceramente, fiquei impressionado com a ideia apresentada pelo dirigente encarnado.

— Mas me responda uma coisa, amigo — insistiu Anastácia, interessada na conversa. — Baseados em que orientação ou conselho de Kardec vocês instituíram esse crivo a que se refere, esse conselho doutrinário? Melhor, ainda: as pessoas que compõem o tal conselho foram investidas de que autoridade para se julgarem em condição de definir o que deve ou não ser publicado, divulgado ou pregado?

— Nós temos o dever de zelar pela pureza doutrinária! — esquivou-se Jaime, desdobrado, convicto, em meio àquela assembleia.

— Mas você não me respondeu ainda, querido Jaime. Não encontramos respaldo algum para as pretensões descabidas de arrogar-se o direito de dar a última palavra a respeito de qualquer assunto, o que não compete a nenhum dirigente. Você acredita realmente que está prestando um serviço ao movimento espírita com essa atitude, boicotando ou combatendo os trabalhos de uma instituição que faz de tudo para levar a cabo as tarefas de divulgação doutrinária que lhe foram confiadas? Acha realmente que você foi investido de algum poder político ou censor, papel que jamais passou pelas cogitações do próprio Allan Kardec reivindicar?

— Se nós somos os representantes legítimos do movimento de unificação do espiritismo, nos cabe zelar por tudo aquilo que é difundido, pelo conteúdo dos livros, jornais e revistas que as editoras publicam, e até mesmo pelo que é ensinado dentro dos centros — falou Jaime, num tom já nervoso.

Mais pasmo ainda fiquei. Não imaginava que, no futuro, possíveis mensagens e informações que eu levasse pelo correio entre os dois mundos teriam de ser submetidas a um crivo, uma censura espiritual. Estava arrepiado com o que ouvia. Realmente, Jamar conseguira dissipar qualquer ilusão de que a tarefa que teríamos pela frente seria simples. Creio que o guardião percebeu que as projeções mexeram com a maioria de nós. Ele não prosseguiu muito mais com as imagens tridimensionais; mesmo assim, ainda ouviríamos outro trecho do diálogo.

Respirando fundo, como que para dar um tempo até os ânimos se acalmarem, Cícero interveio:

— Fico preocupado, meu caro Jaime, sinceramente preocupado com o destino de nosso movimento espírita. Vejo que temos muitas pessoas de boa vontade combatendo entre si, como se fossem rivais. E falta diálogo. Pergunto-lhe, respeitando seu ponto de vista: quando foi que você visitou a casa espírita que acusa de fazer "movimento paralelo"? Já conversou com os dirigentes, como amigo, como companheiro de um ideal que está acima das questões políticas e administrativas do movimento? Já lhes deu a oportunidade de se expressarem, de falarem a respeito do trabalho que realizam? E ainda, como dirigente do movimento de unificação, você conhece as diretrizes do trabalho espiritual dessa casa, os projetos que norteiam a fundação da casa e o trabalho dos dirigentes?

Quase emburrado, não conseguindo esconder na fisionomia o desgosto de participar daquela reunião, Jaime expressou-se, num rompante:

— Não tenho de conhecer nada! Eles é que têm de vir até nós, em nossa sede, e marcar uma reunião conosco, submetendo suas ideias a nosso Conselho. Não podem fundar um trabalho assim, sair por aí fazendo divulgação da Doutrina sem que haja consentimento da direção do movimento. Afinal — complementou, quase irado —, temos uma diretoria e um dever maior, que é coordenar o espiritismo local, não permitindo abusos da parte de ninguém.

Novamente foi Anastácia quem interferiu:

— Vejo que a questão não se atém meramente ao que você falou, a respeito dos companheiros da tal instituição formarem um movimento paralelo. Creio, Jaime, que você tem algo muito malresolvido com a questão da autoridade e do poder.

Pareceu que Anastácia tocara no ponto fraco e no calcanhar de Aquiles do dirigente desdobrado. Continuando, ela avançou em seu raciocínio:

— Com certeza você traz na memória espiritual o registro de outros tempos, nos quais liderou um grupo religioso; então, na atualidade, quer fazer de tudo para continuar exercendo o pretendido domínio em seu círculo de ação.

— Eu não preciso ouvir tamanhas barbaridades! Sou psicólogo, tenho meu título reconhecido pelo conselho e, acima de tudo, sou legítimo representante do movimento espírita! — e, sem considerar a elevação do espírito com quem falava, sobrepôs sua voz, dando vazão a seu pensamento e ao orgulho ferido. — Quem é você que pensa poder me influenciar com seu pensamento antidoutrinário? O espiritismo precisa urgentemente de pessoas que o defendam dos misticismos e dos exageros daqueles que pretendem macular a sã Doutrina. E vocês pensam que podem deter os abusos com seus argumentos fracos e sem consistência doutrinária?

As imagens cessaram por aí. Jamar observou a plateia de espíritos que compunha a equipe de divulgação de novas ideias, que seria responsável por desbravar o mundo extrafísico de maneira inusitada. Ele próprio, Jamar, um dos comandantes dos guardiões, estaria junto daquela equipe. Deixando-nos refletir um pouco sobre o que víramos, o guardião da noite tomou a palavra:

— Acredito, meus amigos, que esta projeção dá uma ideia bem aproximada do que nos espera durante os próximos anos. Vamos deixar para trás todo sonho e ilusão. Me perdoem se estou sendo tão franco, mas esta será nossa realidade, de modo que cabe a vocês, a partir de agora, definirem-se ante a proposta apresentada pelos eminentes espíritos que nos dirigem.

Pai João, ainda calado, olhava-nos, talvez perscrutando nossos pensamentos no intuito de sentir mais de perto o terreno de nossos corações. Joseph Gleber se retirara para outras tarefas. O guardião deu por encerrada esta parte de nossas atividades. Terminava ali meu primeiro e mais impactante contato com a realidade do movimento com o qual eu desenvolveria, a partir daquele momento, profunda intimidade.

Saímos do ambiente da projeção e fomos rumo ao pátio. Eu pensava febrilmente sobre o que assistira. Afastei-me ligeiramente de meus companheiros e me dirigi a um chafariz no meio do enorme pátio, que era decorado com esmero, embora sóbrio. Notei que a base dos guardiões estava realmente sendo ampliada. Não era mais apenas um dos quartéis onde eles se reuniam, mas agora se assemelhava a uma cidade, com construções à altura. Havia atividade da parte dos espíritos construtores em ritmo acelerado, visando ampliar aquele lugar, que, de fato, estava em franca expansão. Olhei no entorno, percebi os fluidos ambientes e, logo mais, Pai João se aproximou de mim, segurando-me. Estava acompanhado por Irmina e pelo rapaz que ele próprio me apresentara, na casa de Consuela.

Ainda respeitando meu momento de reflexão, diante dos desafios que enfrentaríamos juntos, o pai-velho olhou para o alto, expressando talvez um quê de gratidão ou esperança. Apontou silencioso uma luz que brilhava bem alto, apesar da densidade vibratória da região onde estávamos, e pude sentir seu pensamento pela primeira vez:

— Aruanda! É o que nos basta saber no momento, meus amigos. Aruanda é a certeza de que não estaremos sozinhos. Que vocês não estarão sozinhos; afinal, os filhos de Pai João bambeiam, mas não caem...

Senti o carinho expresso no pensamento daquele ser admirável. O médium aproximou-se de mim; Irmina, inspirada na atitude do rapaz, também se achegou. Abraçamo-nos os três, olhando para a estrela que brilhava na imensidão, reflexo daquele paraíso que nos abrigou. Somente então o pai-velho comentou, rompendo o silêncio:

— Que venham as dificuldades, que venham as lutas! O importante, meus filhos, é que permaneçamos unidos. Saibam que, onde vocês estiverem, estarei junto. Caso caiam, cairei antes, ao chão me jogarei para ampará-los em meus braços. Estaremos intimamente ligados pelos mais sagrados laços de afeto, e, embora as incompreensões naturais ao caminho dos desbravadores, nossa fidelidade a Jesus estará acima de qualquer espécie de dificuldade.

Olhando-nos com imenso carinho e, quem sabe, sondando nossas almas um pouco assustadas diante dos desafios que nos aguardavam no porvir, complementou, estendendo suas mãos numa bênção:

— Onde Pai João põe a mão, Deus, que é poderoso, põe a sua bênção!...

O céu estava claro, limpo de fluidos perniciosos e contaminações energéticas. Embora não tão claro quanto o visto da Aruanda, mas imensamente mais claro, se comparado ao que víamos em derredor, naquela dimensão onde se localizava a cidade dos guardiões. Iluminada discretamente com a luz que irradiava da Aruanda, que permanecia como uma estrela vista ao longe, um farol de dimensões mais altas, e fortalecida com o pensamento dos guardiões que ali trabalhavam e estudavam, era muito bom ver aquela estância tão limpa e transformada numa cidade esplêndida, antecâmara da metrópole espiritual.

Jamar e Watab iniciaram um deslizar suave sobre a nova cidade. Voavam sobre os fluidos ambientes como se asas tivessem; pairaram como se suas asas imaginárias bem abertas estivessem — ou, talvez, como se planassem de paraquedas, quase preguiçosamente, acima da cidade dos guardiões, em seu percurso passando sobre a escola de guardiões. Embaixo, os diversos destacamentos das hostes dos sentinelas da luz. Os dois guerreiros voavam, planando cada vez mais baixo sobre algumas construções e, logo em seguida, subiram o altiplano, aumentando a velocidade lentamente para depois pairarem mais acima.

Observando-os, vi que, tão logo chegaram ao topo, pareciam pairar quase imóveis acima de nós, talvez meditando, perscrutando os detalhes da cidade construída numa dimensão quase material, mas além das percepções humanas. Em seguida, moveram-se novamente sobre os fluidos ambientes, modificaram a rota do seu voo e detiveram-se, enfim, descendo lentamente, feito uma pluma, logo acima do ponto mais alto da montanha. Jamar apontou para baixo, e logo uma mutidão de guardiões se posicionou desde a base da montanha sagrada até pouco abaixo do cume. Uma legião de trabalhadores, de guerreiros a serviço do bem da humanidade, sob a supervisão de Miguel, o príncipe dos exércitos celestes. Dois pontos de luz logo surgiram; como águias com suas poderosas asas voaram, deslocaram-se rumo ao local onde estacionaram os guardiões Jamar e Watab. Eram Semíramis e Astrid, guardiãs que supervisionavam um destacamento de forças femininas, também sob o comando do príncipe Miguel, as quais eram especialistas nos entroncamentos energéticos entre a razão e a emoção.

O batalhão estava a postos. Enquanto Jamar desembainhava a espada, que rebrilhava em meio à semimatéria daquela dimensão do mundo invisível, os guardiões alçaram voo, todos, em conjunto, descrevendo uma coreografia no ar para imediatamente partir rumo ao planeta dos homens, ao mundo dos encarnados. Como paraquedistas, pairaram os milhares de guardiões sobre a cidade erguida sob o patrocínio da Aruanda, sob as bênçãos de pais-velhos e de sábios de todas as nações, e então voaram com destino à dimensão dos filhos dos homens.

Jamar e Watab, Semíramis e Astrid a tudo observavam com as espadas erguidas; olharam além do véu a humanidade, e suas almas rejubilaram porque permaneceriam invisíveis, numa terra encravada entre as estrelas, velando pelo destino do mundo. E enquanto muitos, milhões dormiam ou se perdiam em meio ao nevoeiro da ilusão, do maia, mergulhados e completamente absortos no cenário oferecido pela dimensão física, entre a materialidade e a realidade primitiva do mundo original, eles, os guardiões, trabalhariam para o mundo despertar e para preservar o mesmo mundo da destruição, das armadilhas da corrupção, das investidas das forças inimigas do progresso e da evolução. Ali estariam eles, invisíveis, mas presentes nos gabinetes de governos, nas regiões mais ignotas, em meio à multidão ou onde quer que a humanidade deles precisasse. Se porventura os homens pudessem levantar o véu que separa as dimensões, veriam os espíritos que velam por eles, os conduzem e os influenciam, em grau muito maior do que sequer poderiam imaginar.

Não são todos eles espíritos ministradores,

enviados para servir a favor dos que hão de herdar a salvação?

(Hebreus 1:14)

Ou pensas tu que eu não poderia agora orar a meu Pai,

e ele me mandaria imediatamente mais de doze legiões de anjos?

Jesus (Mateus 26:53)

REFERÊNCIAS BIBLIOGRÁFICAS

BÍBLIA de referência Thompson. Edição corrigida de Almeida. São Paulo: Vida, 1995.

KARDEC. *O livro dos espíritos.* 1ª ed. esp. Rio de Janeiro: FEB, 2005.

PINHEIRO. Pelo espírito Ângelo Inácio. *Aruanda.* 13ª ed. rev. ampl. Contagem: Casa dos Espíritos, 2011. (Segredos de Aruanda, v. 1.)

_____. Pelo espírito Ângelo Inácio. *A marca da besta.* Contagem: Casa dos Espíritos, 2010.

XAVIER, Francisco Cândido. Pelo espírito André Luiz. *Nosso lar.* 3ª ed. esp. Rio de Janeiro: FEB, 2010. (A vida no mundo espiritual, v. 1.)

SOBRE O AUTOR

ROBSON PINHEIRO é mineiro, filho de Everilda Batista. Em 1989, ela escreve por intermédio de Chico Xavier: "Meu filho, quero continuar meu trabalho através de suas mãos".

É autor de mais de 40 livros, quase todos de caráter mediúnico, entre eles *Legião, Senhores da escuridão* e *A marca da besta*, que compõem a trilogia O Reino das Sombras, também do espírito Ângelo Inácio. Fundou e dirige a Sociedade Espírita Everilda Batista desde 1992, que integra a Universidade do Espírito de Minas Gerais. Em 2008, tornou-se Cidadão Honorário de Belo Horizonte.

Foto: Douglas Moreira

OBRAS DE ROBSON PINHEIRO

PELO ESPÍRITO JÚLIO VERNE

2080 [obra em 2 volumes]

PELO ESPÍRITO ÂNGELO INÁCIO

Encontro com a vida

Crepúsculo dos deuses

O próximo minuto

Os viajores: agentes dos guardiões

COLEÇÃO SEGREDOS DE ARUANDA

Tambores de Angola

Aruanda

Antes que os tambores toquem

SÉRIE CRÔNICAS DA TERRA

O fim da escuridão

Os nephilins: a origem

O agênere

Os abduzidos

TRILOGIA O REINO DAS SOMBRAS

Legião: um olhar sobre o reino das sombras

Senhores da escuridão

A marca da besta

TRILOGIA OS FILHOS DA LUZ

Cidade dos espíritos

Os guardiões

Os imortais

SÉRIE A POLÍTICA DAS SOMBRAS

O partido: projeto criminoso de poder

A quadrilha: o Foro de São Paulo

O golpe

ORIENTADO PELO ESPÍRITO ÂNGELO INÁCIO

Faz parte do meu show

COLEÇÃO SEGREDOS DE ARUANDA

Corpo fechado (pelo espírito W. Voltz)

PELO ESPÍRITO TERESA DE CALCUTÁ

A força eterna do amor

Pelas ruas de Calcutá

PELO ESPÍRITO FRANKLIM

Canção da esperança

PELO ESPÍRITO PAI JOÃO DE ARUANDA

Sabedoria de preto-velho

Pai João

Negro

Magos negros

PELO ESPÍRITO ALEX ZARTHÚ

Gestação da Terra

Serenidade: uma terapia para a alma

Superando os desafios íntimos

Quietude

PELO ESPÍRITO ESTÊVÃO

Apocalipse: uma interpretação espírita das profecias

Mulheres do Evangelho

PELO ESPÍRITO EVERILDA BATISTA

Sob a luz do luar

Os dois lados do espelho

PELO ESPÍRITO JOSEPH GLEBER

Medicina da alma

Além da matéria

Consciência: em mediunidade, você precisa saber o que está fazendo

A alma da medicina

ORIENTADO PELOS ESPÍRITOS

JOSEPH GLEBER, ANDRÉ LUIZ E JOSÉ GROSSO

Energia: novas dimensões da bioenergética humana

COM LEONARDO MÖLLER

Os espíritos em minha vida: memórias

Desdobramento astral: teoria e prática

PREFACIANDO

MARCOS LEÃO PELO ESPÍRITO CALUNGA

Você com você

CITAÇÕES

100 frases escolhidas por Robson Pinheiro

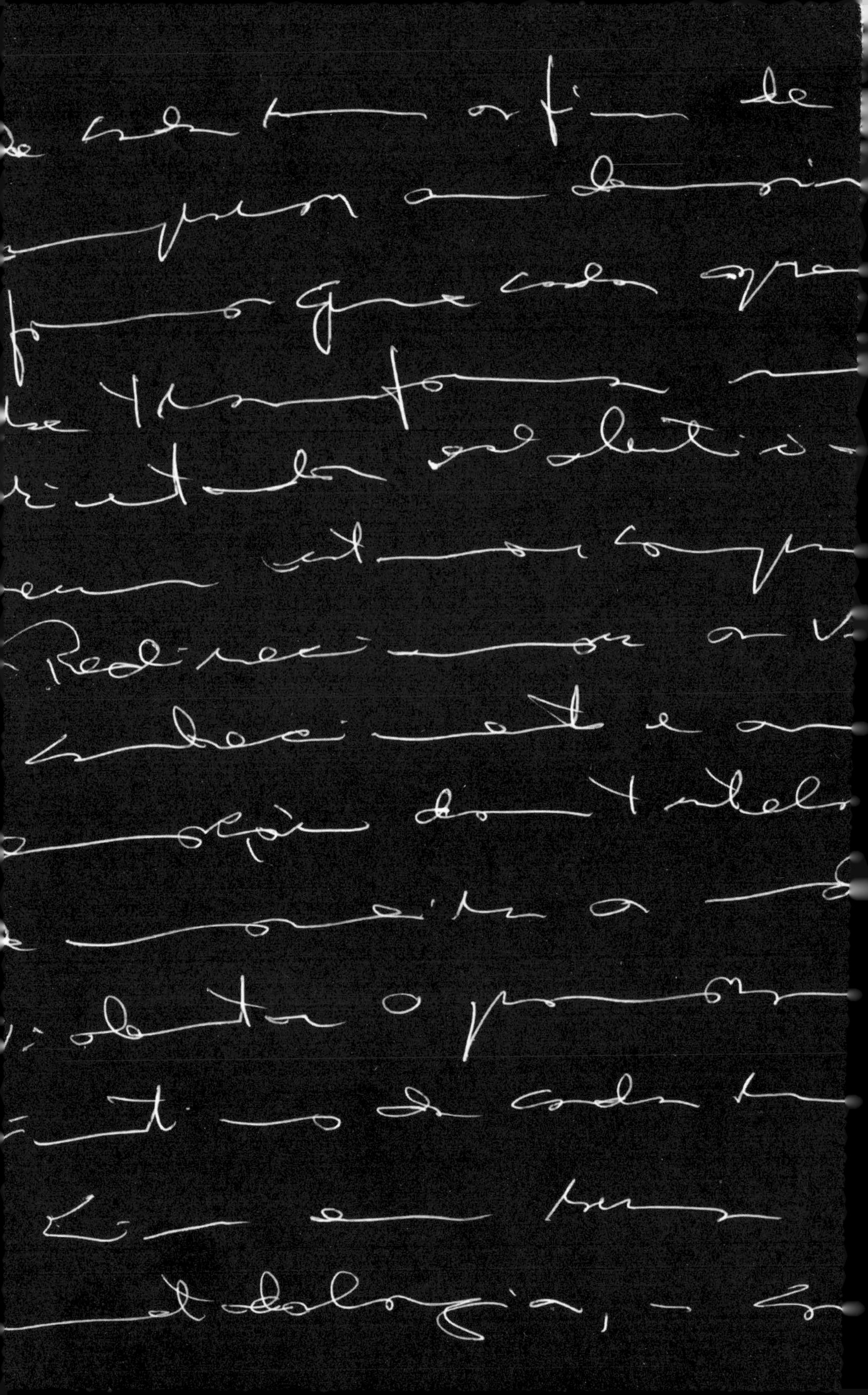